如何写好
学位论文

以教育硕士专业学位论文写作为例

甄莹◎著

中国社会出版社

国家一级出版社·全国百佳图书出版单位

北京·BEIJING

图书在版编目（CIP）数据

如何写好学位论文 ：以教育硕士专业学位论文写作
为例 ／ 甄莹著 ． -- 北京 ：中国社会出版社 ，2025．5．
ISBN 978-7-5087-7157-1

Ⅰ．G40；G643.8

中国国家版本馆 CIP 数据核字第 2025ZY6526 号

如何写好学位论文：以教育硕士专业学位论文写作为例
责任编辑：杜　康
责任校对：秦　健
装帧设计：尹　帅
出版发行：中国社会出版社
　　　　　（北京市西城区二龙路甲 33 号　邮编 100032）
印刷装订：北京虎彩文化传播有限公司
版　　次：2025 年 5 月第 1 版
印　　次：2025 年 5 月第 1 次印刷
开　　本：170mm×240mm　1/16
字　　数：270 千字
印　　张：16.25
定　　价：85.00 元

随着社会经济结构的演变和人才需求模式的转型，我国研究生教育已步入一个以质量提升和结构优化为主导的发展新阶段。在这一背景下，专业学位教育，特别是教育硕士专业学位教育，成为推动学位与研究生教育事业前行的核心力量。教育硕士专业学位研究生的培养质量，特别是其学位论文的质量，正日益成为社会关注的焦点。确保并提升这一质量，已成为研究生教育改革与发展的核心议题。教育硕士专业学位，作为培养高素质基础教育师资及教育管理者的关键途径，其学位论文的写作不仅是学术研究的成果展现，更是对学生综合素质与专业能力的一次全面检验。

鉴于此，我们精心编撰了《如何写好学位论文》一书，旨在为教育硕士提供全面、系统的论文写作指导。本书紧密围绕教育硕士学位论文的撰写过程，从选题到答辩，每一个环节都进行了深入剖析与细致指导。全书将教育硕士学位论文写作分为三个阶段："前写作""写作中""后写作"，力求全过程帮助学生掌握论文写作的精髓，提升学术研究与表达能力，为其顺利完成学位论文保驾护航。由此，在这样的逻辑框架下编撰的本书，呈现出了以下几个特点。

一、逻辑性强，循序渐进

本书最大的特色在于其极强的逻辑性，严格遵循教育硕士完成学位论文的自然顺序，将写作过程划分为"前写作""写作中""后写作"三大阶段。每个阶段又细分为若干关键环节，如选题、文献综述、开题报告、谋篇布局、撰写初稿、修改定稿、格式排版、查重评审及答辩等，确保学生能够按部就班、有条不紊地完成论文写作的每一个环节。

二、内容全面，指导详尽

本书内容全面覆盖了学位论文写作的全过程，不仅详细阐述了各个阶段的写作要求与技巧，还提供了丰富的案例分析与实用工具，帮助学生更好地理解和掌握相关知识。从学位制度的理解到论文选题的确定，从文献综述的撰写到开题报告的准备，从谋篇布局的策略到初稿的撰写与修改，再到格式排版的规范与查重评审的流程，以及最终的答辩准备与应对策略，本书都进行了全面详尽的指导。

三、理论与实践相结合

本书在强调理论知识传授的同时，也注重实践能力的培养。通过引入大量实际案例和模拟练习，帮助学生将所学知识应用于具体情境之中，提升学生解决实际问题的能力。此外，本书还鼓励学生积极参与学术讨论与交流活动，拓宽视野、激发灵感，为论文写作注入更多创新元素。

四、注重学术性与实用性

本书在编写过程中始终坚持学术性与实用性并重的原则。一方面，通过引入最新的学术研究成果和前沿理论观点，确保教材内容的科学性和前沿性；另一方面，充分考虑了学生的实际需求和学习特点，注重教材的实用性和可操作性。通过本书的学习，学生不仅能够掌握学位论文写作的基本规范和技巧，还能够培养严谨的学术态度和良好的学术习惯。

《如何写好学位论文》编写团队成员及分工如下：第一、三、六、八、九章由甄莹编写；第二、四章由唐云菲编写；第五、七章由赵敏、郑婷婷编写；第十章由陈曦编写；全书由甄莹统稿。

本书系国家社会科学基金 2021 年度教育学一般项目"乡村教师留任机制研究"（课题批准号：BHA210137），以及黑龙江省哲学社会科学 2021 年度研究规划项目"乡村振兴战略背景下高校师资培养与农村基础教育需求对接研究"（课题批准号：21EDC199）的研究成果。

本书编写过程中参考引用了学术同人的研究成果，在此向原作者表示感谢！由于水平有限，不足之处在所难免，恳请专家学者和广大读者批评指正。

著 者

2024 年 8 月

目 录

第一章　学位与学位论文的正确认识

◎ 章前导语

在知识经济迅猛发展的今天，高等教育不仅塑造个人的知识结构，更是推动社会创新和进步的重要引擎。学位，作为学术成就的重要标志，不仅象征着个人在特定学科领域的知识深度和专业技能，更是对其研究能力和专业素养的权威认证。特别是教育硕士专业学位，它在培养高素质的基础教育师资和管理人才方面发挥着不可替代的作用。

本章将重点引导学生正确认识学位与学位论文的价值和意义，尤其强调教育硕士专业学位的独特地位和作用。我们将深入探讨学位制度的基本构成，学位等级的划分原则，以及学术学位与专业学位的本质区别和各自侧重点。通过本章的学习，学生将对教育硕士专业学位有一个全面的了解，包括其培养目标、课程设置、专业实践要求等。本章内容将帮助学生掌握学位论文撰写的基本规范和要求，特别是教育硕士专业学位论文的特点和撰写技巧，为学生未来的学术研究和职业生涯奠定坚实的基础。

◎ 学习目标

1. 学位制度与教育硕士专业学位：深入理解学位制度的构成，特别是教育硕士专业学位的特点、培养目标和重要性。

2. 学位论文撰写能力：掌握教育硕士专业学位论文的撰写规范，包括研究设计、数据分析、论文结构和学术表达。

3. 专业实践与问题解决：通过学位论文撰写，培养学生将教育理论与实践相结合的能力，提升其解决基础教育领域实际问题的专业实践技能。

◎ **知识结构图**

```
                                        ┌─ 学位与学位法
                       ┌─ 学位与专业学位 ─┼─ 专业学位
                       │                └─ 教育硕士专业学位
  学位与学位论文 ───────┤
  的正确认识           │                ┌─ 学术论文的内涵及特点
                       │                ├─ 学术论文的分类
                       └─ 学位论文 ─────┼─ 学位论文
                                        └─ 教育硕士专业学位论文
```

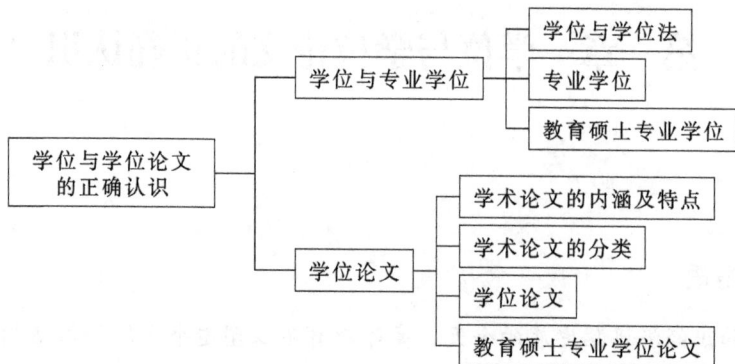

第一节　学位与专业学位

一、学位与学位法

（一）学位

学位是一种国家正式承认的学术或专业领域内学生完成特定教育阶段后达到的学业成果和能力水平的标志。它是在高等学校、科学研究机构或经过国家认可的其他教育机构中，学生通过学习、研究或其他国家规定的方式，达到一定的学术或专业水平后获得的。拥有学位授予权的高等学校和科学研究机构被称为学位授予单位，它们特定的学科或专业则被称为学位授予点。学位的授予不仅是对学生学术或专业能力的认可，也是学生终身享有的荣誉。学位的获得表明了个体在某一学术或专业领域内已达到了特定的水平，并具备了相应的专业素养和技能。

在我国，学位制度是一项重要的教育制度，分为学士、硕士、博士等多个层次，并涵盖了学术学位和专业学位等多种类型。学术学位，特别是硕士和博士，旨在培养能够独立从事科学研究或教学工作的高层次人才。而专业学位，包括学士、硕士和博士，则侧重于培养能够独立从事专业工作的高层次应用型人才。学位的授予是根据学科门类和专业学位类别进行的，确保了学位的权威性和专业性。

（二）学位等级

学位等级是国家教育体系中对学位进行明确划分的等级类别，它直接体现了学位获得者在学术或专业领域的成就高低和水平深浅。在我国，学位等级制度被精心设计，以满足不同层次、不同领域的人才需求。

学位等级主要分为三个基本层次：学士、硕士和博士。这三个层次代表了学术或专业领域不同阶段的成就和能力。学士学位是学位体系中的基础等级，它标志着学生完成了本科阶段的学习，并具备了一定的专业基础知识和基本的研究能力。硕士学位则要求学生在某一学术或专业领域有更深入的研究，具备独立进行科学研究或承担专门技术工作的能力。博士学位则是学位等级中的最高层次，它代表着学生在学术或专业领域具有极高的研究水平和创新能力，能够独立完成原创性的学术或专业研究。

除基本等级划分外，我国还根据经济社会发展的需求，设置了包括学术学位和专业学位在内的多种学位类型。学术学位主要侧重于培养学生的学术研究能力，其等级划分主要以学位论文的研究深度和原创性为评价标准。从学士到硕士再到博士，学术学位的要求逐级递增，反映了学术研究的深入和专业性的增强。

而专业学位则更侧重于培养学生的专业实践能力和应用能力，其等级划分主要依据学生在专业实践中的表现和能力水平。专业学位同样分为学士、硕士和博士三个等级，每个等级都有明确的培养目标和评价标准。专业学位的设置旨在满足社会对多样化人才的需求，培养具备专业知识和技能的高素质人才。

总的来说，学位等级制度是国家教育体系中的重要组成部分，它既为学生提供了明确的学术或专业发展方向，也为社会提供了评价和选拔人才的重要标准。

（三）《中华人民共和国学位法》

2024 年 4 月 26 日，十四届全国人大常委会第九次会议表决通过了《中华人民共和国学位法》（以下简称《学位法》），该法已于 2025 年 1 月 1 日正式生效。这标志着我国学位制度迈入了新的发展阶段。

学位制度作为我国教育体系中不可或缺的一环，自 1980 年《中华人民共和国学位条例》（以下简称《学位条例》）颁布以来，就为我国高层次人才的培养、高等教育的繁荣以及经济社会的持续发展提供了坚实的法律支撑。然而，随着我国经济社会的快速发展和教育事业的深入推进，原有的《学位条例》在某些方面已无法完全适应当前的需求，亟须进行修订和完善。因此，在深入总结《学位条例》实施以来的经验与教训的基础上，结合当前社会发展的需要，我国制定了全新的《学位法》。这是自 1981 年《学位条例》实施以来，我国学位制度的首次全面修订，也是我国学位工作和教育法治建设领域取得的一项重大成果，具有深远的意义和重大的影响。

这部新的《学位法》共包含 7 章 45 条，它不仅全面回顾和总结了我国学位制度的发展历程和取得的成果，更针对当前学位工作中存在的问题和不足，提出了具体的解决方案和措施。通过这部法律，我国将构建更加完善、更加科学、更加具有中国特色的学位法律制度，为我国高层次人才的培养和高等教育事业的发展提供更加坚实的法律保障。

（四）学位与学历

尽管学位与学历紧密相连，但是它们各自承载着不同的含义。学历，作为个人在教育体系中达到的层次和水平的标志，详尽地反映了一个人的学习经历与知识积累。在我国，学历的阶梯从小学起步，历经初中、高中，再到专科、本科、硕士直至博士，每一步都象征着知识的累积与能力的提升。学历不仅是教育背景的展示，更是对个人系统化、完整化学习过程的权威认证。

相比之下，学位则是教育机构在特定学术领域对个人学术成就与专业能力的认可。学位的授予通常伴随着一系列严格的学术要求，包括课程学习的完成、考试的通过以及学位论文的撰写与答辩。学位的分类明确，包括学士、硕士和博士三个层次，每个层次都是学术道路上的重要里程碑。

二、专业学位

为充分响应经济社会发展对多元化人才的需求，《学位法》规定"学位分为学士、硕士、博士，包括学术学位、专业学位等类型"，这一举措标志着我国学位制度的一次重大创新与突破。这一改变不仅是国家对加快培养多样化高层次人才战略的顶层设计与规划，更是对过去三十多年来专业学位研究生教育实践经验的深入总结与提炼。

专业硕士教育的突出特点是学术性与职业性紧密结合。获得专业学位的人，主要不是从事学术研究，而是从事具有明显职业背景的工作，如工程师、医师、教师、律师、会计师等。这是一种以专业实践为导向，重视实践和应用，培养在专业和专门技术上受到正规的、高水平训练的高层次人才的培养方式。专业学位研究生课程设置以实际应用为导向，以职业需求为目标，以综合素养和应用知识与能力的提高为核心。

三、教育硕士专业学位

教育硕士专业学位是具有鲜明教育职业背景的专业学位，其核心目标在于培养能够胜任基础教育教学和管理工作的高层次人才。这一学位的设置，不仅丰富了我国的教育人才培养体系，也为广大中小学教师提供了进一步提升自己专业能力和学历水平的途径。

（一）教育硕士专业学位的历史沿革

自 1981 年《学位条例》实施以来，我国构建了一个相对完整的学位授予体系，涵盖了广泛的学科门类，并且在一定程度上确保了学位授予的质量。然而，过去我国学位的授予主要基于学科门类，研究生的培养模式也主要侧重于学术研究和科研能力，包括教育学在内的各学科，其研究生培养目标和教学内容主要围绕高等学校和科研机构的需求展开。这种单一化的学位授予模式不仅限制了学科的发展，也难以满足社会多元化的需求。

为了改善这一状况，国务院学位委员会从 1988 年开始研究在具有职业背景的学科中设置职业学位（后更名为专业学位）。1991 年，我国正式批准设立了第一个专业学位——工商管理硕士（MBA），而教育硕士专业学位则是随后设立的第四个专业学位。这一变革旨在丰富学位类型，使学位教育更加贴近职业需求，进而推动学科发展并满足社会的多元化需求。

教育硕士专业学位，作为一种具有鲜明教师职业背景的专业学位，其在学位设置、培养目标、培养模式与规格、培养途径和方式等方面，与传统的教育学硕士学位有着显著的差异。在培养目标上，教育硕士专业学位强调硕士学位教育的高质量，注重教师教育理论与教育实践的有效结合。它致力于对研究生进行专门的、高水平的教师职业训练，使他们能够树立科学的现代教育观，具备深厚的教育学科理论素养，以及从事基础教育教学的卓越能力。同时，教育硕士专业学位还注重培养研究生掌握现代教育教学技术与方法，以满足基础教育教学和管理工作的高层次人才需求。

（二）教育硕士专业学位的性质

1996年，国务院学位委员会办公室在《关于开展教育硕士专业学位试点工作的通知》中明确指出，教育硕士专业学位是具备特定教育职业背景的专业学位，其核心价值在于培养适应基础教育教学和管理需求的高层次人才。虽然教育硕士与现有的教育学硕士在学位层次上保持一致，但二者的培养规格和侧重点各有不同。获得该学位的个体应具备高尚的职业道德，不仅需扎实掌握某一学科的基础理论和专业知识，还应深入理解现代教育的基本理论以及学科教学或教育管理的相关理论与方法。这些个体应能熟练运用所学理论和方法解决基础教育或教育管理实践中遇到的实际问题，并具备流畅阅读本专业外文资料的能力。这一规定为教育硕士专业学位研究生教育确立了独特且明确的培养目标，从而决定了其培养过程中的独特性质。

1. 实务性

教育硕士的培养聚焦于实务型的高级教育人才，他们更加关注教育工程和教育实践的应用，致力于通过行动研究解决实际教育教学和管理中遇到的各类问题。

2. 开放性

教育硕士专业学位研究生教育的开放性显著体现在其独特的培养模式上。为了达到"高层次应用型人才"的培育目标，它摒弃了传统研究生教育的封闭模式，不再仅依赖高校的独立培养，而是主动拓展与基础教育相关部门在资源共享、互利互惠的基础上建立合作关系。这种模式下，高校发挥其在理论教学、图书馆资源和实验设备等方面的优势，而基础教育相关部门则贡献其在一线工作的资深专家、实际案例和实习基地等资源。因此，教育硕士专业学位研究生教育成为连接高等教育与基础教育的重要桥梁，以高校为基石，由高校与中小学等单位共同肩负起培养教育硕士的重任。

3. 复合性

作为一种具有特定教育职业背景的专业学位，教育硕士被归类为职业型学位，其培养目标是为基础教育服务的。作为研究生层次的教育，教育硕士专业学位教育的核心在于培养具备卓越业务钻研能力的人才。他们不仅能在教学管理实践中敏锐地发现问题，还能在理论层面深入分析和有效解决这些问题。这种双向能力——从理论到实践，再从实践到理论的塑造，使得教育硕士成为能够胜任专门型研究型教师职责的高层次人才。

第二节　学位论文

一、学术论文的内涵及特点

（一）学术论文的内涵

学术论文是学术性论著的简称，是对某一学科领域的问题进行探讨、研究，表述科学研究成果的文章。

国家标准《学术论文编写规则》（CB/T 7713.2—2022）指出："学术论文是对某个学科领域中的学术问题进行研究后，记录科学研究的过程、方法及结果，用于进行学术交流、讨论或出版发表，或用作其他用途的书面材料。"

学术论文，从字面意思来看，学——学理问题、学术问题，对应着支撑论文的理论基础，在理论的支撑之下进行问题的研究；术——术法，研究问题的某种方法，指向问题的应用研究，在理论的基础上，用适当的方法研究问题；论——论点，即研究问题，提出要研究的主要方面，提出相应的观点想法；文——文章，将上述行动落实到文字上，具备某种范式的文章。由此，我们可以总结对学术论文的理解，即学者在研究和探讨人文科学、社会科学和自然科学某一学科对象的过程中，在理论或方法上有独到的见解，按照特定范式撰写的文章。

根据上述分析，对学术论文可以进行以下定义：学术论文是指学者在研究和探讨人文科学、社会科学和自然科学某一学科对象的过程中，在理论或方法上有独到的见解，按照特定范式撰写并公开发表在学术刊物上的文章。

（二）学术论文的特点

1.学术性

学术论文，作为一种基于学术研究的写作形式，其核心特质在于其学术性。这种学术性不仅是学术论文与其他类型论文的根本差异，更是其价值的源泉。学术论文要求作者不仅要有自己的观点、理论或研究成果，还需通过严谨的逻辑推理和实证数据来支撑和验证这些观点。因此，学术论文的学术性不仅体现在其研究内容的深度和广度上，更在于作者对相关学术领域的深入了解和研究成果的原创性。

学术，通常指的是那些深入、系统、专业的学问。学术论文正是这些学术成果的载体，它承载了作者在某一科学领域内对某一课题深入研究取得的成果，这些成果不仅具有系统性和专门性，而且是通过长时间的潜心研究所得，而非简单的点滴积累。学术论文探讨的问题通常具有较强的专业性和研究性，其目的在于深入揭示事物发展的内在本质和变化演进的规律，而非仅仅描述事物的外部形态和过程。因此，学术论文的写作过程更侧重于对事物进行抽象、概括的叙述或论证，以揭示其深层次的学术价值。

2.创新性

创新是科学研究的灵魂，也是评估学术论文价值的核心标准。科学探索的终极目标是不断拓宽知识的疆域，挖掘未知的领域，研发新的研究方法和技术，阐述独到的理论框架，并提出具有前瞻性的见解。因此，在撰写学术论文时，创新被置于至关重要的地位。虽然论文的创新程度可以因研究领域的不同而有所差异，但缺乏创新的论文无疑失去了其存在的意义。

科研创新往往建立在既有研究的基础上，意味着在已有的学术成果上实现新的突破。学术论文并非要求作者提出完全原创、前所未有的理论或发现，而是在其专业领域内，提出具有深刻见解和独特视角的观点。这要求作者避免简单地模仿或重复前人的研究，更不可有抄袭行为。

在撰写学术论文时，应当追求创新，勇于挑战传统观念，探索前人未曾涉足的领域。这种创新性的思维是科学研究的动力源泉，也是推动学术进步的关键。只有不断跳出传统框架，发现新问题，提出新见解，才能真正实现科研创新，推动学术的繁荣发展。

3. 理论性

理论性在学术研究中占据着核心地位，它要求我们在面对客观事物时，不仅满足表面的现象描述，更要深入其本质，探寻其内在的规律。因此，学术论文并非对事物运动全过程的详细描绘，也不是数据的简单堆砌或证据的机械罗列，而是需要运用科学的原理和方法，对课题进行抽象和概括的阐述。它需要对材料进行深度的理解和分析，以达到从现象到本质的升华，从感性认识到理性认识的提升。这种对事物的认识不再仅仅停留在表面的直观描述，而是追求对事物内在本质和发展规律的揭示。

学术性与理论性紧密相连，学术论文的构建主要依赖辩证思维，强调构建一个逻辑严密、结构完整的理论体系。它侧重于理论论证和客观说明，通过摆事实、讲道理、辨是非的方式，将感性认识转化为理性认识，进而发现事物背后的规律。因此，学术论文是否具有深厚的理论功底和高度的理论深度，往往成为评价其学术水平和价值的重要标准。

同时，理论性并非孤立存在，它应当与现实性相结合。进行理论研究的目的不仅在于推动理论的发展，更重要的是要用这些理论来指导实践，实现理论与实践的紧密结合。只有这样，研究成果才能具有现实意义，才能真正为社会发展和人类进步作出贡献。

4. 规范性

学术论文的核心特质在于其"真实性"，这意味着其内容必须紧密贴合客观存在的事实，或基于经过实践检验的理论框架。在探讨和解析学术问题时，必须严格遵循客观事物的自然发展规律，确保所有论述都符合已被实践证明的法则和公理。同时，"可行性"也是学术论文不可或缺的一部分。它要求论文总结的学术成果不仅在技术层面上可行，而且在实践中具有实际的应用价值，能够真正地为现实世界的问题提供解决方案。此外，学术论文的表达方式也必须追求"科学性"。这包括在立论时保持客观、准确、明确和集中，确保中心论点贯穿全文，成为论文的灵魂。在论据的选择上，必须确保真实可靠，具有代表性，以理服人，言之有物。在思考问题时，应当精确细致，逻辑严密，确保自己的认识能够准确地反映客观事物的本质和规律。

在推理过程中，既要符合形式逻辑，也要符合辩证逻辑，确保论证过程的严密性和说服力。在构建论文结构时，应追求严谨自然、完整统一，确保各部分内容之间的紧密联系和首尾呼应，使全文保持一贯性和连贯性。在语言表达上，学术论文应追求准确、清晰，避免模糊不清、冗长烦琐的表达方式。对文中引用的专业名词和术语，必须准确、全面地解释其语义内涵和外延，避免望文生义或错误解释。

二、学术论文的分类

学术论文通常分为社会科学论文和自然科学论文两大类。在这两大领域里，学术论文又可以按论文写作目的和研究方法进行分类。按论文写作目的可为学业论文、期刊论文和报告论文；按研究方法，可分为理论型论文、实验型论文和描述型论文。

（一）按研究领域分类

1. 社会科学论文

社会科学论文作为学术论文的重要分支，专注于社会科学领域内的深入研究。这一领域涵盖了经济学、政治学、社会学、人类学、心理学、教育学、历史学等多个学科，为理解社会现象和揭示社会规律提供了重要视角。在社会科学论文的撰写过程中，理论与实证研究的结合至关重要。理论框架为研究提供了基础和指导，而实证研究则通过数据的搜集和分析来验证理论或解答具体的社会科学问题。这种结合不仅拓展了研究的深度和广度，还提高了研究的可信度和实用性。

社会科学研究采用了多种研究方法，包括定量研究、定性研究、案例研究、比较研究、历史分析和调查研究等。研究者根据研究问题和目的，灵活选择最合适的方法，以搜集和分析数据，确保研究的科学性和严谨性。同时，社会科学研究关注社会、文化和历史背景对人类行为和社会结构的影响，因此，在研究中需要考虑研究语境的特殊性，深入分析特定社会环境下的现象和问题。

在社会科学研究中，人类主体是不可或缺的一部分。因此，研究者在研究过程中必须高度重视伦理问题，确保研究参与者的隐私和合法权益得到保护，维护研究的公正性和道德性。此外，社会科学研究常常具有政策相关性，其研究成果可以为政策制定和改进提供有力支持。因此，在社会科学论文中，研究者通常会深入探讨研究结果对实践和政策的意义，以推动社会进步和发展。

社会科学领域存在多种理论和观点，这为社会科学论文的撰写提供了丰富的素材。研究者需要对现有文献进行批判性分析，探讨不同观点的合理性和局限性，并在论文中展开充分的讨论和辩论。这种批判性分析和讨论有助于推动社会科学研究的深入发展，为理解社会现象和揭示社会规律提供更加全面和深入的视角。

2. 自然科学论文

自然科学论文专注于自然科学领域的研究，涵盖物理学、化学、生物学、地球科学和天文学等多个学科。其核心在于通过实证研究，即借助实验或观察手段来检验假设或揭示自然现象的规律。自然科学论文的一个显著特点是其研究的可重复性，即其他研究者能够依据相同的实验方法和材料，独立地复制实验或观察，以验证研究结果的准确性和可靠性。

在自然科学研究中，量化分析和精确测量占据核心地位。研究者运用先进的科学仪器和技术手段来搜集数据，并通过严谨的统计分析来解读这些数据。在撰写自然科学论文时，研究者需要展现出严密的逻辑和清晰的论证过程，提供充分的证据来支持其研究假设和结论。这通常包括详细阐述实验设计、数据搜集和处理方法，以及结果分析和讨论。

自然科学论文通常建立在已有的科学理论基础上，研究者通过提出新的假设，并利用实验或观察来验证这些假设。这种理论与实验相结合的研究方法有助于推动科学知识的累积和进步。在自然科学领域，创新性和原创性是研究的重要驱动力。研究者需要致力于探索前人未曾涉足的领域，提出新的观点、发现或理论，以推动学科的发展和深化。因此，自然科学论文不仅要求严谨和准确，更强调创新性和对科学知识的贡献。

（二）按写作目的分类

1. 学业论文

学业论文是学术领域的重要组成部分，主要由在校大学生和研究生撰写。这些论文根据不同的学习阶段和目的，通常被分为学年论文、毕业论文和学位论文。这三种论文在学术水平上呈现出一种渐进式的提升关系，即从学年论文的基础性、初步性，到毕业论文的深入性、系统性，再到学位论文的专业性、创新性。

（1）学年论文

学年论文是高等院校高年级本科生在教师的悉心指导下，自主完成的一种总结性学术作品。这种论文实质上是一种兼具练习性质的综合性科研任务。学生们可以在已学习的多个学科领域自由选择感兴趣的题目，并在教师的专业指导下独立进行研究和撰写。学年论文的主要目标是检验学生对特定学科基础知识的理解和应用能力，同时激发他们的学术兴趣，促使他们运用所学的专业知识进行科学研究。

考虑到不同年级的学生在学术水平、知识储备以及研究能力上的差异，以及不同年级开设的课程和教学重点的差别，学年论文的要求也会有所区别。这样的设置旨在确保每位学生都能够在其学术成长过程中得到与其能力相匹配的挑战和锻炼。

（2）毕业论文

毕业论文，作为高校学生即将完成学业的重要里程碑，其撰写过程不仅是对大学期间学习成果的总结，更是一次综合性学术能力的检验。在我国学位制度的框架下，毕业论文往往与学位的申请紧密相连，因此，它通常也被视为学位论文。在教师的专业指导下，学生自主选题，独立进行文献查阅、资料搜集、大纲编制等一系列研究工作，并最终以论文的形式呈现其研究成果。

毕业论文不仅要求内容具有高度的科学性，更强调原创性和创新性，以体现学生在某一学科领域的独特见解和潜在研究能力。通过这篇论文，读者可以清晰地了解到学生在某一科学领域的知识掌握程度、理论运用能力以及独立研究的能力。同时，毕业论文也是评估学生未来发展潜力和研究方向的重要依据。

（3）学位论文

学位论文是用以申请授予相应学位而撰写的作为考核和评价的文章。它反映学位申请者在某一领域的学识水平、学术成果以及独立进行创造性科学研究的能力，作为学位评定、授予的重要依据。

2. 期刊论文

期刊论文是各学科领域内科研成果的重要记录，专门用于向学术期刊投稿。这些论文被精心撰写并刊载在专业的学术刊物上，旨在深入探讨和阐述某一学术问题，总结前人的科学研究成果，并提出研究者个人的独特见解和创新观点。其根本目的在于推动科学事业的持续发展和进步。

在撰写期刊论文时，通常要求语言简练、内容概括，特别强调对创新性观点的深入论述，而对研究过程则可以适度简化或省略。此外，由于不同期刊的学术水平和影响力存在差异，因此对论文的要求也会有所不同。

从更宏观的角度来看，一个国家期刊论文的数量和质量在一定程度上反映了该国科学技术水平和学术研究的整体状况。对个人而言，其发表的期刊论文数量和所投期刊的级别，也是衡量其科研能力和学术水平的重要标志。

3. 报告论文

报告论文是为了在各类会议（如研讨会、讨论班）上进行口头报告而特别准备的学术作品。这种论文在正式形成书面文档之前，通常会先以口头形式在特定场合进行宣读，以便及时获取听众的反馈和意见，进而对论文内容进行进一步的完善和调整，并最终形成定稿以供公开发表。

由于报告论文受到时间限制、听众心理预期等客观条件的制约，其撰写方式有着特定的规范和要求。在论文的主体部分，需要确保内容条理清晰、表达明确易懂，常采用精练的小标题来突出关键信息，并对重要观点进行重点强调和必要的重复，以确保信息的有效传达。而对论文的其他部分，如绪论和结论等，可以进行概括性的描述，以突出主要观点和结论。在分析论证部分，则需要尽可能详细和深入，以充分展示研究的深度和广度，并确保主次分明，给读者留下深刻而集中的印象。

（三）按研究方法分类

1. 理论型论文

理论型论文聚焦于某一学科专业内的特定课题，通过深入的理论推导和分析，将直观的感受和认识转化为系统的理性认知。其核心在于对研究成果的理论化概括和总结，以表达作者独到的思想、主张、观点和见解。这类论文通常要求构建一个明确且逻辑严密的理论框架，这可以是对现有理论的进一步拓展、对现有理论某些方面的修正，或是全新的理论体系的建构。

在撰写过程中，作者需清晰地界定理论的基本概念、核心假设和基本原理，以确保读者能够准确理解其理论体系的内涵和外延。理论型论文特别注重逻辑推理的严谨性和论证的充分性，要求作者通过条理清晰、逻辑连贯的论证过程来支撑其理论观点或分析。

学位论文中，理论型论文也占据着重要地位。以《课间操存立之辨析》

这篇硕士论文为例，从其标题便可明确看出，这是一篇典型的理论型论文，旨在通过深入的理论分析和探讨，对课间操的存在价值、作用及其相关问题进行系统而全面的辨析。

2. 实验型论文

实验型论文是一种书面表达形式，它基于有计划、有目的的科学实验，旨在验证某一科学理论或假说、创造发明或解决实际问题。此类论文的形成涉及对人为特定条件下观察到的事实或现象进行系统的观察、深入的分析、综合的总结和准确的判断，从而得出科学的结论。论文的核心在于如实记录和归纳实验的整个过程以及由此产生的创造性成果。

实验型论文的写作基础是科学实验，它是一种系统性的探索活动，旨在模拟自然现象或自然过程，以便在典型环境或特定条件下获得科学事实。科学实验由 3 个基本要素构成：实验者、实验对象和实验手段。实验者是实验的操作者和设计者，他们根据研究目的制订实验方案；实验对象是实验的研究主体，可以是物质、生物或其他研究对象；实验手段则是实现实验目的所必需的物质条件，包括实验仪器、设备和其他相关资源。

通过这种系统性的科学实验，研究者能够深入探究某一科学问题，验证或修正科学理论，为科学知识的积累和发展作出贡献。同时，实验型论文也为读者提供了了解实验过程和结果的重要途径，有助于推动学术交流与合作。

3. 描述型论文

描述型论文是一种专注于对现象、事件、过程或具体案例进行详细描绘和阐释的学术论文。这类论文在社会科学、人文科学、社会工作研究以及特定教育研究中尤为常见。在撰写描述型论文时，作者需要实施详尽的数据搜集工作，这可能涵盖访谈、观察记录、问卷调查以及个案研究等多种方法。这一数据搜集过程的核心目标是确保对研究主题的全面、精确描述。

论文的关键在于对研究现象的深入描述，这要求作者运用清晰、精确的语言来呈现搜集的数据和信息，以便读者能够全面理解研究主题。在撰写过程中，研究者需特别关注论文的结构清晰性、描述的准确性以及分析的深度。同时，论文应严格遵循学术规范和格式要求，展现出高度的学术素养和专业水准。

通过深入细致的描述和解释，描述型论文为研究者提供了一个独特且重要的视角，有助于更好地理解复杂的社会现象和人类行为。这些论文不仅能够揭示事物的内在规律，还能提供宝贵的见解和启示，推动相关领域的学术研究和实践发展。

三、学位论文

学位论文是学术研究中一项至关重要的成果，它凝聚了作者在进行科学研究过程中获得的创新见解和创造性成果。这类论文是专为申请相应学位而撰写的，旨在向评审机构展示作者在科学研究领域的独立贡献和学术价值。学位论文的撰写者是来自高等学府或科研机构的毕业生，他们通过撰写论文来展示自己在特定学科领域取得的创造性成果或新颖见解。这些论文不仅是作者学术能力的体现，更是评估学位申请者是否具备获得学位资格的关键依据。因此，学位论文的撰写和评审过程对于确保学位授予的公正性和学术质量具有重要意义。

（一）学位论文的分类

《学位法》规定，学位论文分为学士论文、硕士论文、博士论文三种。

学士论文，作为本科毕业生的重要学术成果，展现了学生大学阶段对专业基础知识的深入掌握。通过毕业论文的撰写，学生应能够熟练运用所学知识进行科学研究的方法，进而体现其具备独立从事科学研究的能力。论文的内容应聚焦于某一学科领域某一具体侧面或难点，避免题目过于宽泛。在研究过程中，学生可以借鉴或综合前人的研究成果，以此为基础进行深入探讨。这不仅是对前人研究的延续，更是为毕业后进一步的科学研究和论文写作奠定坚实的基础。

硕士论文，研究生在攻读硕士学位期间完成的重要学术作品。它要求作者不仅具备对专业基础知识的广泛而深入的理解，还要展现出独立进行科学研究的能力。在论文中，作者应针对所研究的课题提出新的、独立的见解。这些见解应具备一定的科学价值，通过硕士论文的撰写，研究生能够进一步巩固和拓展自己的专业知识，提高独立思考和解决问题的能力，为未来的学术研究和职业发展奠定坚实的基础。

博士论文是博士学位研究生在学术道路上的重要里程碑。它要求作者能够自主选定具有潜力的研究方向，并在该方向上开创出新的研究领域。为完成这一任务，作者需要具备对本学科及相关领域深厚而广泛的理论知识，以及熟练的科学研究能力。博士论文应体现作者对本学科的深刻理解和独到见解，这些见解应具有创造性，能够为本学科的发展提供新的视角和思路。

（二）学位论文的目的

学位论文，特别是研究生阶段的学位论文，其目标具有极强的针对性。

首先，学位论文是对研究生学术旅程的全面回顾和总结，它详细记录了研究生在学术道路上的探索与收获。这份论文不仅是研究生学术能力的展示，更是其申请和获取学位的必要条件。

其次，学位论文并不仅是形式上的任务，更是研究生对其研究工作的系统性、全面性的梳理。通过撰写论文，研究生能够深入反思研究问题，整理研究逻辑，并形成一份完整的研究报告。此外，学位论文也是研究生向学术界展示其研究成果、促进学术交流与合作的重要媒介。

最后，学位论文的撰写过程对于培养研究生的学术严谨性和优秀表达能力具有关键作用。在这一过程中，研究生需要在导师的指导下，独立完成文献回顾、实验设计、数据分析以及论文撰写等各个环节，从而全面提升他们的研究技能和学术水平。

（三）学位论文的特点

国家标准《学位论文编写规则》（GB/T 7713.1—2006）明确指出，学位论文是申请者用以获取学位的重要文献。其中，硕士论文是硕士研究生为获得硕士学位而撰写的，其学术水平需超越学士学位论文，体现作者对某一专业知识的深入理解和广泛掌握。硕士论文应展现出作者对专业基本问题或关键难题的独立、新颖见解，并能对提升该专业的学术水平产生积极影响。尽管撰写过程中有导师的引导，但更侧重于强调研究生个人的独立思考和独立完成能力。除了具备学术论文的一般特征，学位论文还具有其独特之处。

1. 作者的资格限定

学术论文的作者资格相对开放，任何具备科学研究能力的社会公民均可撰写。然而，学位论文的作者则具有明确的资格限定，仅限于正在攻读相应学位的学生。即使某人具备申请某一学位的能力，但如非该学位的学生，则无法撰写学位论文以申请学位。

2. 选题的约束性

学位论文的研究内容受到学生所学专业的严格限制，要求学生基于其专业知识对特定问题进行深入研究和探讨。因此，学位论文的选题范围相对固定，相较于自由撰稿人，学生在选题时享有的自由度较小。

3. 目的的明确性

对学位论文的作者来说，撰写论文的核心目的是申请学位，这是它与其他学术论文的核心区别。多年的学术积累与努力，最终都凝聚在学位论文中，并以此为依据获取学位证书。因此，学位论文的撰写目的具有极强的明确性和专一性。

4. 撰写的步骤性

学位论文的撰写遵循一系列固定的步骤。这些步骤包括在导师指导下选题开题、资料搜集、实验观察、深入分析、撰写论文初稿、预答辩、外部评审以及最终的正式答辩。答辩结束后，还需要对论文进行进一步的完善、修改，并提交最终版本。

5. 格式的规范性

学位论文的格式规范性是其科学性的重要体现。虽然其他学术论文也要求格式规范，但学位论文在这方面的要求更为全面和严格。学位论文在格式、语言和结构上的严格规定，使其在外观和行文上与其他文学创作和一般文章有显著区别。为确保学位论文的规范性，作者必须严格遵循国家和培养单位规定的论文写作规范。

四、教育硕士专业学位论文

全国教育专业学位研究生教育指导委员会在 2019 年发布的《教育硕士专业学位论文基本要求》，强调了教育硕士专业学位论文在教育专业研究生培养过程中的核心地位。这份论文不仅是检验教育专业研究生在基础理论、专业知识和专业技能等方面学习成果的重要环节，还是授予其教育硕士专业学位的核心依据，是衡量教育质量的关键指标。

论文是在导师的悉心指导下，由教育硕士研究生独立完成的一项系统、完整且规范的研究工作。其主要目的在于提升研究生运用科学理论和方法，解决教育实际问题的能力，为其未来的专业发展奠定坚实的基础。论文应当着重于运用所掌握的理论和方法，以规范的方式研究和解决基础教育（包括中等职业技术教育）领域存在的实际问题。完成这样一篇论文的工作量应当不少于半年，以确保其深度和广度。

（一）教育硕士专业学位论文的特点

1.教育硕士专业学位论文选题特点

《教育硕士专业学位论文基本要求》中明确提及了论文选题的指导原则，即应紧密结合理论与实践，特别关注基础教育（包括中等职业技术教育）中的现实问题，这些问题应具有实际应用价值和教育改进潜力。由于教育硕士的专业定位与要求，其论文选题并非仅围绕自然科学、社会科学或人文科学中的纯学术问题，而是聚焦于基础教育学科教学和教育管理的实际挑战。

在选择论文题目时，教育硕士应充分考虑个人的研究专长、兴趣和实践经验。既可以自主拟定题目并咨询导师的意见，也可以从导师提供的选题列表中挑选。但无论采用何种方式，选题都必须紧密联系教育教学实践，确保研究的针对性和实用性。同时，应避免过于学术化的纯理论探讨，也要防止论文沦为简单的工作报告或总结。

此外，论文选题应与教育硕士所学的专业领域和方向保持一致，避免涉及高等教育领域的问题。在表述论文题目时，应确保规范、清晰、准确，以体现研究的严谨性和专业性。

2.教育硕士专业学位论文的评价

在评估教育硕士专业学位论文时，并不将是否提出新理论作为核心标准，而是更加侧重于评估学生如何运用现代教育的基本理论、学科教学或教育管理的核心理念，结合其专业背景，对基础教育改革以及中小学教学、管理实践中出现的问题进行深入分析、研究，并提出有效的解决策略或方法。具体要求上，论文需遵循规范的体例结构，采用科学、合理的研究方法，确保观点明确、阐述清晰，并展现出一定的创新性。这与一般硕士学位论文在评价时强调的创造性为首要标准有所不同，教育硕士专业学位论文更加注重理论应用与解决问题的能力。

3.教育硕士专业学位论文的评审答辩

教育硕士专业学位论文的选题应紧密围绕基础教育教学及教育管理中的实际挑战，评价时主要聚焦于学生运用所学知识和技能来深入分析、研究问题，并提出有效解决方案的能力。答辩委员会的构成须包含本校的学科教育专家以及基础教育学科教学领域的专家，其中至少有一名在基础教育学科教学或教育管理领域具有高级专业职称的专家参与。值得注意的是，答辩学生的导师不得担任答辩委员会成员，且委员会成员也不应完全来自同一单位。这样的组成既包含理论深厚的专家，也涵盖实践经验丰富的专家，这恰恰反映了教育硕士专业学位论文强调实践应用的特性。

（二）教育硕士专业学位论文的类型

《教育硕士专业学位论文基本要求》指出，根据研究主题的不同，论文可采用专题研究论文、调查研究报告、实验研究报告和案例分析报告等多种形式。

1. 专题研究论文

专题研究论文的撰写，旨在基于现代教育的基本理论与方法，对基础教育（包括中等职业技术教育）领域特定的理论或实践问题，进行综合性的梳理与分析。通过深入挖掘既有研究成果，作者应能够有针对性地提出独到的理论见解或观点，并进行充分的论证。

专题研究论文的写作过程，要求作者全面运用所学的专业基础知识、专门知识以及科研技能，对教育学科和教育管理中的特定问题或现象进行深入探讨、研究和阐述。其目的在于揭示这些问题的本质与规律，进而表达作者的个人思想、观点、主张和见解。

论文的结构通常包括以下几个部分。

问题阐述：明确阐述本专题研究的必要性和可行性，简要说明研究的主要目的和内容。

文献回顾：对国内外相关研究现状进行清晰概述，重点分析既有研究的成就、不足，以及本研究与既有研究的联系。

理论构建与分析：确立研究的理论基础，采用科学、合理的方法对问题的内涵和外延进行清晰阐述。

资料与数据分析：对搜集到的资料或研究数据进行分类分析，提炼出相关模式或建立相应的关系；确保分析过程贴切、合理。

结论：基于研究内容，提出自己的理论观点或实践对策；这些见解应具有一定的新颖性和实用性。

教育硕士专业学位论文通常关注教育实践或与实践紧密相关的问题，例如如何将特定理论应用于学科教学和教育管理，以解决具体实际问题。此外，教育硕士也可以从自身工作实际出发，将零散的教育经验上升到理论层面，提出针对具体问题的有效解决方案。

专题研究论文具有三大鲜明特点。

（1）议论为主导

人的思维活动可以划分为感性与理性两大类。专题研究论文专注于传达理性层面的见解与主张，具有高度的主观性，因此议论成为其核心的表达方式。当然，单一的议论方式不足以构成一篇完整的论文，它还需结合说明、描写等其他表达方式，共同构成论文的完整框架。

（2）深厚的理论底蕴

专题研究论文不仅限于提出观点或主张，还需深入剖析"为何如此"及"应如何应对"。通过严谨的理论支撑和充分的论证，使论文的观点更具说服力。这一过程不仅涉及运用科学理论证明观点，还涵盖构建独特理论体系的任务。

（3）严谨的逻辑结构

在理论指导下，专题研究论文需通过逻辑严密的论证来阐述观点。只有借助坚实的逻辑力量，才能使论文的论述无懈可击，进而使读者信服其观点。

简言之，与常规的学术论文相比，专题研究论文更加紧密地关联实际问题，其论述对象多源于实践或实践经验的总结。相较于一般的教学总结，专题研究论文具有鲜明的观点、严密的逻辑论证，并遵循提出问题、分析问题、解决问题的系统化流程，直至得出确凿的结论。

专题研究论文大致包括前言、正文和结论3个部分，体现出提出问题、分析问题和解决问题的逻辑思路。通常先是提出论题的研究背景及相关研究的状况，接着提出自己的观点；在正文部分则是重点展开这些设想，表明自己的观点，并用大量的论据来证实；最后得出相关的结论。专题研究论文对教育硕士的理论水平要求较高，难度通常较大。

2. 调查研究报告

调查研究是一种在教育理论指导下，系统且规范地运用各种研究方法，对基础教育（包括中等职业技术教育）领域的具体活动或现象进行深入、全面的了解与考察的过程。它涉及对搜集到的丰富资料进行统计分析或深入的理论剖析，旨在提炼出有价值的经验、揭示其内在本质、探寻其潜在规律，并最终形成结论与改进建议。这一研究成果通常以调查研究报告的形式呈现。

调查研究报告的基本结构主要包括以下几个关键部分。

引言：此部分需对调研问题的国内外研究现状进行清晰的梳理与分析，强调本次调研的重要性和必要性，并简要概述报告的主要内容。

方法论：针对调研的具体问题，详细阐述所采用的调研方法，如问卷设计、个别访谈等，并明确调研的范围、步骤、数据来源、搜集手段以及分析方法。

数据分析与解读：运用科学、合理的方法对搜集到的数据和资料进行系统的整理、处理和分析，得出具体且明确的结论，并通过数理手段对其可信度和有效性进行评估。

讨论：基于上述数据和分析结果，进行深入的讨论，探讨其背后的意义与影响。

策略与建议：在全面分析的基础上，针对调研对象存在的问题或调研结果在实际应用中可能遇到的挑战，提出具有理论与实践依据的、可操作且有效的解决方案或建议。

总结：对整个调研工作及其主要结论进行系统的概括，明确提出具有创新性的结论，并简要阐述这些调研成果对实践工作的潜在价值。

调查研究报告的显著特征体现在以下几个方面。

（1）客观性

调查研究报告的首要特点是其客观性。它基于真实、准确的事实和数据，避免任何夸大、缩小或虚构的成分，确保读者能够获取到真实可靠的调研信息。

（2）普遍性

调查研究报告不仅关注具体对象的情况，更重要的是能够从中提炼出具有普遍意义的规律或模式。它不仅是对个别现象的描述，还要从特殊中寻求一般，揭示出更深层次的普遍真理。

（3）实用性

与理论文章和学术论文不同，调查研究报告更加注重实用性。它针对的是具体环境和具体事件，旨在为解决实际问题提供有益的参考和指导。调查研究报告的实用价值在于其能够为决策者提供基于实际数据的分析和建议，帮助他们作出更加科学合理的决策。

调查研究报告的写法通常按以下步骤进行。首先，在前言中提出调查的问题、背景、所要达到的目的；其次，介绍具体的调查过程，包括对象的确定，问卷的编制发放，问卷的搜集分析、整理归纳、得出结果；再次，对得到的一系列结果逐一分析讨论；最后，得出结论，并针对有关问题提出相应的策略和措施（见图 1-1）。需要注意的是，调查研究报告需要教育硕士研究生熟练掌握相应的实证研究方法，这需要前期做大量的学习铺垫。

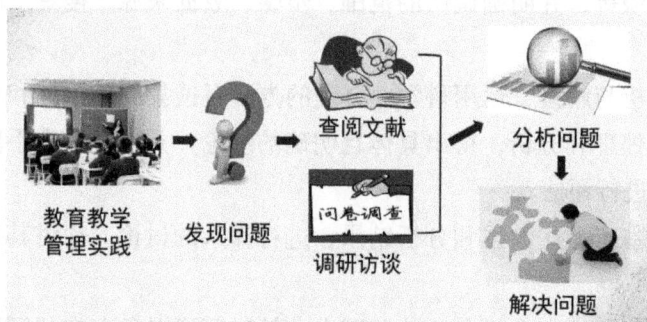

图 1-1　调查研究报告撰写的基本思路

3. 实验研究报告

实验研究是依据教育理论的指导，借助科学实验的基本原理和方法，设立具体假设，并通过操纵特定教育因素或条件来观察、测量这些变化对其他变量的影响。这一过程旨在探究教育措施与教育效果之间的因果关系，进而验证或推翻初始假设，以深入理解和揭示教育规律。基于实验研究的成果，会形成一份严谨、规范的书面报告。

在研究过程中，应坚持客观、有效、可行的原则，并采用科学、规范、合理的研究方法，以保障实验研究的内部和外部效度。实验设计需明确说明研究问题，界定自变量、因变量及无关变量，确立研究假设，并通过实验验证这些假设，旨在揭示教育现象背后的因果关系，并将研究成果应用于实际教育环境中。

实验研究报告应体现客观性和验证性，确保记载的实验结果能够经得起重复验证。除了文字描述和解释，报告还应借助图像、图表等工具清晰地呈现实验的基本原理、步骤间的关联以及实验结果。同时，实验研究必须严格遵循研究伦理，避免对师生造成任何心理或情感上的伤害。

实验研究报告的基本结构主要涵盖以下几个关键部分。

引言：此部分将概述国内外相关研究的当前状况、未来发展趋势，并详细阐述本实验研究的背景及其实施的必要性。同时，明确说明本实验研究所聚焦的主要内容。

实验设计与方法：详细阐述研究假设，并介绍所采用的实验方法，这可能包括定量研究或定量与质性研究相结合的混合方法。并具体说明如何操作自变量、测量因变量，以及如何控制无关变量，以确保实验过程的准确性和可靠性。

实验结果总结：本部分需要系统地整理并概述通过实验研究获取的主要数据或结果，为读者提供清晰的实验成果展示。

结果讨论：针对实验所得的数据或结果进行深入讨论，并提出与教育改革相关的新思路或见解。此外，还需展望这些实验结果对教育现状可能带来的改进和影响。

总结与结论：在此部分，系统地概括实验研究得出的主要结论，并明确指出哪些结论是作者独立提出的。同时，简要描述这些实验成果在实践中的潜在价值和应用前景。

实验研究报告的撰写通常始于一个明确的问题，首先对该问题的历史背景与当前状况进行详尽的描述。随后，论文会引入与问题紧密相关的理论概念和设想，并进行深入的概念界定和理论阐述。在理论层面，对研究问题进行细致的分析，同时提出作者个人的观点和假设。接着，为了验证这些假设和理论构想，作者会在具体的教学或教育管理实践中，通过教育实验的方式进行实证检验。实验完成后，将实验结果进行整理和总结，深入分析其中存在的问题，并据此提出相应的优化和改进方案。最后，以结论的形式呈现整个研究的成果。值得注意的是，论文的完成并不代表这一理论循环的结束。所形成的理论是否科学、合理以及能否推广应用，还需通过实践的持续检验。撰写论文的工作主要在于以更为合理和完善的方式提出这一理论，为后续的实践和应用提供基础。

4. 案例分析报告

案例分析是一种研究方法，它聚焦于特定的个体（如教师、学生）、具有标志性的教育事件或组织，通过系统地搜集、整理、分析与之相关的资料，深入探究这些特殊情境下问题形成和发展的根本原因。其目的在于揭示这些情境下的发展趋势或规律，并据此采取有针对性的支持措施，以促进研究对象的进一步优化发展。

案例分析强调真实性、实证性和典型性，要求研究者具备明确的问题意识，并能结合相关理论或借鉴前人经验，进行综合性的分析。这一过程中，研究者需对研究对象进行真实且多角度的描述，随后通过归纳、分析和解释深度解读教育实例，描述性地揭示问题的核心，并提出有效的解决方案。这种研究方式不仅能够为解决当前问题提供策略，同时也能够为类似问题的解决提供有益的参考和启示。

案例分析报告的基本结构主要包括以下几个关键部分。

引言：在此部分，报告将阐述案例分析的背景及其在实际研究中的重要性，明确本次案例分析的研究目的和核心内容。

研究方法与实施：在此部分，将详细阐明案例的选择方法，即为何选定这一特定案例；描述如何进入实地现场，以及与研究对象建立并保持联系的过程。同时，将明确使用的资料搜集和分析方法。通过对案例的细致调查和分析，旨在理解其现状或发展变化的轨迹，并尝试通过实施积极的教育措施以推动发展，从而探索措施与发展之间的因果关系。

案例情境描述：在这一部分，将全面描述案例的实际情况，包括事件发生的时间、地点、涉及的人物、事件的发展过程以及最终结果等。此外，还将针对情境中的特定问题进行深入的理论分析。

案例深度剖析：此部分将分为两大方面——理论阐释与综合评议。在理论阐释部分，将探讨案例分析的主要目的、所依据的教育理论及其在实际教育中的意义。在综合评议部分，将进行案例的自我评估或邀请专家进行点评，并提出改进意见和建议。

总结与展望：此部分将针对研究中的关键要素和结果进行深入讨论，并从案例分析的结果中提炼出核心结论。同时，将对结论的有效性和真实性进行说明，并针对案例分析中提出的问题提出具体的解决方案或策略。这些推论必须建立在合理的逻辑基础上。

案例分析报告的显著特征体现在以下几个方面。

真实性：案例必须基于真实发生的事件，确保数据的真实性和可靠性。

挑战性：案例应包含问题或挑战性的情境，为研究者提供深入分析和思考的契机。

代表性：案例应具有代表性和特殊性，能够反映某一类问题的普遍性和独特性。

综合性：案例应从多个角度呈现问题，提供全面深入的信息。

启发性：案例分析应能激发广泛的讨论，为教育实践提供有益的启示和反思。

◢ 思考与练习 ◣

论述

1. 根据《中华人民共和国学位法》，新的学位法有哪些核心特点？请列举并解释其重要性。

2. 根据《教育硕士专业学位论文基本要求》，教育硕士专业学位论文选题有哪些特点？请列举并解释。

拓展练习

结合《教育硕士专业学位论文基本要求》中的 4 种教育硕士论文形式，根据特点自行下载相关教育硕士专业学位论文，并分析其特点。

政策分析

分析《中华人民共和国学位法》中关于学位质量保障体系的规定，讨论其对提升学位教育质量的潜在影响。

第二章 学位论文"前写作"——选题

◎ 章前导语

学位论文选题之于学位论文，如同新鲜血液之于身体。论文选题是论文写作的开端，为学位论文撰写"前写作"开启篇章。所谓选题，就是论文撰写者在教师的指导下，根据自己的兴趣和专长，确定论文的研究范围和研究方向。论文选题决定研究结果的生成速率，得当的论文选题往往会事半功倍。学位论文选题不仅是对研究方向的初步确定，更是研究构思与假设提出的基础，它在整个研究过程中占据着举足轻重的地位。

研究者在进行学位论文选题之前要确定好研究方向、明确研究目标，并通过查阅相关领域的文献资料，了解研究领域的现状、热点问题，为选题提供理论依据。在撰写学位论文前，要明确什么是选题，选题从哪里来，选题与问题、选题与标题之间的区别，才能达到"题好一半文"的效果。

◎ 学习目标

1. 选题能力：掌握学位论文选题的原则及基本方法，提升学位论文选题能力。

2. 能明确选题的定义，明确选题与问题、选题与标题之间的区别，掌握基本的学位论文选题能力。

◎ 知识结构图

```
                              ┌─────────────────────┐
                      ┌───────┤ 学位论文选题的标准   │
                      │       ├─────────────────────┤
              什么是选题├───────┤ 学位论文选题的步骤   │
                      │       ├─────────────────────┤
                      └───────┤ 学位论文选题的原则   │
                              └─────────────────────┘
                              ┌─────────────────────┐
                      ┌───────┤ 培养研究兴趣和问题意识 │
                      │       ├─────────────────────┤
                      │       │ 考虑社会需求和实用价值 │
              选题从哪里来├─────┤─────────────────────┤
                      │       │ 关注学术前沿和热点问题 │
  学位论文"前写作"       │       ├─────────────────────┤
  ——选题 ├──────       └───────┤ 确定选题的途径和方法 │
                              └─────────────────────┘
                              ┌─────────────────────┐
                      ┌───────┤ 学位论文选题与问题的区别 │
                      │       ├─────────────────────┤
              选题与问题├───────┤ 学位论文选题与问题的联系 │
                      │       ├─────────────────────┤
                      └───────┤ 学位论文选题的挑战和解决策略│
                              └─────────────────────┘
                              ┌─────────────────────┐
                      ┌───────┤ 选题与标题的联系     │
              选题与标题├───────┤─────────────────────┤
                      └───────┤ 选题与标题的区别     │
                              └─────────────────────┘
```

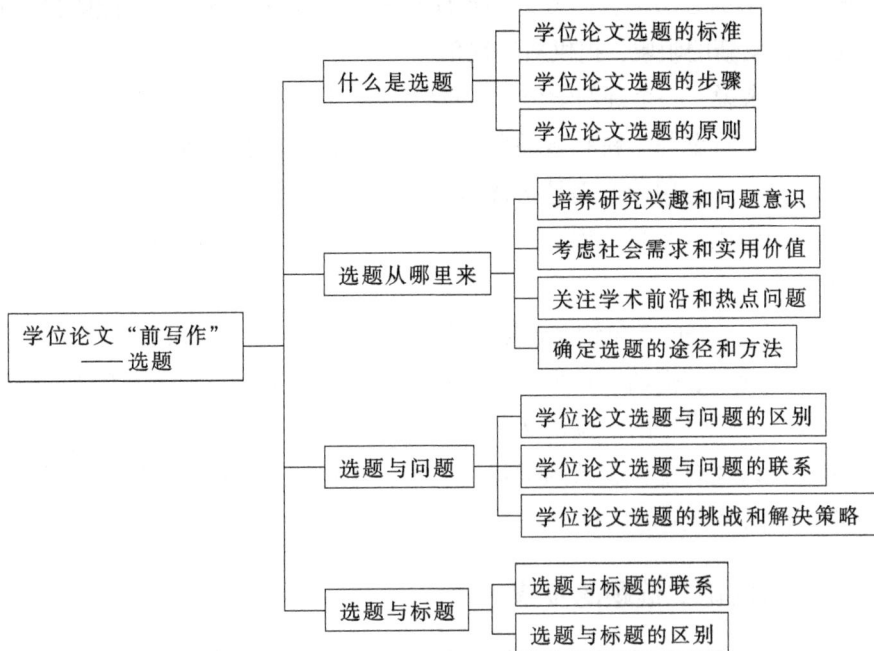

第一节　什么是选题

　　学位论文选题具备较强的针对性，可以确定文章的方向、角度和规模。一个好的论文选题要有价值，值得探讨和研究，同时符合研究者的能力和知识结构。因此，确定好的论文选题是一个具有重要研究意义的过程，能够反映学位论文的价值，有助于在确定选题的过程中提升研究者对专业知识的掌握程度，锻炼研究者的思维能力和进行科研的能力。好的选题只有遵循选题的原则和方法，才能达到论文选题的价值性和针对性，保证学位论文撰写的顺利进行。

一、学位论文选题的标准

　　在学术领域，学位论文的选题不仅关系到研究者研究成果的价值，也直接影响到研究者的学术生涯。一个好的学位论文选题，应当具备科学性和创新性，这是其最基本的条件。科学性要求选题严谨，符合学科体系的规律，能够通过科学的方法进行研究；创新性则要求选题具有新颖性，能够提出新的问题，探索新的领域，提供新的视角。

进一步来说，一个好的学位论文选题还应当具有相关性和实际应用价值。相关性意味着选题与学科领域的研究方向紧密相连，能够回应当前学术界的热点问题；实际应用价值则是指选题的成果能够为社会发展、行业进步带来实际的推动作用。在某种程度上，相关性和实际应用价值也是衡量选题质量的重要标准。

最后，一个好的学位论文选题还应当对学科领域的发展具有贡献和影响。这意味着选题能够推动学科理论的进步，或能够为实际问题提供有效的解决方案。因此，一个好的学位论文选题应当具备科学性、创新性、相关性、实际应用价值以及对学科领域的贡献和影响。在确定选题时，应当综合考虑这些因素，作出最合适的选择。

二、学位论文选题的步骤

确定一个优秀的学位论文选题，是一个严谨而复杂的过程，涉及多个维度的考量。从构思到最终确定，每一步都需精心策划，以确保选题既有实际价值，又具备可行性。

在这个旅程的开始，研究者需深入耕耘自己的兴趣领域，通过阅读相关文献、了解前沿动态，建立对研究领域的基本认识。这一步骤是自我探索与定位的过程，它要求研究者清晰地认识到自己的研究兴趣所在，并在此基础上进行进一步的挖掘。

随后，研究者应当考量选题的利益相关者和目标受众。一篇论文的影响力，不仅体现在学术圈内，也希望能对社会产生积极的推动作用。因此，在选题时，就需要思考研究结果能够服务于哪些群体，解决哪些实际问题。这样的思考有助于提升研究的实用价值和社会影响力。

在明确了研究范围和目标之后，实际操作层面的考量也同样重要。时间和资源的双重限制是研究者必须面对的挑战。因此，在选题时就要评估研究所需的时间是否与自己所能承受的期限相符，研究资源是否充足，是否超出了自身能力范围。这一过程实际上是对研究计划可行性的预判，旨在避免在研究过程中遇到不必要的障碍。

好的学位论文选题，应当是研究者兴趣与学术价值、社会需求的完美结合，同时也要考虑实际操作的可行性。这是一场需要耐心、智慧和远见的"战役"，从初步的思考到详细的规划，每一步都需要研究者全情投入和精准把握。

三、学位论文选题的原则

学位论文选题确定的原则，能够衡量学位论文选题和学位论文撰写可行性。学位论文选题是一项复杂且困难的工作，遵循一定的学位论文选题原则，可以为学位论文选题工作减轻一定压力，避免研究者走弯路，缩短学位论文选题的时间。一般来说，好的学位论文选题需要遵循以下原则。

（一）可行性原则

可行性是指研究者要在自身能力和资源范围内选择能够完成的研究课题，避免过于庞大和复杂的问题。论文选题不宜太大。论文选题一定要坚持适中原则，要实事求是，不可贪大。任何学位论文选题都必须根植社会现实，如果选题过大，超出社会现实或涵盖内容太广，容易使论文缺乏深度，内容空泛，问题表述不清。最突出的表现形式就是问题得不到解决，研究过程中心有余而力不足，浪费时间和精力，最后逐渐失去写作的自信心。因此，研究者要根据自己的主客观条件，如专业知识、基本素质、设备、科研材料等，选择适中的选题，保证论文选题的可行性。

论文选题要联系实际，来源于个人实践。正常情况下，学位论文选题都应该在研究者的专业范围内，只有在自己专业范围内的论文选题，研究者才能对本专业的历史、现状、学科前沿、研究问题、待解决的问题等有深刻的了解。只要研究者平时细心观察、努力钻研、勤于探索，就能发现专业领域内有意义的新选题。另外，在平时搜集整理资料时，能更加有针对性，还能充分结合社会实际，选择出具有一定创新性的选题，从而推动学位论文的完成。

（二）创新性原则

创新是引领发展的第一动力，是一个民族进步的灵魂，是一个国家兴旺发达的不竭源泉。不仅国家和民族需要创新，科研也是如此。学位论文能否成功，是否具有价值，在很大程度上取决于选题是否具备创新性。创新性是指能从新角度、以新方式去思考问题，得出具有创造性的结论，具备创新性的选题能为学位论文注入灵魂。放在学位论文研究中是指研究者在选题时要避免重复他人已经研究过的问题，要寻求新的研究视角和方法，提出独到的见解和理论。从理论上讲，任何选题都具备创新的可能性，但如何将可能性变为现实性，是值得深入探索的。

论文选题要有新发现。选题要具备一定的难度，但难度要适中。有一定难度的选题能激发研究者的创造热情和激情，找到自己的独创之处。研究者要具备对事物敏锐的观察力，能够注意到常人难以注意到的地方，抓住细微之处，关注前沿热点话题。如在语文学科中"大单元教学""情境任务""整本书阅读"等是近几年的热点话题，吸引了诸多研究者研究，若再去研究这一类课题，就要能在已有研究的基础上找出新发现，举出新例子，开辟新方向。新发现应是研究者追求的目标之一，将使学位论文写作更进一步。论文选题要有新结论。新结论是指所选题目符合客观需要，最终形成的论文能推动学科发展或社会发展，具备一定的学术意义和社会价值。

（三）科学性原则

科学性原则要求选题具有合理的研究框架和方法论，能够确保研究过程的科学性和有效性。遵循科学性原则，可以使学位论文选题更加符合学术规范，提高论文的质量。

在选题过程中，科学性原则起着核心的指导作用。科学性原则，简单来说，就是确保选题的研究问题基于科学理论和实践经验，具备合理性和可操作性。科学性原则不仅要求研究问题建立在严谨的理论基础上，而且要求问题的研究能够通过科学方法得到验证和解释。这意味着，选题必须符合学科领域的基本规范，研究的假设或问题应当是可以通过观察、实验或理论分析来验证的。当选题符合科学性原则时，它在选题过程中的具体体现有以下几个方面。首先，选题能够反映当前学科领域的研究趋势或填补研究空白，显示出对学科发展的敏感性和洞察力。其次，研究问题应当具有一定的理论和实践意义，能够为学科理论体系的构建或实际问题的解决提供新的思路和方法。最后，选题的科学性还体现在问题的提出是建立在充分回顾文献的基础上，对前人研究成果的批判性分析和借鉴是选题合理性的重要保障。

那么，如何在选题过程中确保研究问题的科学性和合理性呢？这需要研究者进行深入的文献研究，掌握学科领域的最新研究动态和基本理论，从而提出既有理论价值又有实践意义的研究问题。同时，研究者还应当与导师或同行进行充分的沟通交流，通过他们的反馈来评估选题的科学性和可行性。在研究问题的表述上，应当力求精确和具体，避免过于宽泛或模糊不清，这样有助于研究的深入进行。

（四）客观性原则

客观性原则是科学研究的基本要求，它要求研究者对待研究对象时，不受个人情感、观念和价值观的影响，以事实为依据，进行严谨的论证和分析。在学位论文选题中，客观性原则具有重要意义。遵循这一原则，研究者能够确保选题具有实际意义和价值，避免陷入无效和盲目研究的困境。

客观性原则在选题过程中的具体体现有以下几点：一是要对研究课题进行充分的文献调研，了解学科领域的研究现状和趋势，以确保选题具有一定的创新性；二是要对研究目标、问题和假设进行明确界定，避免模糊不清导致的研究偏差；三是要对研究方法进行充分论证，确保方法的科学性和可行性，以保证研究结果的可靠性。为此，研究者应采取以下措施：一是要保持怀疑态度，对待研究课题时不断追问和思考，以确保选题的严谨性；二是要充分尊重和借鉴前人的研究成果，避免重复性研究，提高论文的价值；三是要注重实证研究，通过实际数据和事实来支持研究结论，避免空泛论述；四是要注重跨学科研究，借鉴其他领域的理论和方法，以拓宽研究视野，提高论文的创新性。

（五）相关性原则

相关性原则是指选题应当与学科领域紧密相连，确保研究的深度和广度。为了确保选题的相关性，研究者要认识到选题与学科领域的关系是基础，课题必须紧密围绕学科的核心问题，能够在理论或实践上对学科有所贡献。这就要求研究者在进行选题时，要对学科领域有深入的了解，掌握学科的最新发展动态。选题与现有研究的关系也同样重要。研究者应当对已有的研究成果进行全面梳理，找到研究中的空白点或可以进一步深化的地方。这样可以保证研究者在现有的研究基础上有所突破，避免重复性的工作。

（六）实用性原则

选题的实践意义和应用价值是实用性原则的核心。每一个研究课题都应能够反映出一定的社会需求和现实问题，通过对这些问题的深入探讨和分析，提出有效的解决方案。例如，在当前科技快速发展的背景下，研究人工智能在医疗、教育等领域的应用，不仅能够推动相关技术的发展，还能够解决实际问题，提升社会生产力。

探讨选题对实际问题的解决能力是选题实用性的具体体现。一个好的研究课题应当能够明确指出解决问题的路径和方法。这就要求研究者对现有问题有深刻的理解和认识，能够站在前人的肩膀上，提出具有创新性和可行性的解决方案。为了确保选题的实用性和应用性，研究者应当从以下几个方面入手：一是对研究领域的现状和趋势有全面的了解；二是关注社会需求，选择具有广泛应用前景的课题；三是结合自身的兴趣和专长，确保研究的持续性和深入性。

第二节　选题从哪里来

学位论文选题来源广泛，主要包括以下几个方面：一是学术文献，通过对相关文献的梳理和分析，发现研究问题；二是实践经验，通过对实际问题的观察和思考，提炼出研究课题；三是学术会议，通过参与学术会议和交流，获取灵感和选题方向；四是导师指导，导师的学术背景和研究方向会对选题产生重要影响。

在选题过程中，研究者需要运用批判性思维，对现有研究进行深入分析，找出其中的问题和不足。同时，研究者还需掌握一定的研究方法，如文献调研、实证分析、案例研究等，以确保研究质量和论文质量。在这个过程中，研究者应保持开放和严谨的态度，不断调整和完善选题，确保研究的科学性和有效性。

一、培养研究兴趣和问题意识

（一）研究兴趣

研究兴趣，不仅是推动研究者深入研究的内生动力，更是选题过程中不可或缺的重要因素。它能使研究者在繁杂的信息中迅速找到方向，保持研究的热情和动力。

在学位论文的选题过程中，研究兴趣的培养至关重要。它是研究者选择研究主题的出发点，也是研究者进行研究的内在驱动力。当研究者对某个领域或问题产生浓厚的兴趣时，会更加主动地去了解和探索，从而能够更深入地理解和掌握相关的知识和技能。研究者不仅要对学术背景进行深入挖掘，也要将个人兴趣与研究主题紧密结合。学术背景为研究提供理论支持和实践指导，而个人兴趣则是推动研究深入的内生动力。因此，要找到个人兴趣和学术背景的平衡点，选择最合适的论文选题。

一方面，学术背景为研究者提供了丰富的研究资源和方法论，使研究者对某一领域有全面、系统的认识；另一方面，学术背景容易使研究者的研究陷入固定的思维模式，限制研究视野。因此，在选题过程中，研究者需要分析学术背景对研究兴趣的正反影响，以期找到既能依托学术背景，又能体现个人特色的选题。从个人兴趣出发确定研究主题，是学位论文选题的重要途径。个人兴趣既能激发研究者的研究热情，也能提高研究的创新性。在探讨如何从个人兴趣出发时，研究者要注意以下几点：一是要充分了解自己的兴趣所在，可以通过参加学术活动、阅读相关文献、咨询导师等方式，不断拓宽自己的研究视野；二是要衡量个人兴趣与学术价值，选择具有研究潜力和价值的课题；三是要结合实际情况，充分考虑自己的时间、资源和能力，确保研究能够顺利进行。

（二）问题意识

在研究过程中，问题意识的作用和价值同样不可忽视。它是研究者进行研究的出发点和落脚点，也是判断研究价值的重要标准。通过培养问题意识，研究者能够更加敏锐地发现问题，更加深入地分析问题，从而能够提出更有价值的结论，使研究具有更高的理论和实践价值。

问题意识是指对研究领域的疑问和困惑。它能够激发研究者深入探讨和研究，从而提出有价值的研究问题和假设。

问题意识在研究过程中的重要性不容忽视。它是研究的出发点和落脚点，也是研究的动力和灵魂。问题意识能够帮助研究者明确研究目标，确定研究方向，发掘研究内容，形成研究框架，进而拓展研究的深度和广度。同时，问题意识还能够促使研究者保持对研究领域的敏锐观察和思考，不断提出新问题，拓宽研究视野，丰富研究内涵。研究者在树立问题意识的过程中要注意以下几点。首先，研究者需要具备良好的学术素养，广泛阅读文献，了解研究领域的前沿动态和热点问题。其次，研究者应主动参与学术讨论，与同行交流，碰撞思维，激发灵感。再次，研究者还需要善于思考、勇于质疑，不满足于现状，敢于挑战权威。最后，研究者应注重实践，将理论知识与实际相结合，从实践中发现问题和矛盾，从而培养和激发问题意识。一个好的研究问题应该具有针对性、创新性和价值性。研究者应根据自己的兴趣和特长，结合问题意识，选择具有实际意义和学术价值的研究课题。在撰写论文过程中，研究者应始终保持问题意识，将问题贯穿于全文，从问题出发，围绕问题展开论述，最后对问题进行深入分析和解答。

因此，对学位论文的选题，研究者需要同时关注研究兴趣和问题意识的培养。研究者要通过深入学习和探索，发现并保持对某个领域或问题的兴趣，同时，研究者也要通过增强问题意识，培养对现象和问题的敏感性和好奇心。只有这样，才能选出具有实际意义和价值的论文题目，才能在研究中找到真正的乐趣和价值。

二、考虑社会需求和实用价值

（一）社会需求

社会需求是指社会对某一领域的研究需求。在选题时，研究者应该关注社会需求，选择具有实用价值的课题，以期通过研究解决实际问题，为社会发展作出贡献。

在学位论文的选题过程中，深入分析社会需求具有重要的指导意义。社会需求是多方面的，既包括经济领域、政治领域、文化领域，也包括生态环境、科技创新等各个领域。通过对当前社会面临的主要问题和挑战进行深入研究，可以帮助研究者更好地理解社会需求，从而为学位论文的选题提供有力的支持。当研究者探讨当前社会面临的主要问题和挑战时，可以看到，经济的高质量发展、社会治理的创新、文化的繁荣、生态环境的保护、科技的突破等都是重要的研究方向。这些问题和挑战都是社会需求的具体体现，对学位论文的选题具有重要的影响和指导作用。符合社会需求的论文选题具有很高的实用价值和意义。例如，针对生态环境的保护，可以研究环境污染治理的技术创新；针对科技创新，可以研究新技术在产业中的应用等。这些论文选题不仅可以为社会问题的解决提供理论支持，也可以为实际问题的解决提供参考和借鉴。

（二）实用价值

学位论文选题需要考虑选题的实用价值，研究者首先需要理解什么是实用价值，以及如何评估实用价值。实用价值是指论文研究成果对实际问题的解决能力和贡献程度，其评估标准包括创新性、针对性和实效性等。只有深入理解和掌握实用价值的内涵和评估标准，研究者才能更好地将其应用于学位论文的选题过程中。学位论文的撰写旨在解决现实问题，提供理论依据和实践指导。实用价值的指导意义在于，它可以帮助研究者更好地明确论文的研究方向和目标，确保论文的研究成果对社会具有实际意义和价值。因此，研究者需要在选题阶段充分调查研究，了解社会需求和实际问题。其次，建立与实际问题紧密相关的理论框架，为论文的研究提供有力支持。此外，还需要注重实证研究，通过实际数据和案例验证论文观点和解决方案的可行性。最后，在论文撰写过程中，要注重逻辑性和条理性，使研究成果更具说服力和实用价值。

在学位论文的选题过程中，研究者应当紧密结合社会需求与实用价值，以此为基础进行深入的研究和探讨。选题时，研究者需要充分了解和掌握相关领域的最新发展动态，同时也要关注社会需求的变化趋势。在选题过程中，要充分调查研究，搜集大量的信息和数据，以确保选题的方向和内容具有实际意义和价值；要充分考虑自己的兴趣和专业特长，选题要与自己的研究方向和职业规划相符合；在选题过程中，要注重创新性和可行性，选题的内容要有新意，同时也要在实际操作中具有可行性。

在学位论文的选题过程中，如何平衡社会需求与实用价值的关系，是一个重要的问题。研究者需要在研究中，既满足社会需求，又能够体现实用价值，充分考虑社会需求和实用价值间的相互关系。

三、关注学术前沿和热点问题

（一）学术前沿

学术前沿是指当前研究领域最新、最先进的研究方向，它代表了学科发展的最新动态和未来的趋势。学术前沿往往具有创新性、交叉性和应用性等特点，这些特点为学位论文的选题提供了重要的启示和指导。探索学术前沿，首先需要了解学术前沿的定义和特点。学术前沿的定义和特点可以帮助我们明确什么样的课题属于学术前沿，以及学术前沿课题的价值和意义。在此基础上，研究者可以进一步探讨学术前沿对学位论文选题的启示和指导作用。学术前沿的课题往往具有较高的研究价值和创新性，选择这样的课题进行研究，可以提高学位论文的质量，为自己的学术生涯打下坚实的基础。

首先，研究者要经常关注学术期刊和会议。学术期刊和会议是学术交流的重要平台，通过阅读最新的学术论文和参加学术会议，可以了解学术前沿的最新动态。其次，进行文献综述。通过对相关领域的文献进行系统梳理和分析，可以发现学术前沿的课题和趋势。再次，开展实地调研。实地调研可以帮助我们了解实际问题，从而找到学术前沿与实际问题的结合点。最后，与导师和同行交流。导师和同行具有丰富的学术经验和敏锐的学术洞察力，与他们交流可以获得学术前沿的宝贵信息。

（二）热点问题

热点问题是指在某一学术领域，引起广泛关注、讨论和研究的话题。它们通常具有以下特点：一是具有时代背景和现实意义；二是引起学术界和社会公众的广泛关注；三是具有研究价值和潜力。热点问题往往具有一定的研究价值和现实意义，能够吸引读者的注意力，提高论文的引用率和影响力。热点问题通常涉及学科领域的前沿动态，研究这类问题有助于拓宽研究者的知识边界，提高学术水平。同时，关注热点问题还能帮助研究者把握学术研究的趋势和方向，使研究者的论文更具针对性和前瞻性。在实际操作中，关注热点问题并不意味着盲目跟风，而是要结合自己的兴趣和特长，选择一个既具有热点特征，又符合自己研究方向的课题。只有这样，才能在学位论文的撰写过程中，充分展示自己的学术素养和创新能力。

在学位论文选题过程中，关注学术前沿和热点问题，可以帮助研究者找到有价值的研究课题，提高学位论文的质量。为此，研究者需要不断学习，提高自己的学术素养，关注学术期刊、会议、文献综述、实地调研以及与导师和同行交流，积极探索学术前沿，为自己的学术生涯奠定坚实的基础。

四、确定选题的途径和方法

（一）确定选题的途径

学位论文的选题通常涵盖 3 种策略：首先，学生可完全自主地确定一个研究课题，这种独立选题方式往往基于个人深入思考与专长展现；其次，学生可在导师提供的参考题目范围内挑选，这些题目往往紧扣学科前沿与实际应用需求，而学生则在此基础上结合自身兴趣与能力作出选择；最后，学生还可依据指导教师的建议选定题目，这种方式下，教师的建议虽具参考价值，但学生拥有最终决定权，体现了对学生主体性的尊重。无论采取何种方式，教育硕士专业学位论文的选题路径均广泛涵盖自我探索、导师引导及学科实践等多个维度。

1. 从教育科研项目中选题

科研项目来源多样，涵盖导师、教育硕士个人及所在单位承担的各类研究。导师作为专家，通常拥有明确的学科专长与研究方向，并可能承担与基础教育紧密相关的科研项目，尤其是与中小学合作的研究。教育硕士在选题时，可优先选择与导师研究方向契合的题目，甚至直接作为导师课题的一部分，此举不仅能获得导师的专业指导，还能促进与同行研究者的交流合作。同时，教育硕士所在机构及实习单位，因其紧密关联基础教育实践，常拥有具备应用价值的科研项目。硕士生可选择这些项目的子课题作为论文主题，既助力学校科研，又利用现有资源保障研究顺利进行。此外，教育硕士个人也可能在攻读学位期间，作为主持人或成员参与课题申请与研究。他们可灵活调整、深化这些课题，以满足学位论文的选题标准，实现科研与论文写作的双赢。因此，在规划个人课题时，教育硕士应前瞻性地考虑其与学位论文的关联性，为论文撰写奠定坚实的基础。

2. 在课程学习的启发下选题

鉴于教育硕士普遍具备学科教学或教育管理的实践经验，其在学习过程中宜将理论知识置于实际教育情境之中，实现理论与实践的深度融合。此过程将催生丰富的个人感悟，如理论对教育现象的阐释力、对学科教学与管理问题的解决能力、对教育规律的揭示程度等，这些感悟往往是激发研究灵感的源泉。基于此类心得形成的论文选题，不仅能深化对专业知识的理解，提升解决实际问题的能力，增强学习成效，还能使论文观点鲜明、内容充实，避免空洞无物的论述。需要注意的是，个人体验往往带有主观性与直觉性，故需通过文献调研与资料查阅，剔除偏颇、陈旧或缺乏创新性的成分，最终提炼出具有价值的论文选题。

3. 在教育教学实践中选题

教育实践是教育硕士专业学位论文选题的不竭动力。在教育实践中，问题可分为宏观与微观两大类别。宏观问题触及教育的整体框架与长远规划，如学制结构、课程设置、管理体系及发展规划等，这些问题因其广泛的研究对象、大量的资源投入、复杂的资料需求及较长的研究周期，常由国家级或教育管理部门委托专业教育研究者承担。相对而言，微观问题聚焦于教育的具体环节或局部领域，是教育硕士选题最为直接的来源。这些问题更贴近实际操作层面，为教育硕士提供了丰富的选题素材，使其学位论文能够紧密围绕教育实践中的细微之处展开研究。这类选题的来源可以概括为以下几方面。

（1）学科教学的深化：聚焦于教学质量提升，涵盖教学内容的组织优化、教学形式与方法的创新、教学手段的有效运用、教学过程的精细实施以及教学质量的全面评价等核心议题。

（2）教育管理的革新：强调管理效能与质量，探讨如何提升教育管理水平、效率与质量，以及新管理机制与模式的引入与应用，体现现代教育对管理效益的高度重视。

（3）教育改革与发展的挑战：面对教育转型期的诸多变革，选题可围绕教育观念更新、新课标实施、教育现代化路径、农村教育优化、个性化教学、合作教学策略等前沿问题展开。

（4）教育内外关系的探索：关注教育系统内部各层次（基础教育、高等教育、成人教育等）的联动，以及学校教育与家庭教育、社会教育之间的相互作用，为选题提供丰富的交叉视角。

（5）教育教学经验的科学提炼：将教育工作者在实践中积累的宝贵经验进行系统整理与科学验证，通过经验总结法或实验法揭示教育措施与效果间的内在联系，促进教育经验的理论化与传播。

（6）教育现象的深入调查：鼓励对特定教育现象进行细致观察与深入分析，结合定量与定性研究方法，揭示其本质规律，提出有针对性的教育策略，为实践提供有力指导。

（7）教研成果的继承与发展：强调在继承前人研究成果的基础上寻求创新，通过深入研究已有教学思想、方法、模式的应用与推广过程，发现新的研究空白点，推动教育教学研究的持续进步。

4. 从教育研究文献资料中选题

在教育领域的广泛文献资源中，包括各类教育期刊、学位论文、报纸、论文集、专题资料汇编以及课题指南等，都蕴含着丰富的教育科研成果与最新动态。通过细致研读这些资料，我们能够敏锐地捕捉到潜在的学位论文选题。这些选题可能源于他人尚未触及的、学界尚存争议的话题，或是已有一定研究基础但仍需深入挖掘的领域。因此，充分利用这些文献资料，不仅能帮助我们了解教育研究的现状与趋势，还能激发新的研究灵感，为学位论文的选题提供坚实的支撑。

（二）确定选题的方法

1. 经验提炼法

对于长期扎根于教育教学一线的教育硕士而言，他们在日复一日的实践中积累了宝贵的经验，如"因材施教""分层教学""师生互动""先学后教""情境设定"等教学策略。这些经验的提炼与升华，要求他们深入探索并回答一系列核心问题，进而自然催生出研究课题。例如，一位中学数学教师可以反思：我所采用的教学经验是否具有普适性？这些做法背后是否有坚实的理论依据支撑？面对不同的班级构成与教学内容，这些策略的效果是否会有所差异？正是这样的思考与追问，促使他围绕高效课堂的构建，确立并深化了研究方向。这一过程不仅实现了从实践到理论的跨越，也推动了教育教学领域的持续创新与发展。

2. 浏览捕捉法

此方法强调通过对大量文献资料进行快速而全面的阅读，并在对比分析中锁定研究课题。浏览环节宜在资料积累到一定程度后集中进行，以便系统地比较与评估资料。其核心目的在于深入消化现有资料，从中挖掘问题，进而明确个人的研究方向。这要求研究者对搜集到的所有资料，无论主次、角度或观点差异，都应进行详尽的阅读与研究，避免片面或预设观念的影响。研究者应秉持冷静客观的态度，对所有资料进行深入分析，汲取其精华，力求在全面理解的基础上，有所洞察，最终确定富有价值的研究课题。

浏览捕捉法一般可按以下步骤进行。

（1）广泛浏览。在广泛浏览文献资料的过程中，应注重高效记录，捕捉并整理那些对自己触动深刻的观点、论据、论证技巧等关键信息，同时记录下即时的心得体会。记录时应讲求策略，精选要点，避免冗余，对重复或相似的资料，仅需标注来源与页码，以优化时间管理。

（2）分类整理。将搜集到的资料按逻辑分类、有序排列，构建知识框架。这包括区分介绍研究背景与发展概况的资料、聚焦特定问题的资料、展示不同观点的资料以及反映最新研究成果的资料等。通过分类，可以更清晰地识别问题所在，挖掘潜在的研究空间。

（3）细心比较。将个人研究心得与既有资料进行深入对照，识别出独特见解、差异观点、共识领域以及个人思考的深化与拓展点。这一过程促进了思维的碰撞与融合，有助于激发新的研究灵感。通过反复思考与提炼，个人的研究兴趣与方向将逐渐清晰，进而明确论文选题。

3.追溯验证法

这种方法始于研究者内心的初步构想，随后通过系统阅读相关资料验证并锁定具体的选题。它强调研究者需基于个人经验与积累，预先设定研究方向、目标或大致的选题范畴。然而，这一初步设想的可行性需进一步验证，这就要求研究者沿着拟定的研究路径进行深入的追踪与探索。验证过程可围绕两个核心维度展开：一是评估研究方向是否具备足够的理论基础与实践价值；二是通过文献回顾，确认该领域是否存在研究空白或待深化的议题，从而确保选题的新颖性与实用性。

（1）在明确了初步的研究构想后，重要的一步是了解当前领域内的研究动态，以确认自己的"拟想"是否已为他人所探索。若发现自己的构想与现有研究成果完全一致，则需迅速调整方向，独辟蹊径；若仅是部分重合，则意味着存在进一步细化的空间，此时应聚焦于非重叠部分，深入挖掘，以确保研究的独特性和价值。

（2）评估自己的"拟想"是否能对既有观点形成有益补充。若发现"拟想"触及了前人未曾深入或较少涉及的领域，则需进一步审视主客观条件是否允许深入探究。若确信在充分准备下，能对该选题作出全面而深入的阐述，则可将"拟想"正式确立为论文选题。若"拟想"虽新颖但自身论据尚不充分，加之时间资源有限，通常建议暂时搁置此选题，转而探索其他更具可行性的研究方向。

4.意象捕捉法

教育硕士在职业生涯中，可能会偶然间对教育的某个特定问题产生探索的冲动，这种冲动往往是长期教育实践或理论学习在潜意识中积淀后的自然流露。尽管初时的想法可能显得简单、模糊且未完全成形，但这样的灵感火花不应轻易忽视。相反，若能敏锐捕捉并深入琢磨，往往能孕育出富有价值的研究课题。面对这样的探索意向，重要的是进行持续的思维深化，使问题轮廓逐渐清晰化。同时，还需围绕该问题进行细致的实地调研，广泛查阅相关文献资料，全面评估其研究价值，并考量个人研究能力、时间资源等客观条件，最终将这一初步的意向转化为明确而可行的研究选题。

第三节 选题与问题

在实际研究过程中，学位论文选题与研究问题之间存在一定的区别和联系。选题是对研究范围的确定，而问题则是选题的具体化。选题是对研究主题的宏观把握，问题则是选题微观层面的深入挖掘。选题是研究的基础，问题则是研究的出发点。

具体来说，学位论文选题与问题的联系表现在以下几个方面。首先，学位论文选题与问题是相互依赖的。选题依赖问题的提出，没有问题就没有选题。问题是在选题的基础上产生的，选题为问题的解决提供了平台。其次，学位论文选题与问题能够相互促进，选题明确后，问题成为研究者关注的焦点。通过对问题的深入研究，选题的意义和价值得以体现。最后，学位论文选题与问题也存在一定的区别。一是二者的研究范围不同，选题涵盖整个研究领域，问题则是对某一具体方面的探讨；二是二者的研究目标不同，选题旨在确定研究方向，问题则关注具体研究成果的获取。

在实际操作中，研究者应充分认识到选题与问题的区别和联系，合理安排研究内容，确保研究工作顺利进行。

一、学位论文选题与问题的区别

（一）研究范围不同

学位论文的选题与问题，虽然紧密相连，但在本质上存在一定的区别。选题是对论文研究范围和方向的初步界定，它为论文的研究提供了宏观的视野和框架。问题则是选题的具体化，是对选题中的某个方面进行深入探究的疑问和困惑。问题的含义不应被狭义地理解为某个待解决的疑问，而更应该被看作学术探索的起点和动力。问题的产生往往根植于现实世界的复杂性和多样性，学术研究正是通过提出并解答问题来逐步揭开现实世界的面纱。问题的研究价值和意义也不容小觑。问题不仅是研究的出发点，更是连接学术理论与现实世界的桥梁。通过问题的提出和探讨，研究者能够检验理论的有效性，进一步推动理论的发展和完善。同时，问题的研究价值在于它能够引领学术界的思考方向，激发新的研究动力，形成新的研究热点。

在分析选题和问题的本质区别时，不难发现，选题更注重对研究领域的整体把握，而问题则更关注研究中的具体细节。选题是对论文研究对象的总体定位，它决定了论文的研究范围和内容，而问题则是对这一范围内某个具体点的深入挖掘，它引领研究者找到研究的突破口和方向。

（二）研究目标不同

选题和问题的目标导向和具体性也有所不同。选题通常是对一个研究领域或课题的宏观把握，它的目标是确定论文的研究方向和内容，为研究提供一个明确的研究对象。而问题则是针对选题中的某个具体方面或环节，它的目标是深入解析和研究选题中的某个具体问题，为论文的研究提供具体的内容和深度。

选题和问题的研究领域和背景差异也值得关注。选题通常是对一个较为广泛的研究领域的选择，它需要对这一领域的现状、研究动态和发展趋势有一定的了解和把握。而问题则是对选题中的某个具体方面进行深入研究，它需要对选题的具体内容和相关研究有深入的了解和掌握。

总的来说，选题与问题是学位论文研究中紧密相连但又有所区别的两个环节。选题提供了研究的方向和框架，问题则提供了研究的具体内容和深度。只有对选题和问题有清晰的认识和理解，才能确保学位论文的研究质量和学术价值。

二、学位论文选题与问题的联系

学位论文选题作为研究的先行者，为研究指明了方向，提供了研究的范围和背景。在分析选题的作用时，可以看到它是如何引导研究者进入研究领域，如何在一定程度上制约研究的深度和广度。研究问题则是学位论文的核心，它决定了研究的具体内容和重点，是研究工作的驱动力。通过对研究问题的探讨，研究者能够明确自己的研究目标，确保研究的针对性和有效性。在分析研究问题的作用时，我们可以看到它是如何支撑起整个论文的结构，如何引领研究者在正确的道路上前行。在学位论文的写作过程中，选题和研究问题相互影响、相互作用。选题决定了研究问题的提出，而研究问题的解答又进一步深化了对选题的理解。选题和研究问题的相互关系，就像一枚硬币的两面，缺一不可。

对选题的确定，研究者通常需要通过系统的文献回顾来建立研究的基石。通过对现有研究的梳理，识别出知识领域的研究薄弱点，这就是选题的出发点和立足点。随后，研究者需要结合个人的研究兴趣和能力，对可能的选题进行深入的思考和评估，这包括选题的研究价值、可行性以及可能的研究方向。在这一过程中，与导师的讨论和同行的咨询往往能提供不同的视角和宝贵的意见。研究问题的确定则是在选题的基础上，进一步提炼和精确化。研究问题应当紧密围绕选题，是对选题中识别出的问题的具体化。通过明确界定研究问题，研究者能够设计出科学合理的研究方法，确保研究的有效性和效率。在这一阶段，研究者需要运用批判性思维，筛选出具有研究价值且在自己能力范围之内的问题进行探究。

在学位论文的选题过程中，需要充分考虑研究问题的实际意义和价值。选题应当具有一定的创新性，同时也能够为学术界带来新的启示。在实践中，研究者需要关注社会热点问题以及学科领域内的前沿话题。通过深入了解和分析，研究者可以找到一个与研究问题紧密相关的选题，从而确保论文的研究深度和广度。在学位论文写作中，选题与研究问题的联系具有实践意义。一个明确的选题能够为研究问题提供有力的支撑，使论文的研究方向更加清晰。在实际操作中，研究者需要将选题与研究问题紧密结合，确保论文的内容能够围绕着研究问题展开。此外，通过分析和探讨选题与研究问题的联系，研究者可以更好地制订研究计划，确保论文的进度和质量。除此之外，运用选题与研究问题的联系也需要一定的技巧。首先，研究者需要明确研究问题的核心，以便选择一个与之相匹配的选题。其次，研究者要充分考虑选题的可操作性，确保在研究过程中能够获取充足的数据和资料。最后，研究者还应当注意选题与研究问题的关联性，避免论文内容的偏离。

三、学位论文选题的挑战和解决策略

学位论文选题过程中往往会面临诸多挑战。从现实和理论的脱节，到研究领域的广泛和资料获取的难度，再到时间限制和学术水平的限制，每一个挑战都可能成为选题过程中的阻碍。

选题过程中，现实和理论的脱节是一个普遍存在的问题。研究者需要在众多的研究领域找到一个既有实际意义，又有理论深度的课题。然而，很多时候，现实和理论之间存在一定的差距，这使选题变得困难。例如，某些课题在理论上看起来非常有价值，但在实际操作中难以实施；或者相反，某些实际问题在理论上已经被充分研究，难以找到新的研究点。此外，研究领域的广泛和资料获取的难度也是选题过程中的挑战。随着科技的发展，研究领域越来越广泛，学生需要在这个广泛的研究领域找到一个自己感兴趣且有价值的课题。同时，获取相关资料的难度也在增加，尤其是对一些特定的、冷门的研究领域，资料的获取更加困难。时间限制和学术水平的限制也是选题过程中需要考虑的因素。学位论文的写作是一项时间密集的工作，研究者需要在有限的时间内完成。这就要求研究者在选题时，要充分考虑到自己的学术水平，选择一个自己能够驾驭的课题。同时，学术水平的限制也意味着研究者需要在选题时，充分考虑到自己的研究能力，选择一个自己能够完成研究的课题。

面对学位论文选题的挑战，研究者需要一系列切实可行的解决策略。在学术水平和研究能力的提升上，研究者可以通过阅读大量相关文献，了解前沿理论和研究动态，以此为基础提出具有创新性和实际价值的研究问题。同

时，积极参与学术研讨会和课题研究，向有经验的导师和同行请教，不断提升自己的研究技巧和能力。时间和资源的合理规划与利用同样关键。为了高效利用时间，研究者可以制订详细的研究计划，明确每个阶段的目标和任务。在资源利用上，除了图书馆和数据库等传统资源，还可以充分利用互联网和社交媒体等新兴平台，获取更多元和广泛的信息。在导师指导和同行协助方面，研究者应主动与导师沟通，探讨选题的可行性和可操作性，同时积极寻求同行的意见和建议，以期在选题过程中得到有效的指导和帮助。

第四节 选题与标题

在学位论文的写作过程中，选题与论文标题之间存在着紧密的联系和显著的区别。选题是论文研究的出发点和依据，是论文标题制定和论文内容展开的基础。而论文标题则是选题的概括和提炼，是论文研究主题的精确表达。

学位论文选题与标题不同，二者的区别在于：选题是一个更为宽泛和宏观的概念，它关注的是研究的内容和方向；论文标题则更为具体和明确，它揭示了论文的研究重点和特色。选题是研究的起点，它为研究提供了一个大致的范围和方向，而论文标题则是研究的终点，它对研究的结果进行了总结和归纳。理解选题与论文标题之间的联系和区别，有助于研究生更好地进行学位论文的写作和研究。

一、选题与标题的联系

（一）选题是标题的基础与灵魂

选题作为论文研究的起点，其重要性不言而喻。它不仅是研究者学术兴趣、专业背景及当前教育领域热点问题的综合体现，更是论文研究方向和内容的根本所在。选题一旦确定，就为论文的后续工作设定了明确的框架和路径。而标题作为论文的"门面"，其形成和确定必然要以选题为基础。一个准确、精练的标题，必须能够忠实反映选题的核心内容和研究价值，使读者在第一时间就能捕捉到论文的主旨和要点。因此，可以说，选题是标题的基础，为标题的确定提供了坚实的支撑和丰富的素材。

（二）标题是对选题内容的凝练与升华

标题作为论文的简短概述，其重要性在于其高度的概括性和吸引力。一个优秀的标题，能够在有限的字数内准确传达出选题的核心信息和研究价值，同时吸引读者的注意力和激发读者的兴趣。这要求标题必须是对选题的深入理解和精准把握的结果，是对选题内容的凝练和升华。通过精心设计的标题，研究者可以将自己的研究成果以更加简洁、明了的方式呈现给读者，让读者在第一时间就能感受到论文的独特魅力和研究价值。因此，标题不仅是选题的直接体现，更是对选题内容的深入挖掘和精彩呈现。

（三）选题与标题协同促进论文质量提升

选题与标题之间的协同作用体现在整个论文写作过程的始终。一方面，选题为标题的确定提供了明确的方向和依据，使标题能够紧密围绕选题展开，避免偏离主题或内容空洞。另一方面，标题的准确性和吸引力又能进一步激发研究者的研究热情和动力，推动研究的深入进行。当研究者看到一个自己满意且能够吸引读者注意力的标题时，往往会更加积极地投入到后续的研究和写作中去，力求将论文做得更加完善和出色。此外，在论文的修改和完善过程中，选题与标题的相互呼应和协调也是至关重要的。研究者需要不断审视和调整选题与标题之间的关系，确保它们之间保持高度的一致性和连贯性，从而提升论文的整体质量和学术价值。

如一篇教育硕士专业学位论文题目为《基于混合式学习模式的初中数学教学有效性研究》，其选题聚焦于当前教育领域的热点——混合学习模式在初中数学教学中的应用，而标题则是对这一选题的精练概括，明确指出了研究的对象和目的，即探讨混合学习模式在初中数学教学中的有效性。通过这一标题，读者可以迅速捕捉到论文的核心内容和研究方向，了解研究者在混合学习模式和初中数学教学两个领域作出的探索。同时，标题也为选题的深入研究提供了明确的指引，确保了论文内容的聚焦和深度挖掘，充分展示了选题与标题之间相辅相成、相互依存的关系。

二、选题与标题的区别

在教育硕士专业学位论文的写作过程中，选题与标题虽然紧密相连，共同构成了论文的基石，但它们在性质、功能及表现形式上存在显著的区别。这些区别不仅体现了它们在论文中的不同角色，也要求研究者在撰写时给予恰当的关注和处理。

（一）性质上的区别

选题是研究者基于个人兴趣、专业背景、学术追求以及对教育领域现状的深入理解，经过深思熟虑后确定的研究主题或方向，它体现了研究者的主观性和选择性，是研究者对研究问题的主观认定和选择结果。选题往往蕴含着研究者的学术热情和探索精神，是推动研究深入进行的内生动力。

相比之下，标题则是对选题内容的客观描述和概括。它要求准确、简洁地反映论文的核心内容和主旨，使读者能够在第一时间了解论文的研究对象和主要观点。标题的客观性在于它不受研究者个人情感或偏好的影响，而是基于论文实际内容的客观提炼。

以《基于混合式学习环境的小学英语课堂互动模式研究》为例，其选题"基于混合式学习环境的小学英语课堂互动模式"体现了研究者的主观性和选择性。这一选题源于研究者对现代教育技术应用的关注，以及对提高小学英语课堂互动性的追求。它展现了研究者对教育领域现状的深入理解和对研究问题的敏锐洞察。而该论文的标题则是对这一选题的客观描述和概括，准确传达了研究的主题和范围，即探讨在混合式学习环境下，小学英语课堂互动模式的特点、效果及优化策略。

（二）功能上的区别

选题的主要功能在于为整个研究过程提供方向和框架。它决定了研究的领域、范围、目的和方法，为后续的数据搜集、分析、讨论及结论的得出提供了明确的指导。选题是研究的起点和基石，其质量和合理性直接影响研究的深度和广度。

而标题则承担着吸引读者注意力和引导阅读的重要作用。一个富有吸引力的标题能够激发读者的兴趣，促使他们进一步阅读论文的内容。同时，标题也起到了概括和提炼的作用，帮助读者快速了解论文的主题和要点，为后续的深入阅读做好准备。

《基于混合式学习环境的小学英语课堂互动模式研究》引导研究者深入探

索混合式学习环境的构建、小学英语课堂互动模式的设计与实施，以及这些变化对学生学习效果的影响。相比之下，标题则更多地发挥了吸引读者注意力和引导阅读的功能。一个简洁明了、富有新意的标题能够激发读者的好奇心，促使他们进一步了解研究的具体内容和成果。

（三）表现形式上的区别

选题在表现形式上通常较为宽泛和灵活。它可以是一个宽泛的研究领域、一个具体的研究方向或一个明确的研究问题。选题的表述方式相对自由，不需要遵循严格的格式或规范，更注重的是内容的丰富性和深度。研究者可以根据自己的研究兴趣和学术追求自由选择和确定选题。

而标题在表现形式上则更为简洁和精练。它要求用最少的字数传达出最多的信息，让读者一目了然地了解论文的主旨和要点。因此，标题的表述需要遵循一定的语法规则和表达习惯，确保准确、清晰、简洁。一个好的标题往往能够巧妙地运用词汇和句式结构，将复杂的研究内容转化为简洁明了的表述形式。

◀ 思考与练习 ▶

论述

1. 论述学位论文选题的原则，并阐释如何将这些原则应用于学位论文选题中？

2. 论述学位论文选题与问题的联系和区别，并说明二者为学位论文写作提供了怎样的帮助？

拓展练习

自行下载几篇学位论文，分析其选题的目的、意义及创新性，并根据文章中的标题和问题找出论文中存在的不足。

实践操作

自行查阅文献，搜集资料，拟定学位论文选题。

第三章 学位论文"前写作"——文献综述与开题

◎ 章前导语

本章我们将继续聚焦于学位论文撰写"前写作"阶段，即文献综述与开题报告的准备。这是一段至关重要的准备过程，它将为我们后续的研究工作打下坚实的基础。

文献综述是研究工作的起点，它要求研究者广泛搜集相关文献，通过系统的检索、深入的分析和批判性的思考，梳理出研究领域的知识脉络，确立研究的理论基础和学术价值。这一过程不仅能够帮助研究者洞察特定领域的研究动态和现状，避免重复劳动，还能确保研究具有创新性和实际意义。

开题报告的撰写则是将研究者的研究设想具体化、条理化表达。它要求研究者清晰地表述研究的目的、意义、内容、方法和预期成果，是对研究计划的第一次全面展示。一个有说服力的开题报告，不仅能够体现研究的创新点，更能够得到同行的认可和支持。

在本章的学习中，我们将一起探索如何高效地搜集和分析文献，如何提炼和确立研究的创新点，以及如何准备一个逻辑清晰、内容充实的开题报告。这将是一次深入了解学术研究本质的旅程，也是对研究能力的一次全面提升。通过本章的学习，你将更加自信地在学术领域找到自己的位置，为撰写高质量的学位论文迈出坚实的第一步。

◎ 学习目标

1. 文献综述能力：学会如何有效地进行文献检索、分析和综述，以确立研究的理论基础和学术价值。

2. 开题报告撰写：掌握开题报告的结构和撰写技巧，能够清晰地表述研究的目的、意义、内容、方法和预期成果。

3. 研究创新与规划：培养识别和表达研究创新点的能力，并学会制订切实可行的研究计划。

◎ 知识结构图

```
                                    ┌─────────────────────┐
                              ┌─────┤ 文献综述的含义        │
                              │     ├─────────────────────┤
                              │     │ 文献综述的特点        │
                              │     ├─────────────────────┤
                              │     │ 文献综述的类型        │
                              │     ├─────────────────────┤
                   ┌────────┐ │     │ 文献综述的目的        │
                   │        ├─┤     ├─────────────────────┤
                   │文献综述│ │     │ 文献综述的作用        │
                   │        │ │     ├─────────────────────┤
                   └────────┘ │     │ 文献综述的撰写步骤     │
                              │     ├─────────────────────┤
                              │     │ 文献综述写作常见问题及建议│
                              │     ├─────────────────────┤
                              └─────┤ 文献综述的写作要求     │
                                    └─────────────────────┘
┌──────────────┐
│学位论文"前写作"│                   ┌─────────────────────┐
│──文献综述与开题│──────┐     ┌─────┤ 开题的含义           │
└──────────────┘       │     │     ├─────────────────────┤
                ┌────────┐    │     │ 开题的目的           │
                │开题的认识├────┤     ├─────────────────────┤
                └────────┘    │     │ 开题的步骤           │
                              │     ├─────────────────────┤
                              └─────┤ 开题答辩注意事项      │
                                    └─────────────────────┘
                ┌────────┐          ┌─────────────────────┐
                │开题报告 ├──────────┤ 开题报告的撰写        │
                └────────┘          ├─────────────────────┤
                                    │ 开题报告文本常见问题及建议│
                                    └─────────────────────┘
```

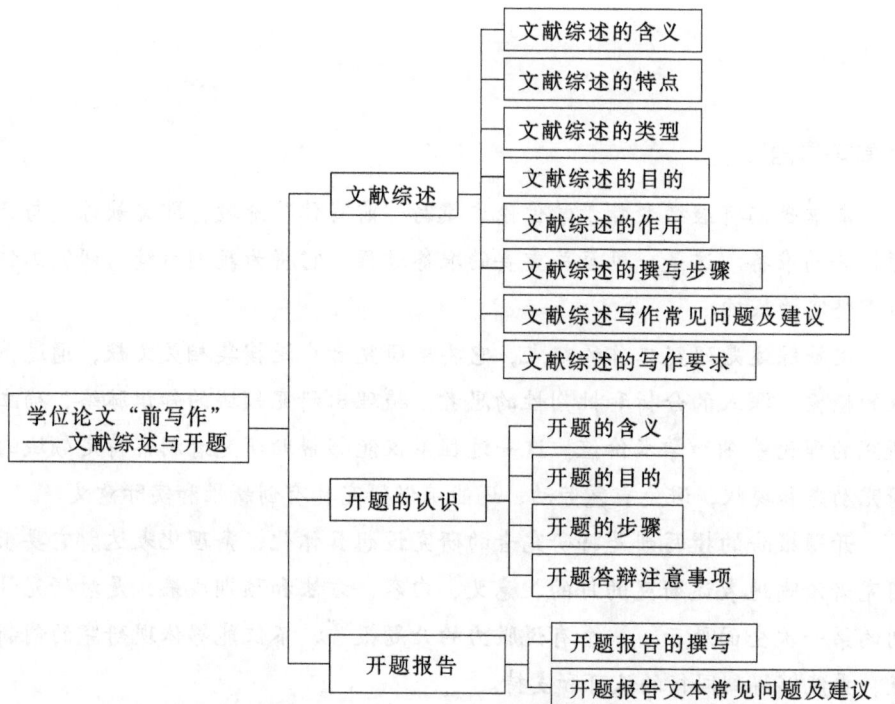

第一节　文献综述

在进行任何学科的研究时，文献综述始终扮演着不可或缺的角色。它不仅是学术研究的桥梁，也是学术论文写作中的关键步骤。文献综述的重要性在于，它使我们能够洞察特定领域的研究动态和现状。通过系统地回顾和分析前人的研究成果，我们能够确立自己的研究方向，确保研究内容具有创新性，避免不必要的重复劳动，进而为学术领域的知识积累贡献自己的一份力量。

从理论层面看，文献综述的撰写通常是在完成文献检索和深入分析之后进行的。然而，在实际操作中，这两个过程往往交织在一起，相互影响。研究者可以采取"边写边读"的方法，即在阅读了一定数量的文献之后，就着手撰写文献综述。这种方式有助于研究者通过写作来整理自己的思路，将模糊的想法明确化，并进一步明确接下来需要阅读的文献和如何更深入地理解这些文献。这种互动性的研究方法不仅可以提高研究效率，还有助于研究者形成更加全面和深入的学术观点。

一、文献综述的含义

综述，从字面意义上看，其核心在于全面且概括地阐述某一主题。这里的"综"指的是整合与综合，它要求研究者对搜集到的文献资料进行深度分析、归纳和整理，目的是使这些材料更加精练、条理清晰，并展现出清晰的逻辑层次。而"述"则侧重于评价与论述，它要求研究者对整理好的文献资料进行详尽、系统、深入的探讨和阐述，确保论述的全面性和专业性。

综述的撰写，是基于作者广泛且深入地阅读某一特定领域或课题已发表文献资料。在这个过程中，作者需要筛选出有价值的信息，进行有条理的归纳和整理，并进一步深入分析研究这些资料。最终，作者需要综合地描述该领域或课题在国内外的研究新进展，预测其发展趋势，或针对现有研究提出问题、意见和建议。整篇文章以非作者直接经验和资料为主，展现了作者对特定领域或课题的全面了解和深入思考。

文献综述是一种实用文体，它基于对某一时期内特定学科、专业或技术领域的广泛文献的搜集和深入阅读。在此基础上，文献综述旨在对这些文献中的研究成果、发展水平以及科技动态等信息进行整理、筛选、提炼，并最终给出综合性的介绍和阐述。这种综述不仅是对某一问题历史背景的回顾，更是对前人工作的评价、对当前研究焦点的梳理以及对未来发展前景的展望。在学术论文的写作中，文献综述占据着举足轻重的地位。它是论文不可或缺的一部分。

值得注意的是，文献综述并非简单地罗列所有可能找到的文献，而是在经过精心筛选和评估后，结合作者的研究目的和需求，对相关文献进行综合性的分析和评价。一个成功的文献综述应该能够系统地评价现有研究，并基于这些评价作出有根据的趋势预测，从而为新课题的确立提供有力的支持和论证。

二、文献综述的特点

文献综述并非资料的简单堆砌或无序罗列，而是一个精心策划的过程，其中涉及对相关资料的深入归纳和精准总结，同时伴随着富有洞察力的评论和细致的分析。其核心在于通过深入剖析文献资料，提炼出关键信息，进而得出具有指导意义的结论。无论是作为独立篇章的文献综述，还是作为学术论文中不可或缺的一部分，它们都具有以下几个显著特点。这些特点确保了文献综述的学术价值，使其成为研究过程中不可或缺的一环。

（一）综合性

文献综述的撰写需要展现一种纵横交错的视角。它一方面要纵向追踪某一特定专题的演进历程，以揭示当前课题的研究进展；另一方面要横向对比从本单位到国内外不同层面的相关研究，以实现全面而广泛的资料搜集。通过这样的综合考察，研究者能够获得更加全面和深入的专题资料。经过精心筛选、深入分析、系统整理和审慎鉴别，这些资料将变得更加精练、明确、层次分明和逻辑严密，从而帮助研究者更准确地把握该专题的发展规律，并预测其未来的发展趋势。

在撰写文献综述时，作者通常需要查阅大量的文献，数量可能从数十篇到上百篇不等。然而，简单地将这些文献堆砌或罗列在一起并不能构成真正意义上的文献综述。相反，作者必须依据文献的内容特征和逻辑顺序，进行高度概括和总结。因此，文献综述不仅要求作者具备广泛的资料搜集能力，还需要具备对资料进行深入分析和系统整合的能力，以呈现出资料的高度综合性和学术价值。

（二）时效性

文献综述的撰写并非旨在追溯学科发展的历史长河，而是聚焦于搜集最新的研究资料，捕捉最新的学术信息和科研动态，确保这些前沿知识能够及时、准确地传递给读者。因此，在选择文献综述的课题时，就如同挑选研究原著一样，必须确保课题的前沿性，同时选用的文献资料也必须具备新颖性。这种前沿性和新颖性通常可以通过参考文献的发布时间来判断，即更偏向于选择近期发表的文献。

在文献综述的写作过程中，研究者应当特别注重选用最近几年内发表的文献。这些文献更能反映当前的研究热点和趋势，对读者来说也更具参考价值。当然，在叙述某一研究领域的历史背景时，可以适当地引用一些几年前的文献和研究成果，以提供必要的背景信息。需要注意的是，这类引用应当适量，避免过多地罗列年代久远的文献资料，以免削弱文献综述的前沿性和新颖性。

（三）系统性

文献综述的系统性体现在其内容的完整性、全面性和代表性上，同时，其综合性也是保障内容系统性的重要因素。文献综述的核心任务在于全面而系统地介绍某一特定领域、专业或问题的最新、最高水平的研究成果。这一做法的目的是帮助读者在有限的时间内快速掌握某一方面全面而系统的知识和信息。

在撰写文献综述的过程中，作者需要对大量资料进行精细的筛选和有序的加工。这不仅要求作者根据研究需要打破传统的单元界限，横向提炼关键信息，还需要重新组织布局，以确保综述能够同时反映出研究的历史背景、当前状况、综合归纳、分析探讨以及发展脉络和前景展望。这一过程充满了系统性和逻辑性，旨在为读者提供一个清晰、全面且深入的研究概览。

（四）评述性

在撰写文献综述时，作者需广泛涉猎原始文献，并融合个人的理论知识与实践经验。基于个人的主题思想和学术观点，作者对文献进行深度剖析和重新组织，以及细致加工。通过筛选和提炼，去除冗余和误导性的内容，保留核心和有价值的信息，确保综述内容的准确性和可靠性。在综合、分析和评价综述内容的过程中，作者不仅需要展现深厚的学术素养，还需融入独特的观点和见解，使综述更具深度和个性。这一过程能够实现对原始文献的重新创造和整合，最终形成一篇系统性强、高度综合、兼具科学性和先进性的专题文献综述。

为了让文献综述更具可读性和普适性，作者应当尽量使用通俗易懂的语言解释专业术语和概念，以便不仅吸引本专业领域的研究人员，还能吸引其他相关领域的读者。这种表达方式有助于扩大文献综述的读者群，促进跨学科的交流和合作。

（五）间接性

从根本上说，文献综述并非基于原创性，而是作者对海量相关文献进行深入分析、系统归纳和综合整理的结果。其核心价值在于揭示某一问题研究的历史脉络、当前状况，以及该领域的研究新进展和新趋势。任何一项研究都不可能凭空诞生，它总是建立在以往研究的基础上，并在某一方面进行深化和拓展，这种特性体现了研究的传承性。因此，文献综述被视为研究工作的起始点，旨在帮助研究者了解前人已取得的研究成果，而这对确定当前研究的方向和深度至关重要。由于文献综述主要依赖他人的研究成果，故这些材料属于间接性质，而非直接源于研究者的原创性工作。

三、文献综述的类型

根据内容特点和结构形式，文献综述可分为以下几种类型。

（一）简介型综述

简介型综述旨在针对某一特定问题或专题，全面搜集并整理与之相关的文献资料。其重点在于阐述原始文献中呈现的事实、数据以及主要论点，同时采用精练而概括的语言，对这些问题或专题的文献进行全面、客观的描述。这种类型的综述在介绍学术、技术问题的基本概况时特别适用，特别是在处理一些新近发现但尚未有确切结论的问题时，它能提供一个全面而简洁的概览。

（二）动态型综述

动态型综述通常采取一种纵向的梳理方式，按照年代和学科发展的历史脉络，从早期到近期进行连贯的叙述。其核心是聚焦阶段性的研究成果，特别是某一阶段内具有代表性的文献资料，以全面反映该领域研究工作的整体进展。这种综述类型主要针对科研发展方向的特定成果进行深入分析与评价，旨在提出有针对性的发展对策，并对未来的发展趋势进行预测。因此，动态型综述是一种紧密结合现实、具有强烈政策导向和高度针对性的情报分析研究成果。

（三）成就型综述

成就型综述以研究成果为核心，采用分类叙述的方式，特别适用于详细阐述某一特定领域或方面取得的新方法、新技术、新论点和新成就。在编排材料时，时间顺序并非首要考量因素，而是直接切入主题，聚焦最新的成果展示。文献资料的组织依据内容的逻辑顺序进行排列，确保读者能够清晰地理解各个成果之间的关联和重要性。这种综述类型因其高度实用性和对科研工作的直接指导意义，具有显著的实际应用价值。

（四）争鸣型综述

争鸣型综述主要侧重于某一领域或专题中不同学术观点的分歧，通过对这些分歧进行细致分类、归纳和综合，呈现出不同学者之间的观点差异。在叙述过程中，作者可以表达自己的倾向性意见，但需注意将个人观点与被引用文献中的观点明确区分开来，以避免混淆读者对原始文献内容的理解。这种综述类型旨在揭示学术领域的不同声音，促进学术交流和思考。

（五）评论型综述

评论型综述，即述评，是在对特定问题或专题进行全面描述后，进一步进行纵向或横向的对比分析，并辅以深入的评价。在此过程中，作者不仅展示了对问题的全面了解，还通过分析和评论提出了个人的独特观点和见解，明确了自己的立场和选择。这种综述类型的主要特征在于分析和评价的性质，因此有时也被称作分析性综述。由于撰写此类文章需要对问题有深入的理解和独到的见解，因此它对作者的学术水平和权威性提出了较高的要求。同时，由于其权威性和深度，评论型综述往往能够对相关学科的进一步发展产生积极的引导作用。

四、文献综述的目的

文献综述在学位论文的写作中占据着至关重要的地位，它被视为整个论文撰写的起点和基础。文献综述的质量直接关系到学位论文的整体水平和学术价值。同样地，在科技论文的写作中，文献综述也发挥着不可或缺的作用。通常，科技论文的引言部分会详细综述之前的重要研究成果。这不仅为论文的展开提供了坚实的理论基础，还能帮助读者更好地理解论文的研究意义和价值。因此，精心撰写文献综述是确保学位论文和科技论文成功的关键步骤之一。

首先，文献综述是对现有文献的全面归纳、系统整理与深入分析。这里的"现有文献"既可以限定为某一特定时期的文献，也可以涵盖某一研究问题从古至今的所有观点和研究成果。例如，当研究教师专业发展时，我们可能会回溯至中国古代的孔子以及古希腊的杰出哲学家。而在实际撰写中，除了专门的文献综述，作为开题报告或研究报告的组成部分时，通常倾向于以全面的、历史的文献范围为标准。

其次，文献综述的焦点在于某一特定的研究领域。因此，在进行综述之前，研究者必须清晰地界定自己的研究领域，以确保能够准确地筛选出与主题紧密相关的文献。对初学者而言，一个常见的误区是在开题报告或研究报告中引用了大量与研究主题无关的文献，这可能会分散研究的焦点，降低研究的有效性。

最后，文献综述并非对文献的简单罗列，而是对文献进行深入的分析和评论。这意味着研究者需要按照一定的逻辑框架对文献进行分类、总结，并进行必要的综合。同时，研究者还应基于自身的研究需要，对文献进行恰当的评论，既为现有文献提供总结，也为自己的研究提供理论支撑和切入点。这样的文献综述不仅有助于读者理解研究背景，还能为研究者指明研究的方向和路径。

五、文献综述的作用

文献综述在学术论文写作中占据着举足轻重的地位。其本质在于，研究者以专业的视角，为读者系统地梳理某一领域的重要结论和关键发现。通过文献综述，我们能够清晰地了解到该领域迄今为止的研究成果，明确已知与未知，并识别出当前研究中存在的不足。这一过程不仅有助于构建研究的背景和理论基础，更为后续阐述研究意义、设定研究假设提供有力的支撑。文献综述的作用主要体现为以下几个方面。

（一）有利于提高论文质量

在学术论文中，文献综述环节的核心在于追溯研究问题的历史脉络和发展方向，即"从何而来，又将向何处去"。这一过程不仅是对前人研究成果的继承与梳理，更是对它们之间内在逻辑关系和演进规律的深入挖掘。一篇精心撰写的文献综述不仅展示了作者对某一知识领域的深入了解，更是建立当前研究可信度和可靠性的基石。通过文献综述，研究者不仅能够全面把握该领域的理论基础和多元研究成果，还能在此基础上进行恰当的评价和反思。

文献综述的质量往往直接反映了学术论文的整体写作水平。高质量的文献综述不仅展现了作者对前人研究的透彻掌握，更为后续研究的深入展开奠定了坚实的基础。在这个过程中，研究者通过反思和批判现有文献，逐步构建起研究的理论框架，并找到合适的研究方法。因此，可以说，一篇好的文献综述是高质量学术论文不可或缺的重要组成部分。

（二）有利于更新专业知识

文献综述是对某一研究问题已有研究成果的深入剖析与全面总结，旨在揭示该领域或专题的演变脉络、最新动态、学术观点及未来趋势。其特点在于主题鲜明、资料详尽、内容丰富、信息精练。一篇优秀的文献综述能有效地融合相关领域的研究成果，不仅评价这些研究的成果与差异，还会探讨其代表性和未解决的问题。因此，无论是撰写还是阅读文献综述，都是了解该领域最新发展、技术和成果的有效途径，有助于知识的更新和专业技能的提升。在撰写文献综述的过程中，研究者需要对整个研究领域的基础理论和现有研究有全面的认知。这一过程不仅有助于研究者深入理解研究领域的全貌，更为后续的研究设计提供了坚实的基础。

（三）有利于选择科研方向

任何思考若未经书面表达，都如空中楼阁般难以捉摸。在阅读文献后，研究者虽获取了丰富的信息，但心中涌现的诸多思考在未成文字之前，往往如同散沙般难以凝聚。文献综述的写作，实际上是对这些信息和思考进行系统化整理的过程。在这个过程中，研究者对现有研究领域的理解和个人的见解逐渐清晰并得以固化。一篇出色的文献综述能够巧妙地将他人的研究成果进行总结和整合，为读者提供宝贵的洞见和启示。通过文献综述，读者可以感受到作者对某一研究领域的深刻理解和把握，进而对作者的研究能力和背景产生信任。同时，在撰写文献综述的过程中，研究者通过对新成果、新方法、新技术和新观点的深入分析和评述，能够为科技人员提供新的科研方向和课题选择的参考。

（四）有利于后人查阅相关资料

文献综述是连接前人研究与当前研究的桥梁，它为读者呈现了一个清晰的研究脉络。一篇优质的文献综述能够生动地描绘出某一问题的研究历史，从起源、演变到当前的状况，使读者能够深入了解该研究问题的宏观背景。高水平的文献综述不仅专题性强，而且能够精准地反映出该领域的历史沿革、当前状况和未来趋势，其情报学价值很高。通过快速阅读这样的文献综述，人们可以快速把握该领域的发展脉络和趋势，极大地节省了研究时间。此外，每篇文献综述后附带的丰富参考文献，为后人提供了查阅相关资料的便捷途径，是一笔宝贵的学术财富，对于指导开题报告和论文的写作具有重要的参考价值。

六、文献综述的撰写步骤

（一）选择主题

研究兴趣往往源于我们对日常生活中那些看似平常却充满矛盾、争议和信念的现象的好奇心。许多时候，我们的研究兴趣源于对某个疑问的追寻，比如，为何有些人在大学中的收获远超过他人？或者，在工作中是否存在更有效的策略？再者，为何有些人更倾向于记录笔记，而另一些人则偏爱于深思熟虑？这些日常生活中的普遍现象常常会引发我们的深思。

要将这些日常生活的兴趣转化为实际的研究课题，需要经历三个关键的转化步骤。第一步是具体化。研究兴趣必须被转化为具体的问题，因为只有具体的问题才能成为研究的焦点。第二步是聚焦问题。我们需要审视自己的研究兴趣是否过于宽泛或包含了过多的研究对象。通过简化和选择，我们可以将注意力集中在一个特定的兴趣领域上，并设定一个可以明确解析的研究对象。例如，如果我们想研究高校治理中学术权力和行政权力的关系，我们可以选择一所大学作为具体的研究对象。第三步是选择视角。从日常生活中产生的想法往往基于个人经验或立场，但一个成熟的研究课题应当源于学术界的讨论和作品。

通过以上三个步骤，我们可以有效地将日常生活中的兴趣转化为具有研究价值和深度的研究课题（见图3-1）。

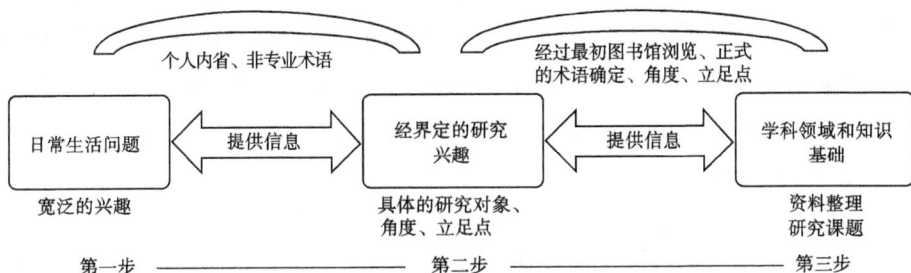

图 3-1　主题选择流程

（二）系统的文献检索

当研究课题确定之后，紧接着的关键步骤是文献综述的文献检索环节，也就是对可能与研究课题相关联的数据和资料进行全面浏览。资料，从量的方面看，要求丰富；从质的方面看，要求确实。资料搜罗和抉择，占全部工作十分之七八。这充分说明了文献搜集在学术研究中的核心地位，它是确保研究深度和广度的基石。

1. 发现需要审阅的文献

主题是研究的核心，它决定了研究的方向和边界。以主题陈述为指引，研究者需要不断地进行自我提问，以明确研究的具体对象，并确定所需查阅的文献资料。同时，提炼初步主题也是一项关键任务。在文献综述的初始阶段，主题应保持一定的灵活性，因为它可能会随着研究的深入而有所调整。在思考研究课题时，研究者需要关注三个核心问题：首先，文献提供了哪些与研究课题相关的知识；其次，随着对文献的深入阅读和理解，研究者对研究课题的认识是否有所改变；最后，基于这些知识和理解，研究者应如何更准确地陈述其研究课题。这三个问题有助于研究者明确研究方向，深化对课题的理解，并优化课题的表述。

2. 进行文献查询

在这一步骤中，可以通过两种方法有效完成文献查询任务。首先是浏览文献，即快速浏览并把握文献的主要内容，同时借助图表来系统地组织研究需要的资料。在此过程中，需明确两个问题：研究焦点是什么？哪些有关研究焦点的文献是必读的？

（1）浏览文献

不同类型的资料需要从不同的信息源中获取。行业杂志可能不适合寻找理论框架，而理论性文章也可能不包含最新的实践问题。在浏览时，应明确自己所需信息的类型以及哪个数据库能提供这些文献。查询时，首要的是针对研究的关注点、视角和内容进行数据库搜索。

（2）文献管理

保持详细的记录至关重要。对文献进行分类，记录每篇文献的关键信息和存放位置。可以使用读书笔记或文献管理软件（如 EndNote、Zotero 等）来辅助管理。文献管理不仅有助于记录文献中的核心观点和启示，还能锻炼表达能力和阅读技巧。建立有序的文献库，使文献信息易于查找和整理。

在选择文献时，应遵循由近及远的原则，因为最新的研究往往涵盖了前人的参考资料，能更快地帮助研究者了解当前的研究状况。首先，阅读文献的摘要和结论部分，判断其是否与研究相关，再决定是否纳入文献综述。其次，根据科学理论和研究需求，对搜集到的文献进行筛选，详细记录每篇文献的研究问题、目标、方法、结论以及存在的问题和不足。这样有助于研究者全面理解和评估已有研究，并为自己的研究提供坚实的基础。

（三）文献整理

1. 阅读与筛选

在完成了文献的检索和搜集后，接下来的关键步骤是阅读。阅读过程通常分为粗读和精读两个阶段。在粗读阶段，主要聚焦于文献的摘要和结论部分，以快速了解文献的大致内容、相关性、可靠性以及代表性，从而判断其是否适用于当前的研究。对那些确定需要深入研究的文献，需要进行精读。在精读阶段，要全面分析文献的目的、研究方法、结果、结论以及主要观点，并制作详细的文献摘录卡。这张卡片将包含作者（按照姓前名后的顺序列出前三位作者）、文章标题、期刊名称、年份、卷号、期号、起止页码、摘要以及主要结果等信息。

在进行文献阅读时，可以根据文献的类型和自身的研究背景来灵活确定阅读顺序。对一个全新的研究领域，建议先从中文综述开始阅读，以便快速建立对该领域的基本认识。接着可以阅读中文博士论文，以了解该领域的研究深度和广度。然后，转向英文综述，以获取更广泛和深入的国际视角。最后，阅读英文期刊文献，以获取最新的研究成果和前沿动态。这样的阅读顺序有助于我们逐步深入了解课题，明确已有的研究成果和存在的问题，从而为自己的研究提供方向和思路。

（1）中文综述的价值

在国内学术圈中，尽管中文综述有时受到批评，但它确实是一个迅速了解特定研究领域的有效途径。在接触并理解了中文综述后，再进一步阅读外文文献，你将能够更快地领会和把握其中的要点。此外，国外的综述文章通常由本学科的资深专家撰写，其涵盖的范围广泛，能够极大地提高你的研究效率。中文综述不仅可以帮助你掌握行业内的基本术语和参数，还为你介绍了常用的制备与表征方法，并提供了丰富的英文参考文献，为后续的文献检索奠定了坚实的基础。

（2）中文博士论文的深度

中文博士论文，特别是近年来的作品，其前言或绪论部分往往蕴含了丰富的信息量，甚至超过了某些综述文章。这部分内容详细阐述了研究领域的背景、相关理论知识，以及国内外在该领域取得的重要研究成果和科研小组的研究方向。通过阅读这些中文博士论文，你可以更加清晰地把握整个研究领域的脉络和发展趋势。

（3）英文综述的精髓

英文综述，特别是那些受邀撰写或发表在高影响因子期刊上的文章，通常由该领域的顶尖学者撰写。对这些综述文章，你应当进行精读，并深入分析其文章结构。特别要注意的是，这些作者如何评价不同研究方向的优缺点以及如何提出改进和展望。通过精读这些高质量的英文综述，你不仅能够深入了解当前领域的发展状况，还能够学习到许多地道的英文表达方式，这对于提升你的学术写作能力大有裨益。

2. 分类与归纳

在处理搜集到的文献资料时，首要任务是根据其主要结果、结论和观点的不同特点进行分类与归纳。这一过程旨在使文献资料内容更加条理化、系统化，并为后续的分析和判断奠定基础。通过深入的综合分析，我们将确定合适的论证方法，并合理规划文章的结构层次。在此基础上，我们将整理出详细的写作提纲，提纲的焦点在于明确前言的核心内容和正文的各级标题，同时确保相关文献能够准确地标注在对应的标题之下。

完成提纲的初步构建后，我们需要进行仔细检查和评估。这一步骤旨在确保资料的充分性，确保观点和材料的一致性，以及文章各部分的均衡性。如果在检查过程中发现任何问题，如资料不足、观点与材料不匹配或结构失衡等，我们将及时进行相应的调整和补充，以确保文献综述的完整性和准确性。

（四）撰写综述正文

文献综述的格式相较于一般研究性论文有其独特性，这主要缘于二者在内容和目的上的差异。研究性论文侧重于展示研究方法和结果，强调科学发现的创新性；而文献综述则着重于为读者呈现与主题紧密相关的全面详尽的资料、当前研究动态、领域内的最新进展以及针对这些内容的深入分析和评述。因此，文献综述的格式通常更为灵活多样，但总体而言，它们都会涵盖四个关键部分：前言、主体、总结以及参考文献。在撰写文献综述时，可以按照这四个部分来构思和制定提纲，并以此为指导完成全文的撰写。这样做有助于确保文献综述的结构清晰、内容全面，并有效地传达出作者对相关领域知识的深入理解和独到见解。

1. 前言

在前言部分，需要阐述撰写文献综述的目的和重要性。首先，介绍相关的基本概念和定义，明确综述的范围。其次，阐述文献资料的来源，并简要回顾所选主题的历史背景、演变过程、当前的状况以及主要的争议焦点。最后，还需阐述该主题在实际应用中的价值和现实意义，为读者在阅读正文之前提供一个初步的概览和印象。

2. 主体

文献综述的主体部分主要涵盖论据的呈现和论证的展开。通过提出问题、深入分析这些问题，并探索解决方案的方式来反映作者的观点和见解。为了更清晰地阐述问题，可以将其分解为若干个小节或子标题进行分别讨论。这一部分内容通常包括历史脉络的梳理、研究现状的分析以及对未来发展趋势的预测。

历史脉络：按照时间顺序，我们将简要概述该课题的提出及其在不同历史阶段的发展情况，展示各阶段的研究水平。

现状分析：详细介绍国内外对该课题的研究状况，包括各种观点和学说。在此过程中，特别关注那些具有创新性和发展潜力的理论或假说，并引用相应的论据来支持。对存在争议的问题，展示不同的观点和学说，并进行比较，指出问题的核心和可能的发展趋势，同时表达研究者自己的看法。对已经过时或被否定的观点，进行简要的提及。对读者已经熟知的内容，仅作简要介绍。

未来展望：在对比和分析的基础上，我们对综述课题的研究水平、存在的问题以及不同观点进行客观、准确的评价。最后，我们提出对该领域未来发展的展望和预测。

主体部分的写法有下列几种。

（1）纵式写法

"纵"向视角指的是对某一特定专题的历史发展进行纵向的深入观察。这种观察方法侧重于按照时间顺序或专题自身的演进层次，系统地阐述其历史演变、当前的发展状况以及未来的发展趋势。通过"纵"向描述，我们能够清晰地勾勒出某一专题的发展脉络，理解其演变过程和发展轨迹。

在采用"纵"式写法时，重要的是确保发展的脉络清晰明了。这意味着要对专题在各个阶段的发展动态进行简洁而精确的概述，明确指出已经解决的问题、取得的成果、尚存的挑战以及未来的发展方向。这些内容的叙述应该逻辑严密，前后连贯，形成一个有机的整体。

撰写综述时，应避免简单地将事实按时间顺序罗列，导致内容变得琐碎而缺乏深度。相反，应聚焦于那些具有创新性、突破性的研究成果，进行详细介绍和分析。对一般性或重复性的资料，可以适当简化或省略，以保持综述的精练和高效。

"纵"式写法尤其适用于那些具有明显动态发展特征的综述。这种写法不仅能够清晰地展现专题的发展动向，还能够使层次结构更加清晰，便于读者理解和把握。通过"纵"向的描述，读者可以更加深入地了解专题的历史背景、现状以及未来的发展趋势，为相关研究提供有价值的参考。

（2）横式写法

"横"向视角聚焦于国际与国内的广泛考察。在针对某一专题的探讨中，这种视角要求对来自不同国家、不同领域、不同学派的各种观点、理论、方法以及取得的成果进行全面描述与比较。通过横向对比的方式，我们不仅能识别出各种观点、方法、成果的优劣与特点，还能清晰地看到国内、国际以及特定单位在这一专题上的研究水平，从而识别出存在的差距。

"横"式写法特别适用于成就性综述的撰写。这类综述专注于介绍某一领域或项目中的新成就，这些成就可能包括新理论、新视角、新发现、新技术、新方法等。由于这些新成果通常具有创新性和前沿性，尽管时间跨度可能较短，但它们往往能迅速引起国内、国际同行的广泛关注和研究兴趣。因此，及时整理这些新成果，撰写成综述并向同行报道，不仅能为研究者提供宝贵的借鉴和启示，还能为他们后续的研究方向提供指导和帮助。

通过这种方式，"横"式写法能够为我们呈现一个全面、深入、立体的专题研究图景，帮助我们更好地理解和把握该专题在国内、国际的研究动态和发展趋势。

（3）纵横结合式写法

在撰写综述时，纵横结合式写法巧妙地将纵式和横式写法融为一体，使同一篇综述能够同时展现某一专题的历史演变和当前国内国际的全面状况。例如，在阐述历史背景时，可以运用"纵"式写法，按照时间顺序或发展层次逐步展开；而在描述当前状况时，则可以采用"横"式写法，对国内国际的多种观点、方法和成就进行比较和概述。这种纵横结合的描述方式，能够综合各类文献资料，为我们提供一个全面、系统且深入的认识，有助于更准确地预测某一专题的发展方向，并为新的研究工作提供有价值的突破口或参考依据。

无论采用纵式、横式还是纵横结合式写法，都需要遵循以下基本原则：首先，要全面系统地搜集和整理相关资料，确保内容的客观性和公正性；其次，要对资料进行深入透彻的分析，综合各种观点和方法，得出恰当的结论；再次，要合理安排文章结构，确保层次分明、条理清晰；最后，要注意语言简练、表达准确，详略得当，以便读者能够快速准确地把握综述的主旨和要点。

3. 总结

在总结部分，需要对前文主体部分深入探讨的内容进行精简的概括，并对这些主要观点进行重点评议。通过梳理和整合，力求形成明确的结论，并在此过程中，积极表达自己的独到见解。这不仅是对已有研究的总结，也是对未来研究方向的展望。同时，研究者应明确表明自己的立场，支持哪些观点，反对哪些看法，以便读者能够清晰理解我们的研究态度和倾向。

4. 参考文献

撰写综述性论文时，确保有足够且准确的参考文献是至关重要的。这不仅是对他人研究成果的尊重，更是确保论文严谨性和可靠性的基础。这些参考文献不仅为论述提供了有力的支撑，也为读者在深入研究某一问题时提供了查找相关文献的线索。因此，在撰写综述性论文时，必须严肃对待参考文献的引用，确保每一篇文献都与论文内容紧密相关，且引用方式规范正确。这样，读者在查阅论文时，就能根据提供的参考文献进一步探索相关领域的知识，深化对问题的理解。

七、文献综述写作常见问题及建议

（一）断章取义："倒推"导致自己论文与已有文献逻辑断裂

在写作文献综述的过程中，一种常见的现象是作者未能真正系统梳理和分析现有的研究文献，从而未能有效识别出适合深入研究的问题（潜在的假设）。相反，他们倾向于直接宣称某一领域对特定问题的研究文献不足，进而提出自己的研究为创新性的探索。这种现象可以具体表现为三种形式。首先，有的作者会直接断言某一问题尚未得到学界的关注和研究，进而直接提出自己的研究议题。其次，尽管有些作者进行了相对系统的文献回顾，但在将文献分析转化为研究问题的推导时，他们仍然回到了"该领域研究尚未深入"的论调，这明显显示出文献综述与问题提出之间的逻辑断裂。最后，一些作者可能会选择性地忽视已有研究中的争议性话题，却巧妙地利用他人的研究观点作为自己研究问题的出发点，这种做法在学术上显得不够严谨，甚至可能涉及学术不端。这三种表现，无论是体现出的"对研究现状的片面理解"，还是"在逻辑推导上的无力"，抑或"在引用文献时的取巧"，都在一定程度上削弱了论文在真实问题推导上的严谨性和深度。

（二）浅尝辄止："机械罗列"导致论文"无述无评"

当文献综述出现以上描述的问题时，其根源在于作者对已有研究的探索不够深入，仅停留在表面层次。这种"浅尝辄止"的态度在文献综述中具体表现为三种形式。首先，一些作者在引用文献时显得较为随意，甚至引入了一些与主题毫无关联的文献资料。这反映出作者在选择文献时缺乏针对性和准确性，对自己研究领域的知识储备和文献筛选能力尚显不足。这种不恰当的引用不仅会使综述内容显得突兀和不协调，还会削弱整篇文章的连贯性和说服力。其次，一些作者对前人研究观点的罗列过于简单，缺乏深入的分析和提炼。他们只是机械地堆砌前人的观点，而没有对这些观点进行系统的分类、归纳和提炼。这种缺乏内在逻辑的内容组织方式会导致综述内容杂乱无章，难以清晰地呈现某一问题研究的发展脉络、深入程度以及存在的问题。同时，这也使读者难以厘清已有研究结果之间的关系，无法形成对研究领域的全面认识。最后，一些作者对已有研究"综"而不"述"。即使作者对已有研究进行了一定程度的梳理，但他们往往只是简单地陈述了他人的观点，而没有对这些观点进行深入的分析和批评。这种缺乏批评性的综述无法揭示已有研究的不足之处，也无法为新的研究提供有价值的启示和方向。因此，为了克服这种"浅尝"的问题，作者在撰写文献综述时应注重深入分析和挖掘已有研究的内容，发现其中的不足之处，并提出自己的见解和观点，以推动研究的深入发展。

（三）拾人牙慧：重复前人观点导致缺乏自己的评述

尽管这种文献综述相比"浅尝辄止"式有所进步，包含了部分评述内容，但其核心价值仍然显得有限。具体而言，其评述部分更多的是对前人研究观点的再次阐述，而非真正深入地分析而有独到见解。这种综述往往缺乏作者个人的独立思考和创新性，显得"无我"且缺乏个性。读者在阅读时可能会质疑该论文的研究价值，因为它主要呈现的是已有研究的"情景再现"，而未能提供新的视角或见解。为了提升综述的价值，作者需要更加深入地挖掘和分析已有研究，提出自己的独到观点，从而避免简单的重复和再现。

（四）本末倒置："评述"代替文献导致研究缺乏客观性

与前文所述不同，当前存在一种现象，即文献综述中对现有研究的梳理和介绍显得过于简略，而作者却将大量篇幅用于评述，并紧接着提出自己的研究设想。这种做法往往导致文献综述变成了以评论为主的篇章（有时甚至直接演变为研究计划）。因此，我们强调，在学位论文写作中，文献综述的部分必须进行全面而系统的梳理。这要求作者以严谨的态度和科学的方法来寻找、评估和整合研究证据，确保文献综述的完整性和条理性。

　　一篇成功的文献综述应当是兼具批判性和解释性的。它需要在综合已有研究的基础上，进行深入的分析和评述，达到"综"与"述"的整体平衡。这种平衡不仅体现在内容的分配上，更体现在作者的态度和方法上。文献综述应当实现描述与解释、欣赏与批判、继承与发展的有机结合，而不仅是对已有研究的简单罗列和堆砌。通过深入分析和评述，作者可以揭示已有研究的不足之处，提出自己的研究问题和假设，为新的研究提供有价值的启示和方向。

八、文献综述的写作要求

（一）有目标

　　文献综述作为学术研究中不可或缺的一环，必须拥有清晰明确的目标，以确保其功能得到最大化发挥。其核心功能在于通过综合已有文献，提出新的研究问题或假说。因此，在构思、布局文献综述时，我们应当紧紧围绕这一核心目标，有针对性地搜集和分析相关文献材料。可以说，明确的目标就像是一根"主线"，贯穿整个文献综述的始终，确保内容的连贯性和紧凑性。一篇缺乏明确目标或目标统御不够的文献综述，往往会显得内容散乱、缺乏逻辑。而一篇优秀的文献综述，则能够清晰地展示其目标导向，成为评判其水平高低的重要标准之一。因此，在进行文献综述时，我们必须确保目标的明确性，以确保其功能的充分发挥。

（二）有线索

　　从最终成果的视角出发，文献综述的核心线索是明确的研究问题。对实证研究而言，这个问题具体体现在因变量、自变量以及它们之间的关联机制上。当我们将研究问题作为线索进行文献综述时，有几个关键的步骤和要点需要遵循。

　　首先，所综述的文献内容必须紧密围绕研究问题展开，确保内容的针对性和相关性。避免综述内容"跑题"或"偏题"，这一点尤为关键，因为它能确保文献综述的聚焦性和有效性。即便是在单独讨论因变量或自变量时，我们也应时刻铭记这些讨论是如何服务于整体研究问题的。

其次，文献综述的展开应遵循研究问题的理论逻辑。这要求我们在综述过程中，不仅要关注各个研究变量的孤立状态，更要关注它们之间的逻辑关系。这一点对初学者来说可能容易被忽视，但它是确保文献综述深度和广度的关键。

最后，我们应具备闭环思维，从研究问题的"两头"来考虑。一方面，从问题的起源出发，即理论与实践之间的差距或认识分歧点，这有助于我们理解研究问题的背景和重要性；另一方面，从问题的解决方案出发，即通过自变量对因变量的影响机制提出待检验的因果关系，这为我们指明了研究的方向和目标。通过这种闭环思维，我们可以确保文献综述的完整性和连贯性。

（三）有结构

构建一个层次分明的文献综述结构，关键在于实施有效的分类。无论是整篇综述的宏观结构，还是具体到某一节或段落，都需要按照某一明确的标准对内容进行"归类整理"。这样的做法能显著提高信息传达的效率，使读者更易于理解和把握综述的主旨。那么，如何构建这样一个层次分明的结构呢？以下是几点具体建议。

首先，为了更清晰地展示综述的结构，至少应使用三级标题［如一、（一）和1］。在设置标题时，建议下一级标题的数量控制在 2~6 个，以避免过多导致结构过于复杂。其次，在上一级标题与下一级标题之间，应插入一段过渡性的文字。这段文字应简要阐述该部分内容的目的、构思和整体结构，有助于读者理解该部分在整个综述中的作用和地位。再次，从结构布局的角度来看，应确保上下级标题之间、同一级标题之间的逻辑关系清晰明确。这种逻辑联系不仅体现在标题的命名上，更要在实际内容中得以体现，以保证整个综述的连贯性和一致性。最后，在撰写具体的段落时，也应注意层次结构的构建。在构思段落内容时，应提前规划好要表达的几层意思，并在实际写作中予以落实。切忌在一个段落中简单地罗列多项研究，而缺乏必要的概括和分类，这样会使段落显得杂乱无章，影响读者的阅读体验。

（四）有重点

在实证研究的背景下，文献综述的核心聚焦于理论逻辑关系、机理或机制的探讨，这些通常是由因变量和自变量构成的。为了构建有效的研究问题和假说，综述的任务在于系统梳理、深入评价和总结已有学术领域的认识和观点。在此过程中，主要关注点应落在这些观点上，因为它们是推动研究发展的关键。相比之下，虽然角度和方法等因素在研究中同样重要，但它们更多地起到辅助和支持的作用。

从这一重点出发，文献综述不仅要求呈现已有的学术认识，更需要在这些认识的基础上形成自己的观点。这些观点不仅体现在对已有研究的理解和评价上，更在于能够引导我们发现新的问题，构建新的假说。因此，一篇高质量的文献综述不仅要有全面、深入的梳理，更要有独到、深刻的见解。

（五）有关联

在构建文献综述时，确保所引用的文献及其内容与研究主题紧密相连是至关重要的。任何与研究主题不相关的内容都应被剔除，以保持综述的针对性和深度。

首先，应从所研究的核心问题出发，判断所综述的文献及其内容是否直接相关。这意味着研究者需要明确问题的焦点，并检查每篇文献是否直接涉及该问题或与之相关的领域。其次，从因变量和核心自变量及其相互关系的角度出发，进一步评估文献内容的相关性。这些变量是构成研究问题的核心要素，因此，所引用的文献应能清晰地揭示这些变量之间的关系，或为之提供有力的理论支持。最后，在完成文献综述的初稿后，务必反复审视正文部分，确保其内容始终围绕研究问题展开，且逻辑连贯、流畅自然。进而能够及时发现并剔除与主题不相关的内容，使综述更加精练和有力。

（六）有分析

撰写文献综述的终极目标是提出具有创新性的新问题和新假说，这是推动学术研究不断前进的关键。新的理论视角往往能为研究带来新的启示，激发出新问题和新假说。而要实现这一目标，撰写文献综述过程中的深入分析就显得尤为重要。

文献综述中的分析是确保问题和假说科学性、学理性的基础。这种分析并非简单地堆砌文献，而是对文献及其内容进行深入的整理、分类、比较和验证。通过这一过程，我们能够更加准确地把握研究领域的前沿动态，发现已有研究的不足之处，进而提出更具创新性和实用性的新问题和新假说。

因此，文献综述中的分析是一个不可或缺的过程。它不仅能够帮助我们提出新问题和新假说，还能够确保这些问题和假说的科学性和学理性。在进行文献综述时，我们应当充分重视分析的作用，通过深入分析推动研究的深入和发展。

（七）有图表

在撰写文献综述时，为了更有效地传达信息并帮助读者构建对综述内容的整体理解，强烈建议增加图表的使用以增强可视化效果。图表不仅能够以直观的方式展示综述中的关键信息，还能显著提升信息传递的效率。具体而言，我们建议在每篇文献综述的开头部分至少包含一个文献结构图。这个结构图的主要作用在于清晰地描绘出综述内容中各个模块之间的逻辑关系，以及这些模块如何共同服务于一个核心的研究目的或主题。通过这样的结构图，读者能够迅速把握综述的框架和主旨，从而更好地理解和吸收综述中的知识。

（八）有出处

在撰写文献综述时，文献引用和参考文献的准确处理至关重要。文献综述的每一个观点和结论都需要有坚实的文献支持，因此恰当的文献引用是不可或缺的。以下是一些建议，旨在确保文献引用的准确性和有效性。

首先，文献引用应当自然流畅地融入文本中，既不过于突兀，也不应打断行文的流畅性。读者在阅读综述时，应该能够顺畅地跟随作者的思路，同时自然地接触到相关的文献引用。其次，每一处文献引用都必须注明出处。这意味着在文献综述中提及的任何文献，都应在参考文献部分找到对应的详细信息。这不仅是对原作者学术贡献的尊重，也是保证学术诚信的基本要求。最后，参考文献的质量和数量能够反映出作者对相关领域文献的整体掌握情况。因此，在撰写文献综述时，应尽量选择高质量、具有代表性的文献进行引用。同时，适当的文献引用量也能够为综述增色添彩，增强说服力。

第二节 开题的认识

一、开题的含义

开题是教育硕士研究过程中不可或缺的一环，它涉及课题研究者对所选课题的初步陈述和专家评议。这个过程的核心在于，研究者将他们的选题背景、目的、方法以及预期成果等详尽内容，通过书面报告的形式呈现给评审专家，进而得到专家的反馈和指导。这种形式的陈述和总结，是对教育硕士专业学位论文选题工作的深入剖析和检验，为后续的论文撰写工作奠定坚实的基础。

在教育硕士的培养过程中，开题是一个重要的里程碑。在撰写开题报告之前，学生需要经历一系列的调研、文献查阅和资料搜集等过程，以确保选题的可行性和创新性。开题答辩通常在学位课程学习结束后举行，它是学生展示自己选题成果和接受专家评审的重要平台。按照国家和学校的相关规定，只有通过开题答辩的学生，才能正式进入学位论文的撰写阶段。因此，开题不仅是对学生选题工作的一次全面检验，更是他们学术成长道路上的重要一步。通过开题，学生可以更深入地了解自己的研究方向和课题价值，为后续的学术研究奠定坚实的基础。

二、开题的目的

在启动一项研究之前，研究思想的产生是至关重要的第一步。开题作为这一过程的核心，扮演着至关重要的角色。它旨在综合梳理拟研究领域内的相关文献，明确阐述研究的基本原理，并对研究的进度安排进行概述。这一阶段的准备工作需要投入大量的时间和精力，但这样的投入从长远的视角来看，是极具价值的。在着手准备开题之前，明确研究目的显得尤为重要。研究目的是研究的出发点和归宿，它指引着整个研究的方向和路径。只有明确了研究目的，研究者才能有针对性地开展文献综述、确定研究方法、制订研究计划等后续工作。

（一）明确主体地位

在进行课题研究的过程中，核心角色无疑是学生。课题的完成、学位论文的撰写，这些重任都落在学生的肩上。因此，学生必须在整个研究过程中占据主体地位，积极投入各个方面的工作，包括确定研究问题。导师提出了一个方向或问题，并不意味着它立即成为一个值得深入研究的课题。学生需要独立思考，确保自己真正认同并视其为一个有价值的问题。

学生投入课题研究是一个需要耐心和毅力的过程。他们需要不断审视问题、寻找解决方案，并在面对困难时形成有效的应对策略。这一过程不仅锻炼了他们的研究能力，还培养了他们在未来工作中至关重要的技能和品质，如高水平的问题解决能力和坚持不懈的毅力。

值得注意的是，起初觉得有趣的研究课题可能会随着研究的深入而变得具有挑战性，甚至带来挫败感。如果从一开始就选择一个学生并不特别感兴趣的话题，这种挫败感可能会更加强烈。因此，尽管对某个课题感兴趣是一个好的起点，但学生仍需深入思考和评估，确保自己的研究思想具有实际价值和意义。

（二）确定好的研究思想

优秀的研究思想往往源于对一个研究领域的缺口的洞察。为了能更深入地把握内涵，一个有效的方法是深入阅读该领域最新且高质量的文献综述。这些综述文章能够全面整合该主题领域的已有知识，并暗示出哪些领域仍待深入探索，从而为研究思想提供坚实的理论基础。

构建研究思想并非一蹴而就，而是一个循序渐进的过程。研究者需要不断熟悉和了解该领域的最新研究文献，特别是那些具有突破性和创新性的研究。同时，听取本领域资深专家（如导师）的意见和建议，以及与其他研究者（包括同学）进行深入的讨论和交流，都是不可或缺的环节。这样的过程有助于研究者不断完善和优化自己的研究思想，确保研究的价值和意义。因此，越早开始这个过程，就越有利于研究者形成更加成熟和深入的研究思想。

（三）确定研究思想的可行性

确定研究思想的可行性同样是一个逐步细化的过程，它需要研究者将初步的想法逐步转化为一个明确且具体的研究问题，并深入考虑研究的现实操作性。例如，如果研究者对体育锻炼对心理健康的影响感兴趣，那么他们就需要思考在这一领域研究的可行性，包括哪些心理变量可能受到体育锻炼的影响，以及哪些身体活动可以被定义为体育锻炼。通过这样的思考，研究者可以将自己的研究思想细化为一个更具体的研究问题，比如"在控制其他因素的情况下，个体在室内健身房的运动量是否与其自尊水平和社会支持程度存在显著的相关性？"这样的转化过程有助于研究者明确研究的目标和范围，提高研究的针对性和有效性。当然，研究者不可能在初期就考虑到所有可能的可行性问题，尤其是在研究方案尚未完善的情况下。但是，在早期阶段对一些关键问题进行思考和评估，有助于研究者判断研究思想的可行性，并确定是否值得进一步投入时间和精力去完善研究方案。这样的做法能够帮助研究者更加高效地进行研究，避免浪费精力和延误时间。

三、开题的步骤

开题作为公布自己研究问题的一种科研程序，一般包括三个步骤：开题查新、撰写开题报告和正式开题。

（一）开题查新

查新作为科研工作的基石，贯穿于科研的每一个环节，其中包括"立题查新"、"课题进行中查新"以及"成果鉴定查新"。在这三个阶段中，由于"课题进行中查新"和"成果鉴定查新"通常发生在研究过程的中后期，一旦发现重复工作或偏离方向，往往会造成人力、物力和财力的巨大损失。因此，从预防的角度出发，开题查新显得尤为重要，对确保教育硕士专业学位论文的质量和价值具有至关重要的作用。

开题查新为学位论文的启动提供了坚实的基础，它通过系统检索和分析已有研究，帮助研究生避免重复前人的工作，从而节省研究时间，减少不必要的资源消耗。此外，开题查新还能培养研究生严谨的学术态度和科学精神，使他们在掌握各种检索工具的同时，提高信息获取和处理的能力。

通过开题查新，研究生可以更加深入地了解所研究领域的前沿动态，掌握相关研究的最新进展，从而选择具有理论意义、应用前景或实用价值的论题。这不仅有助于提升研究的创新性和实用性，还能为后续学位论文的撰写提供有力的支持和参考。同时，开题查新为研究生在论题研究过程中提供了重要的线索和条件。通过检索和分析相关文献，研究生可以及时了解国内外相关工作的最新动态，对原论文方案进行必要的调整和优化。这种有针对性的跟踪和调整，有助于确保研究的正确性和高效性，提升研究成果的质量和水平。

总之，开题查新是保证选题及其研究成果新颖性、前沿性、科学性和适用性的重要手段。它不仅能为论文积累相关信息，了解研究问题的历史和现状，还能培养研究生对前人、自己、历史和未来负责的科学精神和作风。这种精神和作风将贯穿于整个研究过程，有利于研究工作从一开始就注重创造性和未来成果的新颖性和适用性。

（二）撰写开题报告

开题报告，作为选题确立后的关键步骤，是研究人员在正式深入研究之前精心筹划的蓝图。这份报告不仅是对研究课题的一种书面阐述，更是对整个研究过程具体内容和步骤的初步规划。其质量的高低，往往直接反映了选题本身的深度和广度。通常，一个完善的开题报告应涵盖以下核心要素：选题背后的社会或学术背景及其重要性，国内外在该领域的已有研究成果和现状，具体的研究策略和方法，论文的写作时间线以及参考的学术资料。一份优秀的开题报告，实际上可以视为学位论文的雏形或早期草案。因此，在撰写开题报告时，必须严格遵循学位论文的规范化要求，包括逻辑结构、学术标准以及排版细节等，以确保其质量和严谨性。

（三）正式开题

在研究生进行学位论文研究的正式开始，他们被要求亲自向考核小组进行口头报告，详细阐述其论文的选题依据和文献综述的整理情况，这一过程即为开题报告会。为了确保报告会的专业性和权威性，通常会在研究生导师所在的院系内设立专门的报告场地。开题报告会的组织工作由院系负责，并邀请由至少五名具备副教授及以上职称或拥有博士学位的本系或相关领域的专家组成评审专家组。值得一提的是，该研究生的指导教师作为重要参与者，也必须出席开题报告会，以便对研究生的研究方向和内容提供直接的指导和建议。

研究生学位论文开题报告会一般可按以下程序进行。

1. 专家组组长宣布报告会开始。

2. 导师简要介绍报告人的基本情况和课题背景。

3. 研究生陈述开题报告，时间一般为三十分钟。报告一般须采用PowerPoint等工具，以保证良好的视听效果。

4. 专家和其他出席者提问，研究生回答问题。

5. 专家组本着公正、负责、实事求是的态度就研究生的学位论文开题报告，从立论依据、研究方案、研究基础三方面进行评审，在开题报告评分表上打分，给出成绩，并对存在的问题提出指导性建议。成绩考核以合格、不合格记。

6. 专家组组长总结。

7. 评审结束后，研究生要根据评审专家的意见修改开题报告，填写"硕士研究生学位论文开题报告"。

对于开题报告未能通过的研究生，评审专家组将明确指出其报告中的不足和问题所在，并与导师进行深入协商，指导研究生在限定的时间内进行开题报告的修改和完善。重新召开的开题报告会，通常会由原评审专家组的全部或部分成员继续担任评审工作，以确保评审的一致性和延续性。重新开题的时间通常安排在初次报告后的一个月内进行。若研究生在重新开题后仍未达到要求，经过评审专家组的评估，将可能面临毕业时间延长一年的决定。

一旦开题报告得到通过，研究生需要在导师的悉心指导下，于一个月内详细规划出学位论文的工作计划。该计划需经过导师、系和学院的层层审核，确保其内容详尽、合理且可行。通过审核后，研究生即可按照计划着手进行学位论文的研究工作，并将该工作计划提交给院研究生秘书存档。这份工作计划应全面涵盖选题，资料查阅的范围；方式及地点，开题报告的内容，研究设计，学术论文的类型，学位论文的工作时间安排以及所需经费等各个方面。

四、开题答辩注意事项

（一）围绕主题

在答辩委员会成员参与评审的过程中，他们面对的是众多研究生的论文，不可能对每个学生的论文内容都做到全面深入的了解。因此，他们在答辩中尤为关注学生是否能清晰、准确地阐释自己的论文主题。这不仅是展示其研究成果的重要一环，也是委员会成员评估学生研究能力和论文质量的关键依据。再者，答辩委员会成员的提问，往往都是基于论文主题展开的。他们希望通过这些问题，更深入地了解学生的研究思路、方法和结论。因此，在答辩过程中，学生主动掌握话语权，确保自己能够清晰地阐述论文主题和核心内容，对于更好地回答老师们的问题、展现自己的研究成果，都具有至关重要的作用。这样不仅可以增强学生自信心，还可以使答辩过程更加流畅、高效。

（二）语速适中

在答辩时，许多学生常常因为内心紧张而不自主地加快语速，导致老师们难以清晰地听到表达的内容。为了有效地传达信息，我们必须时刻警醒自己，不要语速过快。然而，语速过慢也同样不适宜，因为每位学生都有一个固定的答辩时间限制。因此，我们需要事先了解答辩的时长，并通过多次练习找到适合自己的语速。通过合理分配每个部分的时间，我们可以确保在规定的时间内完成答辩，既不过于匆忙也不过于拖延。这样的做法将有助于我们更好地展示自己，使答辩过程更加流畅和有效。

（三）目光流转

在进行答辩时，无论是否依赖稿件，保持与答辩老师和现场同学的目光交流至关重要。这样做不仅有助于引导老师们的思路跟随你的阐述，还能增强你与听众之间的联结。避免全程低头专注于稿件或 PPT，因为长时间的这种姿态会让在场的老师和其他听众感到疲倦，甚至对你的答辩失去兴趣和注意力。相反，适时地将目光转向观众席，与他们进行眼神交流，是一种有效的互动方式。这样的交流不仅能增强你的自信心，还能让听众更加投入地跟随你的演讲节奏，从而增强答辩的吸引力和影响力。

（四）肢体语言

除了之前提到的目光交流，肢体语言在答辩中同样具有重要作用。在阐述观点或解释概念时，适度地配合一些小幅度的肢体动作，可以有效地增强自信心和说服力。这些细微的动作不仅能让开题汇报更加生动有趣，还能让答辩老师们更加容易理解和接受我们的观点。因此，在答辩中，应该注重肢体语言的运用，通过合适的动作来展示自信和专业素养。

（五）虚心受教

在回答老师的问题时，我们应以谦逊和温和的态度来表达。避免与老师产生争执或顶撞，对老师提出的每一个问题，我们都应虚心接受，并认真记录。开题答辩结束后，我们应迅速根据老师们的建议和指导进行相应的修改。这不仅是对老师们宝贵意见的尊重，也是自己严谨的学术研究态度的体现。在修改完成后，务必及时提交更新版本，以便老师和同学们能够及时审阅并给出进一步的反馈。

第三节　开题报告

一、开题报告的撰写

书面选题报告一般要求包括以下几个方面（除非所在单位对选题报告另有要求）：研究背景及意义，文献综述，研究内容与方法，拟解决的问题、创新点，研究计划，参考文献表。

（一）研究背景及意义

1.研究背景

研究背景，简言之，即我们为何在特定的环境下进行这项研究。这涉及研究对象与真实世界的直接联系以及它在真实世界中的具体体现。这个"真实世界"的特定领域或问题，构成了我们的现实背景。当这个研究对象及其所附带的问题变得显著且重要时，学术界会积极介入，开展进一步的研究，推动学术进步，这就是我们的"理论背景"。为了解这些现实背景和理论背景，我们通常依赖多种信息来源，如国家政策、社会动态以及学术文献等。它们为我们提供了研究对象的当前状况、研究需求以及研究进展等方面的信息。因此，在撰写"研究背景"时，我们可以从国家、社会和学界三个层面出发，全面阐述研究的重要性和必要性。即国家的政策导向、社会的实际需求以及学术界的探索追求，共同构成了我们开展这项研究的坚实基础。

"国家的政策导向"的表述，实际上是指国家或行业已经明确制定了一系列政策或战略，这些政策或战略凸显了当前国家／行业关注的重点。而我们的研究正是基于这些政策／战略指向的方向，因此得到了相应的支持和引导，确保我们的研究符合国家／行业未来的发展趋势，与国家／行业的长远规划保持高度一致。

"社会的实际需求"意味着当前社会发展中存在着一些迫切的问题或需求。这些问题或需求可能源于社会的各个方面，包括经济、文化、科技等领域。而我们的研究正是针对这些现实问题展开，旨在为解决这些问题或满足这些需求提供新的思路和方法，从而为社会的发展贡献自己的力量。

"学术界的探索追求"则表明在某一特定的研究领域，现有的研究可能还存在一定的不足或空白。这些不足或空白可能表现为对某一问题的研究不够深入、不够全面，或对某一领域的研究尚未形成系统的理论体系等。而我们的研究正是建立在这些已有研究的基础上，通过进一步的探讨和研究，以期填补这些不足或空白，满足学界对该领域继续研究的需求。

2. 研究意义

"研究意义"在学术探讨中通常被分为两大方面：理论意义与现实意义。理论意义着重于我们的研究如何深化或推进对某一理论问题的理解与发展。具体来说，它可能涵盖了对既有概念的澄清或重新定义，对未知机制的揭示，对评价指标体系的建立或完善，对既有学术观点的修正或完善以及对研究资料的补充和丰富。这些努力都有助于推进学科知识的累积和进步。而现实意义则侧重于我们的研究在实际操作中的应用价值。它关注于我们的研究如何有效地解决现实生活中的问题，如何对实践产生积极的影响。例如，我们的研究可能有助于国家政策的顺利实施，为政策制定部门提供重要的参考依据；或为某一行业、产业、机构、企业等解决特定问题提供有效的策略和方案。

在撰写"研究背景与意义"这一节时，需要注意篇幅的控制，一般建议限制在 1～2 页。同时，为了确保信息的清晰易懂，我们应当避免使用过于专业或复杂的术语，对于必须使用的专业术语，应给予适当的解释和说明，以确保一般读者也能理解并接受我们的研究内容和意义。

（二）文献综述

在综述部分，需要对特定领域国内外的研究进行全面梳理，力求以鲜活的方式描绘出该领域的研究背景。细致阐述已有的研究工作，这些工作涵盖了理论深度、研究方法的多样性以及技术的前沿应用等。通过深入对比和分析国内外的研究现状，发现其中的共性与差异，为接下来的研究提供宝贵的参考。同时，这部分不仅要概括国内外研究现状，更致力于对其进行深入的评述和分析。揭示已有研究的优点与不足以及可能存在的潜在问题，从而为后续的研究提供更为明确的方向。明确阐述研究的假设和研究目标，突出其创新之处和潜在价值。这一综合评述旨在为读者提供一个清晰、全面的领域认知，为未来的研究工作提供明确的指引和参考。

在引述他人研究成果时，我们必须严格遵守学术规范，注明引用的出处（参考文献）。这不仅是对原作者学术贡献的尊重，也是确保学术诚信的必要手段。需要注意的是，只有正式引用了的文献才能出现在论文的参考文献列表中，以确保学术引用的准确性和完整性。

（三）研究内容与方法

研究内容构成了开题报告正文的核心部分，它明确界定了研究的方向和范围。研究方法，作为探索新现象、新事物，或构建新理论、新观点以及揭示事物内在规律的媒介，是研究中不可或缺的工具和策略。

1.研究内容

撰写研究内容的本质在于确立并细化自己即将深入探索的研究领域和方向。在开题报告阶段明确研究内容，旨在帮助研究者清晰地勾勒出未来研究可能涵盖的各个方面，同时也为导师提供一个审查论文选题合理性和深度的机会。此外，阐述研究方法旨在明晰科研思路，确保研究的系统性和科学性。任何有价值的研究成果都依赖科学的研究方法。没有恰当的研究方法，研究将失去根基，无法形成有效的结论，因此不能称为真正意义上的科学研究。

研究内容的组织通常包含多个部分和层级，以便更好地展开和阐述。在构建研究内容的提纲时，可以采用两种不同的方法。

（1）标题式：通过简短的小标题概括每个部分的核心内容。这种方法的优点在于简洁明了，能够快速把握整体结构。然而，其局限性在于可能只有作者自己能够完全理解每个标题背后的具体含义，他人或作者本人在一段时间后回顾时可能会产生理解上的困难。

（2）句子式：使用完整的句子来具体描述每个部分的内容。这种方法能够提供更详尽和明确的信息，使无论过去多久，作者或他人都能清晰理解研究内容的每个部分。然而，它的缺点在于写作时可能不够直观，需要更多的文字来阐述，同时也不便于快速思考和规划。

这两种方法各有利弊，具体使用哪一种或是否混合使用，应根据研究者的个人习惯和实际需求来确定。

2. 研究方法

在确定研究内容和方向之后，研究方法的选择成为关键。研究方法涉及数据搜集、测量和分析的各个环节，其选择应直接对应研究问题，确保问题与方法间的紧密联系。在这一过程中，调查方法、数据以及研究假设的相互作用构成了逻辑推理的基础，最终导向合理的结论。对教育硕士而言，熟练掌握并灵活运用多种主要研究方法至关重要，开题阶段便需深入思考每种方法的具体应用策略，以确保研究的顺利进行和结论的可靠性。（因研究方法涉及内容繁杂，并不是本书重点，下面只简要介绍两种教育硕士常用的研究方法，具体请自行学习教育科研方法相关内容。）

（1）调查方法

调查作为科学研究中不可或缺的一环，其核心在于有目的、有计划和系统地搜集关于研究对象的实际或历史情况的材料。这种方法融合了历史方法、观察法等多种科学方法，深入、系统地了解教育现象，并通过分析、综合、比较和总结大量的调查数据，揭示其中的规律性知识。

在调查的各种方式中，问卷调查尤为常用。它采用书面提问的形式，通过编制调查表格，将问题发送给相关人员，并请求他们填写答案。随后，对这些答案进行回收、整理、统计和分析，以获取所需的研究资料。这种方法因其具有高效、便捷的特点，在科研工作中占有重要地位。

（2）实验法

实验作为一种科学研究方法，其核心在于通过改变和控制研究对象探索和验证事物间的因果关系。该方法具有几个显著特点。

首先，它体现了主动性和创新性。不同于观察和调查，主要侧重于了解研究对象而不干扰其自然状态，实验则需要研究者主动操纵实验条件，人为地改变研究对象的状态和过程，以满足科学探索的需要。其次，实验强调控制性。在科学研究中，为了确保结果的准确性和可靠性，需要运用各种方法和技术来减少或消除无关因素的干扰。实验正是通过精心设计的控制手段，使研究对象处于简化、提纯的状态，从而更易于被研究者理解和认识。最后，实验是揭示和验证因果关系的有力工具。通过实验，研究者可以系统地改变一个或多个变量，观察并测量这些变化对其他变量的影响，从而发现和证实事物之间的因果关系。这使实验成为科学研究中不可或缺的一部分。

（四）拟解决的问题、创新点

在撰写开题报告时，明确拟解决的问题至关重要，这不仅有助于我们确立论文的价值，还能为论文内容的组织提供有力依据。同时，预期达到的目标和创新点则为我们指明了论文将如何深入解决这些问题，达到怎样的学术价值。在开题阶段，指导教师将重点关注这两部分内容。

1. 拟解决的问题

在撰写论文前，对国内外相关研究的综述为我们揭示了当前领域研究待解决的问题。基于这些发现，我们提出论文的核心议题、主要研究方向和具体目标，即那些我们旨在通过研究解答的新理论、技术或方法上的疑问。这些问题是作者预先构思并在论文中计划要证实的。同时，我们也将阐述自己对这些问题的立场和观点，明确表达我们支持或反对的立场。论文的整体内容将紧密围绕这些核心问题展开，通过深入分析和论证，最终得出针对这些问题的研究成果。

2. 创新点

论文的创新，其核心在于理论层面的突破。理论创新通常涵盖以下几种类型。首先，对新情况和新问题的解读方式、框架或视角进行革新，这属于方法层面的创新，对于形成新的理论观点、原则和体系具有决定性的意义。其次，基于深入洞察事物发展规律和人类思维逻辑以及在探索社会实践新领域的过程中，提出前所未有的新观点、新范畴，特别是构建新的原理和完整的科学体系。再次，从不断发展的社会实践出发，以前人的基本原理为基础，在继承的同时进行补充、进行新的论证和发挥，纠正其中的错误部分，摒弃陈旧内容。最后，根据实践的需求，对前人科学的思想资料和理论观点进行重新整理，消除由于后人的误解而加入的不正确或随意附加的元素，重新强调或凸显那些能够反映当代时代精神的理论原则和观点，并赋予它们新的时代意义。

（五）研究计划

在构建研究计划时，必须充分考量其实际可行性，并认识到计划本身应具备灵活性。当研究计划的实施出现偏差时，应适时调整，而非僵化地遵循原有计划。通常情况下，技术路线通过图表形式直观展现，即技术路线图，它将研究过程中的多个要素置于一张图中，清晰展现它们之间的逻辑关联。

一个完善的技术路线图应涵盖以下内容：课题的研究动机、核心研究内容、预期成果及其与课题核心问题的关联性以及实现这些成果的具体方法。此外，还需明确研究步骤的先后顺序，即先研究哪些内容，再研究哪些内容，最后研究哪些内容。通过深入思考和明确这些问题，我们便能更加熟悉课题，进而绘制出清晰的技术路线图。

绘制技术路线图的几个关键要素包括：

1. 确保待检验的命题在路线图中得到清晰展现，确保主要内容在图中一目了然。

2. 研究内容的排列顺序应从上至下反映研究者的逻辑思维路径。

3. 箭头指向应主要保持单向，最终集中指向研究的主要目标。

4. 为保持路线图的简洁明了，避免在图中使用冗长的句子，而是尽量使用简短的词组或短语。

5. 添加必要的解释性文字，以清晰地阐述图中所展示的内容及其相互之间的关系。

在绘制技术路线图时，可以选择多种工具，如 Word、PPT 和 Visio 等，这些软件都能有效帮助你完成高质量的图表绘制。如图 3-2 所示为研究计划图样例。

理论：研究综述　　　　　　　调查：现状问题分析　　　　　结论：对策探讨

```
┌─────┐   ┌──────────┐   ┌───────────┐        ┌─────────┐   ┌──────────┐
│     │   │国内外教师专业│   │问卷法    │──┐    │以H省T县为例，选│   │在对照《小学教师│
│     │   │发展概况梳理 │   └──────────┘  │    │取三所小学对其教│   │专业标准（试行）》│
│     │   └──────────┘   ┌──────────┐  │    │师专业发展情况及│   │和《中学教师专业│
│文   │   ┌──────────┐   │访谈法    │──┤    │教师专业发展模式│   │标准（试行）》的要│
│献   │   │国内外教师专业│   └──────────┘  ├──→│进行调查（校长、│   │求及前期文献分析│
│分   │──→│发展模式研  │   ┌──────────┐  │    │教师）    │──┐│的基础上，针对调│
│析   │   │究综述    │   │观察法    │──┤    └─────────┘  ││查分析结果，有针│
│法   │   └──────────┘   └──────────┘  │                ├文献分析→│对性地提出应对农村中│
│     │   ┌──────────┐   ┌──────────┐  │    ┌─────────┐  ││小学教师专业发展模│
│     │   │关键概念的界定│   │文献分析  │──┘    │在了解其教师专业│  ││式选取及其中的问题│
│     │   └──────────┘   └──────────┘        │发展情况的基础上，│──┘│的解决策略   │
│     │   ┌──────────┐                      │发现并分析被试学│   └──────────┘
│     │   │理论基础   │─────────────────→│校教师专业发展模│
└─────┘   └──────────┘                      │式选取与运用中的│
                                             │问题及原因   │
                                             └─────────┘
```

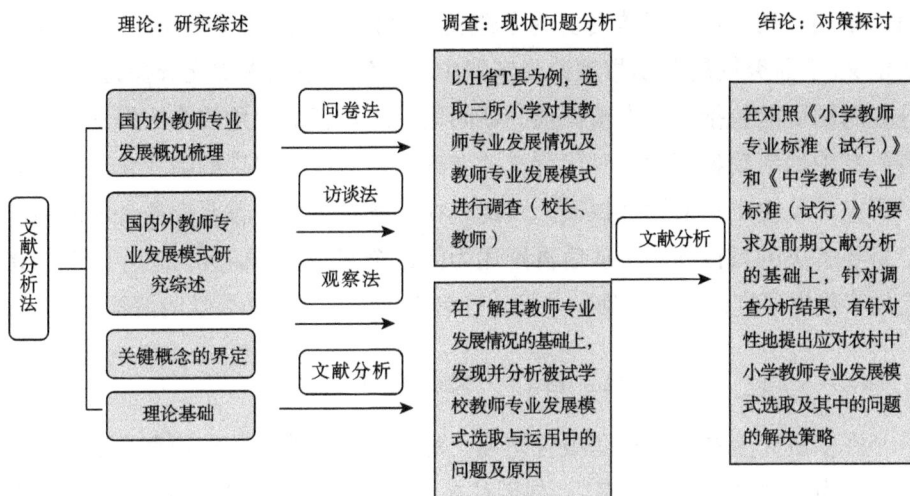

图 3-2　研究计划图样例

（六）参考文献表

参考文献表是汇集了文中引用的所有明确标注来源的文献的列表。列出这些文献旨在展现论文的学术依据，体现作者对前人研究成果的尊重，同时也为读者提供引用信息的来源。因此，在参考文献表中列出的文献应主要限于作者亲自阅读过、对论文有直接贡献的并在正式出版物上发表的文献。应避免过度列举与论文内容无关或冗余的参考文献，以确保列表的精练和有效性。

二、开题报告文本常见问题及建议

开题报告作为学位论文的开端，其质量高低直接影响着整个研究的进展与成败。然而，不少研究生在开题阶段常面临挑战，报告内容需要大幅修改，甚至需重新规划。为避免浪费时间与精力，研究生应当密切关注开题报告中常见的问题与需要注意的事项，以确保研究的顺利开展。

（一）把"研究理由"当作"研究问题"

在撰写开题报告时，一些研究生往往将"研究理由"与"研究问题"混淆。他们通常只强调了研究的必要性，即为何需要进行这项研究，而忽略了明确阐述"研究问题"本身。为了避免这种混淆，首先要明确"研究问题"的定义。"研究问题"是指理论或实践中尚未解决或尚未被充分探讨的疑问。这些问题可能包括：尚未被识别的新问题；通过新的视角或方法揭示出的已有研究中的新现象；随着时代背景的变迁，已有研究出现的新变化；研究者对研究对象提出的假设性探索。因此，在开题报告中，首要任务是清晰地界定将要解决的具体问题，随后再阐述为何这个问题值得研究。这样的结构将有助于确保研究的焦点明确，并且为读者提供关于研究必要性的清晰理解。

（二）把"主题编织"当作"文献综述"

许多研究生在撰写开题报告初期，对"文献综述"的作用存在误解，将其误以为是"主题资料汇编"。他们往往只是围绕研究主题简单地罗列出相关的文献，包括作者、标题和核心观点，而未能深入分析和总结。然而，真正的"文献综述"应当具备更强的问题导向性。它不仅需要列举相关文献的作者、标题和主要观点，更应深入探讨尚待解决的问题以及针对这些问题采取的不同研究方法或使用的材料。换句话说，"文献综述"的目标是通过系统梳理和分析已有研究成果，凸显自己研究的独特价值和意义。因此，在综述完相关文献后，研究生应当加入自己对问题的深入思考，如对这些观点的认同程度、个人的新见解以及尚存的疑问等，从而展现自己的研究深度和独立思考能力。

（三）把"方法列举"当作"方法运用"

开题报告的核心在于明确研究问题、研究方法以及研究者对问题的基本观点。报告需清晰阐述"研究的主题、研究的途径以及预期达成的结论"。当问题提出与文献综述聚焦于揭示研究问题时，研究方法则负责解释如何实现这些研究目标。这并不意味着简单地罗列各种研究方法，而是要具体展示这些方法如何被应用于解决实际问题。

在描述研究方法时，首要步骤是对研究内容进行问题分类，随后为每个类别的问题选择合适的研究方法。如果无法详细分类，那么至少应该明确指出面临的问题，并解释选择的方法如何用于解决这些问题，而不仅仅是方法名称的堆砌。这样的表述方式能更有效地传达研究计划的实质内容。

◎ 思考与练习 ◎

论述

1. 论述学位论文"前写作"阶段的重要性，并解释文献综述与开题报告如何为后续研究工作打下坚实的基础。

2. 论述在撰写文献综述时，如何通过系统的检索、深入的分析和批判性的思考来确立研究的理论基础和学术价值。

拓展练习

自行下载一篇教育硕士专业学位论文，阅读并分析其文献综述中存在的主要问题，并提出改进建议。

实践操作

请结合你自己的论文选题，完成以下操作任务。

文献检索：列出你将使用的数据库和搜索引擎，并说明选择它们的理由。

文献综述：根据你的研究主题，撰写一篇文献综述的草稿，包括至少五个关键领域的最新研究成果。

开题报告草拟：创建一个开题报告的大纲，包括研究背景、目的、主要内容、预期成果和研究方法。

研究方法选择：解释为什么选择了特定的研究方法，并讨论它们如何适用于你的研究问题。

技术路线图绘制：绘制一个技术路线图，展示从研究启动到完成的所有关键步骤和它们之间的逻辑关系。

预期困难与解决方案：预测在研究过程中可能遇到的三个主要困难，并为每个困难提出一个解决方案。

第四章 学位论文"前写作"——写作材料的准备

◎ 章前导语

学位论文是研究生学术生涯中的重要里程碑，它是研究生综合运用所学知识进行独立思考和研究的成果体现。在学术领域，学位论文不仅是衡量学生学术水平的重要标准，更是学生进行学术研究的重要载体。因此，学位论文写作前要做好充分的准备工作，搜集相关材料。在进行学位论文写作之前，必须进行充分的准备工作，只有准备工作充分，才能保证学位论文写作的顺利进行以及学位论文的价值。准备好学位论文写作材料是一项非常重要的任务，它为论文的顺利完成打下了基础。学位论文写作材料的准备包括搜集、整理和筛选相关的文献和资料以及进行相关的调查研究。通过对相关文献和资料的深入研究，更好地理解研究领域的现状，找出研究领域存在的问题，从而为学位论文研究提供更有力的依据。

材料是学位论文写作的基础，它包括文献资料、实证数据和案例分析等。充分的材料准备有助于研究者更好地理解和把握研究问题，提高论文的论证力度和创新性。在材料准备过程中，研究者需要对相关领域的文献进行深入研究，以了解问题的研究现状和趋势；同时，研究者还需要通过实证研究和案例分析，获取研究问题的具体数据和信息。这些准备工作不仅能够提高论文的质量，还能够提升学生的研究能力。

◎ 学习目标

1. 文献检索能力：熟悉文献检索的平台，掌握基本的文献检索方法以及筛选文献的能力。

2. 调查研究能力：能区分调查研究的类型，厘清调查研究过程中的注意事项，能设计出科学合理的调查研究方案。

◎ 知识结构图

```
                              ┌─ 确保研究的可靠性和准确性
                  ┌ 写作材料搜集的意义 ─┼─ 加深研究者对研究领域的理解
                  │                    ├─ 充实研究者的知识储备
                  │                    └─ 强化论文的说服力
                  │
                  │                    ┌─ 为什么要进行文献检索
学位论文"前写作"   │                    ├─ 文献检索的基本步骤和原则
——写作材料的准备 ─┼ 写作材料搜集之文献检索 ─┤
                  │                    ├─ 文献检索的工具与资源
                  │                    └─ 评估与选择合适的文献
                  │
                  │                    ┌─ 调查研究的类型与方法
                  └ 写作材料搜集之调查研究 ─┤
                                       └─ 调查研究的过程与实施
```

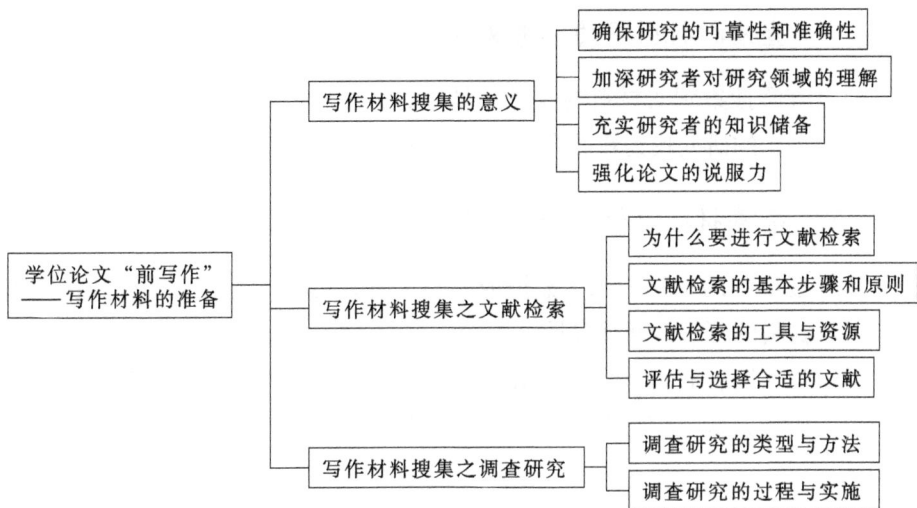

第一节　写作材料搜集的意义

　　学位论文写作材料搜集对论文撰写具有重要意义。一方面，通过广泛搜集材料，研究者可以确保研究的可靠性和论文的说服力；另一方面，可以充实研究者的知识储备，提升研究者搜集整理信息的能力。可以将论文写作材料搜集的意义分为以下几个方面。

一、确保研究的可靠性和准确性

　　确保研究的可靠性和准确性首先就要确保写作材料的可靠性和准确性。通过广泛搜集相关的文献和资料，研究者可以确保学位论文研究的可靠性和准确性。但随着互联网时代的发展，研究者可以很容易地通过多种渠道获得大量的信息，这些信息的质量参差不齐，真实性和准确性难以得到有效的保障。因此，研究者需要通过以下几个方面确保写作材料的可靠性和准确性。

（一）审查材料的来源

　　通过查看材料的来源，例如学术期刊、学术会议论文、权威出版物，专著、学位论文等，来评估写作材料的可靠性和准确性。

（二）查看材料引用的参考文献

通过查阅搜集到的材料的参考文献来验证材料的可靠性和准确性，同时也可以为自己的研究找到新的参考方向。

（三）查看材料的数据和实验证据

如果搜集到的材料中包含数据或实验证据，可以通过验证实验数据的来源来考察材料的可靠性和准确性。

学位论文写作材料的可靠性和准确性对研究者的论文撰写和学术成就至关重要。因此，为了保证学位论文写作材料的可靠性和准确性，可以采取以下措施。

1. 提升研究者的信息素养。研究者应该接受信息素养的培训，学会使用相关软件并能够筛选有效信息，学会辨别可靠的材料来源。

2. 引入相关科技工具。可以使用科技手段，例如查重软件，来检测学术不端行为以及验证材料的可靠性。

3. 培养研究者的批判性思维。研究者要学会不盲目地接收信息，要运用已有知识储备和现有工具，审慎评估并分析搜集到的材料的可靠性和准确性。

学位论文写作材料的可靠性和准确性是研究者学位论文撰写的关键因素。学术界和研究者需要共同努力来确保学位论文写作材料的可靠性和准确性，通过提高信息素养、遵循学术规范、利用技术工具和培养批判思维来不断提升自身搜集处理材料的能力。只有这样，才能更好地推动学位论文的撰写进程。

二、加深研究者对研究领域的理解

在搜集学位论文相关材料的过程中，研究者可以深入了解研究领域的相关知识，有助于研究者对现有研究成果进行分析和评价，并为自己的研究提供参考和背景知识。研究者通过搜集相关的写作材料，能够对相关研究领域进行系统性的整理和分析。同时，通过阅读和研究相关文献，能够不断深入了解研究领域的研究趋势、理论发展和问题争议，全面认识研究领域的全貌。

搜集相关写作材料的过程有助于研究者形成碰撞思维，即在众多不同观点和学科的交叉思考中形成新思想和新观点。研究者可以通过对比不同文献的观点和研究结果，找到自己的研究立场，从而全面提升论文的原创性和学术价值。搜集可靠的写作材料还可以为研究者的研究提供充分的论证支持。通过引用和分析相关文献，研究者可以为自己的论文提供论证和观点，提升论文的可信度和说服力，进一步加深对研究领域的理解。

学位论文写作材料的搜集对研究者加深对研究领域的理解至关重要。研究者通过搜集、整理、对比和分析具有可靠来源的资料，逐渐对研究领域的全貌形成全面认识，从中汲取碰撞思维和学位论文写作的论证支持。为了最大限度地利用搜集到的写作材料的潜力，研究者应熟练掌握材料搜集的技巧和方法，并积极地与相关专家学者进行交流和合作，以提升学位论文的质量。

三、充实研究者的知识储备

论文写作材料搜集的过程也是研究者自身知识储备充实的过程。研究者通过阅读大量的文献和资料，能拓宽自己的学术视野，了解不同观点和方法，并融入自己的研究中，提升研究水平。学位论文写作材料的搜集对研究者知识储备的影响主要体现在以下几个方面。

（一）丰富研究者的研究内容

写作材料的搜集过程是对材料的收集、整理、分析的过程，在整个过程中，研究者可以接触到各种各样的研究观点、研究理论和相关研究案例，这些都可以为研究者的研究内容提供更多的参考和借鉴。不仅有助于丰富研究者的研究内容，还有助于拓宽研究者的研究视野和知识面。

（二）更新研究者的知识体系

研究者搜集到的学位论文相关写作材料是符合自身研究内容的，因此研究者往往会基于最新的研究成果和研究动态去搜集资料，这些资料可以及时更新研究者的知识体系，使研究者能够跟上时代的发展和研究的进步。通过阅读这些资料，研究者还可以了解到最新的研究趋势和研究方法，从而为自己的研究寻找新的思路和方法。

（三）提高研究者的研究质量

写作材料的搜集可以帮助研究者更好地理解研究问题，更好地把握研究的方向和重点。同时，通过阅读和分析这些材料，研究者可以获得更多的实证数据和案例支持，从而为研究提供更强的说服力和可信度，有助于提高研究的质量和水平。

（四）增强研究者的研究兴趣

研究者在搜集写作材料的过程中，会接触到除自己研究之外的各种不同的研究观点和研究方法，这些都可以激发研究者的兴趣和好奇心，为研究者打开研究的新思路。同时，在不断探索和研究的过程中，研究者还会获得更多的成就感和自信心，从而进一步增强对研究的兴趣和热情。

总之，学位论文写作材料的搜集对研究者知识储备的影响是积极的，写作材料搜集可以丰富研究者的研究内容、更新研究者的知识体系、提高研究者的研究质量、增强研究者的研究兴趣等。因此，研究者应该注重材料的搜集和整理，不断提高自己的研究能力和水平。

四、强化论文的说服力

论文的说服力来自研究者充分的准备和权威材料的支持。通过广泛搜集材料，研究者在撰写论文的过程中可以引用权威研究和专家观点，增强论文的可信度和说服力，有助于论文更好地达到论证目的，并向读者证明研究者的观点是有科学依据的。通过引用可靠的来源，读者可以更好地理解研究者的观点，同时还能看到研究者对研究主题的深入研究。

（一）研究者写作材料搜集渠道权威且专业

研究者多从学术数据库和期刊中查找与自己研究主题相关的材料，而这些数据库通常能提供给同行评审过的论文，可以成为可靠的材料来源。此外还有学术图书馆，诸如大学的图书馆或者公共图书馆能提供与研究主题相关的丰富的书籍。政府和一些官方网站通常也会发布各种研究报告和政策性文件，研究者从中获得的材料信息具备权威性和可靠性。部分研究者还会参与与研究主题相关的学术会议和学术研讨会，及时了解最新的研究成果和研究理论，这些学术会议和学术研讨会往往聚集的都是权威的专家和学者，他们在各自的领域都具有丰富的经验和见解，研究者参加学术会议和研讨会能增强学术论文的可靠性。

采访专家也是研究者搜集材料的方式之一，研究者不仅可以对相关领域的专家或者学者进行采访，还可以借助科技手段，以电子邮件或视频会议的形式对他们进行采访，以获取权威的观点和见解并以正确的引用方式记录他们的观点。研究者在搜集材料后，为了增强论文的说服力，往往会在论文中以正确的方式引用这些材料，以确保论文的可靠性。

总之，搜集和使用可靠的材料可以增强论文的说服力和可靠性。通过学术数据库、学术搜索引擎、图书馆、政府和官方网站、学术会议和研讨会以及采访专家等方式搜集材料，同时注意使用适当的引文样式记录这些材料，可以更好地支持和验证作者的观点和研究结论。

（二）研究者写作材料搜集准备充分

在开始搜集材料之前，研究者一般会明确自己研究的主题和立场，有针对性地进行材料搜集。在确定好研究主题和立场后研究者会从多个来源搜集材料，包括书籍、学术期刊、报纸、网络资源等。确保搜集的材料与学位论文主题和立场相关。研究者还会综合评估材料的可信度，对搜集到的材料进行批判性分析，评估材料的可信度，优先选择权威、可靠、客观的材料。最后研究者要将搜集到的材料进行分类整理，提取材料内的关键信息，以支撑研究者的观点，并按规定的格式将相关材料引用为注释，增强学位论文的学术性。通过以上步骤，研究者可以充分利用写作材料来强化学位论文的说服力。这将使学位论文更具学术性和权威性，从而更容易获得读者和评审者的认可。

总之，学位论文写作材料搜集在确保研究的可靠性和准确性、加深研究者对研究领域的理解、充实研究者的知识储备、强化论文说服力和增加学术影响力等方面具有重要意义。研究者在搜集材料过程中，应当选择可靠的来源，并准确记录引用信息，避免引用有偏见或偏颇的资料。只有这样，才能保证论文的质量和学术诚信。

第二节　写作材料搜集之文献检索

文献检索，是搜集写作材料的重要手段，对学术写作的质量和创新性有着深远影响。简单来说，文献检索就是根据研究主题，有目的、有计划地在各种文献资料中查找相关信息的过程。这一过程的重要性不言而喻，它不仅能够帮助研究者全面、深入了解研究领域的现状和动态，还能够为研究者提供丰富的理论资源和实践案例。进行文献检索，首先，需要明确研究主题，这是检索的基础。研究主题的明确，有助于研究者有的放矢，避免无效劳动。其次，选择适当的检索工具是关键。不同的检索工具，其数据库范围、收录内容、检索功能等都有所不同，因此，选择合适的检索工具，可以提高检索效率。最后，制定检索策略并执行，是实现检索目标的具体步骤。在这一过程中，研究者需要综合运用各种检索技巧，如关键词组合、布局逻辑等，以提高检索效果。然而，文献检索并非一蹴而就。研究者需要具备一定的检索知识和技巧，才能有效进行文献检索。其中包括对检索工具的熟悉，对检索策略的理解和运用以及对检索结果的判断和分析。只有这样，才能在文献检索中高效获取学术资源，为学术写作提供坚实的支持。

一、为什么要进行文献检索

（一）文献检索的概念和重要性

文献检索是指根据用户的需要，采用一定的检索策略，从大量的文献信息资源中查找出与用户需求相关的信息的过程。文献检索的主要对象包括图书、期刊、学位论文、会议论文、专利、标准、报纸、数据库等。文献检索的主要步骤包括确定检索主题、选择检索工具、构建检索式、执行检索、评价检索结果等。其中，确定检索主题是整个检索过程的基础，选择检索工具是关键，构建检索式是核心，执行检索是手段，评价检索结果是保障。

学术研究是一个不断探索和发现的过程，而文献检索则是这一过程中的重要工具。在学术研究中，文献检索的价值主要体现在以下几个方面。

首先，文献检索可以帮助研究者获取到最前沿的研究成果和资料。通过关键词搜索，研究者可以迅速找到相关领域的学术论文、报告、书籍等资源，了解当前的研究动态和趋势，为研究提供重要的理论依据。

其次，文献检索还可以帮助研究者发现新的研究领域和方向。通过广泛阅读相关文献，研究者可以发现新的研究问题和研究方向，避免重复研究，提高研究创新性。

再次，文献检索不仅可以帮助研究者获取最新的研究成果，还可以帮助研究者避免重复研究。通过搜索相关文献，研究者可以了解前人已经做过哪些研究，哪些问题已经得到了解决，哪些问题还存在争议或者尚未解决，从而避免重复劳动，提高研究效率。同时，通过阅读和研究他人的研究成果，研究者可以从中获取灵感和创新点，开拓新的研究领域和方向，提高研究创新性。

最后，文献检索在学术评估和论文质量保障中也有重要的作用。在学术评估中，文献检索可以帮助评估者了解研究者的研究领域、研究成果、引用情况等信息，从而对研究者的学术水平和影响力作出客观的评价。在论文质量保障中，文献检索可以帮助作者查找和引用前人已经发表的研究成果，确保论文内容的准确性和新颖性。

综上，文献检索在学术研究中具有非常重要的价值。通过文献检索，研究者可以获取最新的研究成果和资料，发现新的研究领域和方向，避免重复研究，提高研究创新性。同时，文献检索在学术评估和论文质量保障中也有重要的作用。因此，我们应该重视文献检索能力的培养和提高，以便更好地服务于学术研究和论文写作。

（二）文献检索对于提高研究质量和创新性的影响

1.有助于研究者研究选题和激发灵感

文献检索是研究过程中至关重要的一环，尤其是在提升研究的创新性和质量方面。对于研究选题而言，文献检索提供了广泛的背景信息和研究现状，使研究者能够从中捕捉到有价值的研究问题和研究方向。通过分析相关文献，研究者可以了解到前人在该领域已经取得了哪些成果，哪些问题尚未得到解决，从而为自己的研究选题提供有力的支撑。进一步来说，文献检索不仅在研究选题中发挥重要作用，还能帮助研究者发现研究盲点和创新点。在查阅大量文献的过程中，研究者可以发现前人的研究存在哪些不足和局限，从而为自己的研究提供切入点。同时，通过对相关文献的深入分析，研究者还能从中汲取灵感，提出具有创新性的研究方法和研究框架。然而，文献检索在灵感激发和思路拓宽中也存在一定的潜力和挑战。一方面，通过检索到的丰富文献资源，研究者可以拓宽自己的视野，激发研究灵感，从而提高研究的创新性。另一方面，面对海量的文献信息，研究者也需要具备较强的信息筛选和分析能力，才能从中挖掘出有价值的内容。此外，研究者还需不断更新自己的知识体系，以便能够更好地应对文献检索过程中的挑战。

2. 有助于研究者进行研究设计

在学术探索的道路上，文献检索犹如一把开启知识宝库的钥匙，它不仅是研究工作的起点，更是提升研究创新性和质量的重要基石。当我们深入探讨文献检索如何在研究设计和方法论中发挥作用时，不难发现其在整个研究过程中的关键性作用。文献检索为研究者提供了一个广泛的视野，使他们能够在汲取前人智慧的基础上，设计出更加科学合理的研究方案。通过对相关领域的文献进行深入分析，研究者可以了解到研究现状和趋势，找到研究的空白点和切入点，从而提出具有创新性的研究问题。此外，文献检索还有助于研究者掌握各种研究方法和技术，为选择合适的研究方法提供依据。

3. 优化研究方法和提高研究质量

在研究过程中，通过不断地查阅相关文献，研究者可以对比和评估不同的研究方法，选取最适合自己研究目标的方法。此外，文献检索还有助于研究者了解相关研究方法的应用范围、优缺点及可能存在的局限性，从而在实际操作中避免或减轻这些局限性对研究结果的影响。然而，文献检索在研究方法和数据分析中的应用也面临一定的挑战。如何从海量的文献中筛选出真正有价值的信息，如何在不同来源和类型的文献中提炼出核心观点，如何在多种研究方法和技术中作出合理的选择，这些都是研究者需要面对的问题。此外，文献检索的质量和效果在很大程度上取决于研究者的专业素养和检索技能，因此，提升研究者的文献检索能力也是提高研究质量的关键。

4. 有助于研究者对知识进行整合

在当今信息爆炸的时代，文献检索已经成为研究者不可或缺的工具。通过文献检索，我们可以快速获取大量的知识信息，并将其整合成系统化的知识体系。文献检索不仅可以帮助我们了解前人的研究成果，还可以帮助我们发现新的研究方向和思路。通过文献检索，我们可以更好地理解研究领域的背景和现状，从而为我们的研究提供更加全面和深入的认识。

5. 有助于理论构建和创新

首先，通过文献检索，我们可以了解到前人研究的不足和缺陷，从而为我们提供新的研究思路和方向。其次，文献检索可以帮助我们获取最新的研究成果和趋势，使我们能够站在更高的角度来审视自己的研究问题，从而提出更加新颖和独特的观点。再次，文献检索可以帮助我们发现新的研究方法和技术，从而为我们的研究提供更多的可能。最后，通过文献检索，我们可以了解到不同的观点和看法，从而拓宽我们的视野和思路。然而，文献检索也面临着一些挑战。首先，文献检索需要一定的时间和精力，需要我们不断地去探索和筛选有用的信息。其次，文献检索需要一定的专业知识和技能，需要我们具备一定的信息素养和阅读能力。最后，文献检索还可能涉及版权和知识产权的问题，需要我们遵守相关的法律法规。

（三）文献检索能应用于学术写作和成果发表

文献检索在学术写作中占有举足轻重的地位，它是研究者获取学术信息，理解和分析相关研究，并将其应用于创新性研究的关键工具。首先，文献检索能够帮助研究者了解相关领域的最新研究动态，通过阅读和分析其他学者的研究，有助于提出新的研究问题和假设。其次，文献检索能够提供对已有研究的全面理解，这有助于避免重复他人的工作，并能够从中学习到新的研究方法和技巧。再次，文献检索不仅能够帮助研究者获取和整合信息，而且能够为研究提供新的视角和思路。通过广泛阅读和分析相关文献，研究者能够发现新的研究领域和问题，提出新的研究假设，并使用新的研究方法来验证这些假设。最后，文献检索还能帮助研究者避免陷入传统的思维模式，从而提出具有创新性的研究成果。

在学术成果发表方面，文献检索也起着至关重要的作用。一方面，它能够帮助研究者找到适合的期刊和发表渠道，从而确保研究成果能够得到广泛传播。另一方面，文献检索还能帮助研究者评估期刊的学术声誉和影响力，从而选择最适合自己研究成果的期刊进行发表。然而，文献检索也面临着一些挑战，例如信息过载、网络搜索的误导性信息以及缺乏准确和全面的文献数据库等问题。因此，对研究者来说，掌握正确的文献检索技巧和方法至关重要。

二、文献检索的基本步骤和原则

（一）文献检索的基本步骤

在学术研究中，文献检索是一项基础且至关重要的工作。它不仅关系研究工作的深度与广度，也直接影响研究结果的质量和创新性。为了确保文献检索的高效性和准确性，我们需要遵循一系列精心设计的步骤。这些步骤既彼此独立，又相互联系，共同构筑了文献检索的完整框架。

第一步，我们必须明确检索的目的和问题。这一步骤的意义在于，它为整个检索过程指明了方向。只有明确了检索的目的，我们才能有的放矢地选择合适的检索工具和数据库，制定出切实可行的检索策略。例如，当研究主题是关于情境任务应用于高中语文单元教学之中，检索的目的就很明确，我们可以围绕这个目的来选择和制定相应的检索策略。第二步，选择合适的检索工具和数据库。这一步需要我们根据检索目的和问题的特点，分析并选择最合适的检索工具和数据库。不同的工具和数据库有着不同的特点和适用范围，选择合适的检索工具和数据库可以大大提高检索的效率。第三步，制定检索策略。检索策略是指导检索操作的方针，合理的检索策略可以提高检索结果的准确性和相关性。制定检索策略需要我们综合考虑检索目的、检索工具的特点等多种因素。第四步，进行检索操作。在这一步，我们需要根据已经制定的检索策略，进行实际的检索操作。这一步是整个文献检索过程中最直观也是最关键的环节。第五步，评估检索结果。评估检索结果的原则和方法有很多，但总的来说，我们需要根据检索目的和问题的具体要求，对检索结果进行细致的分析和评价。以上就是文献检索的基本步骤。每一个步骤都有其独特的意义和作用，只有严格按照这些步骤进行，才能保证文献检索的高效性和准确性。

（二）文献检索的基本原则

在文献检索中，我们常常需要遵循一些基本原则，以确保检索过程的有效性和可靠性。这些原则包括相关性原则、全面性原则、准确性原则和更新性原则。

1. 相关性

相关性原则是文献检索中最为基本的原则之一。在进行文献检索时，我们需要关注与研究主题相关的信息，以便更高效地找到我们需要的内容。相关性原则的重要性在于，它可以帮助我们节省时间和精力，避免在无关的信息中浪费检索资源。那么，如何根据相关性原则进行检索呢？我们可以通过设定关键词和筛选条件来实现。例如，我们正在研究关于"基于学习任务群的高中语文项目化教学研究"这一主题，可以设置关键词为"学习任务群""项目化教学"等，并通过筛选条件来限定检索结果的相关性，这样我们就能更准确地找到与研究主题相关的文献。

2. 全面性

全面性原则是指在进行文献检索时，我们需要尽可能地获取所有相关的研究成果，以确保检索结果的全面性。这一原则的重要性在于，它可以帮助我们避免遗漏重要的研究内容，从而使我们的研究更具有说服力。那么，如何根据全面性原则进行检索呢？我们可以通过利用多种检索工具和数据库来实现。例如，我们可以在知网、百度学术等平台上进行检索，同时还可以查阅相关领域的期刊、会议论文等。通过这样的方式，我们可以尽可能地获取全面的检索结果。

3. 准确性

准确性原则是指在进行文献检索时，我们需要确保检索结果的准确性，以便更好地支持我们的研究。这一原则的重要性在于，它可以帮助我们避免引用错误或不准确的信息，从而提高我们研究的质量。那么，如何根据准确性原则进行检索呢？我们可以通过检查文献的来源和发表时间来实现。例如，我们可以在检索过程中关注文献的发表期刊、作者背景等信息，以确保检索到的文献具有一定的可靠性。同时，我们还应该关注文献的更新时间，以确保检索结果的时效性。

4. 更新性

更新性原则是指在进行文献检索时，我们需要关注最新的研究成果，以确保检索过程的时效性。这一原则的重要性在于，它可以帮助我们及时了解研究领域的发展动态，从而使我们的研究更具前瞻性。那么，如何根据更新性原则进行检索呢？我们可以通过关注相关领域的最新期刊、会议论文和研究报告来实现。例如，我们可以在学术平台上订阅相关领域的最新动态，以便及时获取最新的研究成果。此外，我们还可以查阅相关领域的研究综述，以了解研究领域的最新进展。

在遵循这些原则的基础上，研究者可以更好地进行文献检索，从而为研究者的研究工作提供有力支持。

三、文献检索的工具与资源

文献检索是学术研究中不可或缺的一部分。熟练掌握并运用各种文献检索工具和资源，不仅可以提高科研效率，还可以为学术研究提供更加全面和准确的信息支持。因此，对每一位研究者来说，学习和掌握文献检索的工具与资源是至关重要的。

（一）传统文献检索的工具与资源

传统图书馆目录和索引是早期文献检索的主要工具，它们通过分类和主题组织图书馆资源，帮助用户快速定位所需资料。然而，这些工具主要依赖人工编目，效率低下且易出错。此外，目录和索引的更新速度较慢，难以反映图书馆藏书的更新情况。纸质期刊和学术出版物在传统学术研究中也扮演着重要角色。这些纸质资源具有权威性和可信度，是获取最新研究成果和学科发展动态的重要渠道。然而，随着数字资源的增长，传统纸质期刊的获取和保存变得困难，且容易受到火灾、水灾等自然灾害的影响。学者间的引用和传承是学术研究的基础。通过研究引用关系，我们可以了解学科发展的脉络，跟踪研究热点的演变。然而，随着引用的泛滥，手动搜索和整理引用关系变得复杂且耗时。数字化的发展为我们提供了解决方案，如通过引文数据库进行自动化检索。

（二）现代电子文献检索工具与资源

在现代信息化时代，电子文献检索工具与资源成为学术研究和知识探索的重要支撑。电子数据库和在线期刊作为现代文献检索的主要工具，具有许多优势。首先，它们提供了广泛的信息资源，覆盖了各个学科领域，使研究人员能够更全面地了解相关研究。其次，电子数据库和在线期刊具有强大的检索功能，可以通过关键词、作者、摘要等信息进行精确搜索，提高了检索效率。最后，它们还具有便捷的浏览和下载功能，使研究者可以随时随地获取所需文献，并方便地进行文献管理和引用。

互联网搜索引擎在学术文献检索中的应用也十分广泛。搜索引擎的优点在于其强大的搜索范围和快速检索速度。通过关键词搜索，研究者可以迅速找到相关文献，并获取其标题、摘要等信息。然而，搜索引擎在学术文献检索中也存在一些限制。首先，搜索结果中可能包含大量非学术性或低质量的文献，需要研究人员进行仔细筛选。其次，搜索引擎的检索结果排序算法可能受到商业化和点击率等因素的影响，导致相关性不高的文献排在前面。因此，在使用搜索引擎进行学术文献检索时，需要谨慎评估和筛选文献。

现代电子文献检索工具与资源为学术研究和知识探索提供了强大的支持。通过合理利用电子数据库和在线期刊、互联网搜索引擎以及专业文献检索软件和在线平台，研究者可以更高效地获取和利用文献资源，推动学术研究的发展。

（三）学术社交网络与文献检索

在当今数字化时代，学术社交网络与文献检索的结合日益紧密，为研究者提供了一个全新的知识分享与检索平台。这些网络不仅有助于学者之间的交流与合作，更使文献检索和学术讨论的方式发生了翻天覆地的变化。

学术社交网络在文献检索和知识分享中的作用不可忽视。在这种网络平台上，学者可以轻松地发布自己的研究成果，也可以方便地接触到全球范围内的学术资料。这种高效的分享机制，使学术知识得以迅速传播，进一步推动了学术界的进步。学术博客和论坛作为学术社交网络的重要组成部分，也在学术讨论和文献检索中扮演着重要角色。博客让学者有了一个展示自己研究成果和观点的平台，而论坛则是提供了一个交流思想、探讨问题的平台。通过这些平台，学者可以深入挖掘和利用学术资源，以此来提升自己的研究水平。对研究者来说，如何通过学术社交网络进行高效文献检索是一门必备的技能。他们可以利用这些网络平台的搜索功能，快速找到自己需要的学术资料。同时，通过关注一些专业的学术社群，他们还可以第一时间获取最新的学术动态和研究成果，为自己的研究提供有益的启示。学术社交网络不仅为学者提供了一个广阔的交流平台，更使文献检索和知识分享变得更加便捷和高效。在这个网络时代，研究者应当充分利用这些资源，推动学术的繁荣发展。

（四）开放获取资源与文献检索

在现代学术研究中，开放获取资源与文献检索是密不可分的。开放获取资源是指那些可以免费获取、阅读、下载和使用的学术资源，包括开放获取期刊、预印本、会议论文、数据共享平台等。这些资源对研究人员来说具有很高的价值。首先，开放获取资源可以为研究人员提供多样化的文献选择，从而提高文献检索的全面性和准确性。其次，开放获取资源有助于打破传统出版模式的局限，使学术成果得以迅速传播，加快科研进程。再次，开放获取资源还可以降低研究人员获取学术资源的成本，提高科研效率。开放获取期刊和数据共享平台在文献检索中具有很高的价值。开放获取期刊是指那些允许任何人免费阅读、下载和引用其文章的期刊。这些期刊通常由学术机构、基金会或非营利组织支持，致力于提供高质量的学术论文。通过利用开放获取期刊，研究者可以更方便地获取最新的学术成果，了解研究领域的前沿动态。数据共享平台则提供了一个集中存储和分享学术数据的平台。这些平台允许研究者免费上传、分享和检索数据，从而促进数据的重复利用和学术交流。

研究者可以通过以下几种方式来充分利用开放获取资源。首先，利用搜索引擎和学术搜索引擎，如谷歌学术、百度学术等，进行文献检索。这些搜索引擎可以检索到大量开放获取资源，并提供相关的引用和下载信息。其次，研究人员可以关注相关学术领域和机构的官方网站，及时了解最新的研究成果和动态。开放获取资源为研究者提供了前所未有的便利和机会。通过掌握有效的文献检索方法和技巧，研究者可以更加高效地利用这些资源，推动学术研究的发展。

四、评估与选择合适的文献

在撰写学位论文的过程中，选择合适的文献是至关重要的。一篇优秀的文献不仅能为研究者提供必要的理论依据，还能帮助研究者更好地了解研究领域的现状。因此，为了能够挑选出合适的文献，研究者需要掌握一定的评估和选择技巧。

研究者要能确定研究主题和研究问题。在挑选文献之前，研究者需要明确自己的研究主题和研究问题，这将有助于我们在庞大的文献库中精准定位自己需要的文献方向。识别关键概念和理论对文献选择也是非常重要的。在阅读文献时，要尤其关注关键概念和理论，这有助于研究者更好地理解文献的内容，判断文献与研究内容的相关性。在评估与选择合适文献时还要评估文献的质量和可靠性。包括考察文献的出版年份、作者背景、研究方法和数据来源等方面。检索到需要的文献尽量对不同文献的观点和结论进行比较，以了解不同研究者对该问题的看法和结论，有助于全面了解研究领域的现状。最后要结合自身的研究目标和资源进行筛选，在有限的时间和经费条件下，选择最具价值和针对性的文献。

在评估与选择合适文献的过程中，首先，我们需要掌握文献搜索与搜集的基础步骤。文献的搜索与搜集是研究过程中至关重要的一环，它直接影响研究的深度和广度。其次，我们需要了解文献搜索的常用数据库和平台。在众多的数据库和平台中，每一个都有其独特的优点和特点，我们需要根据研究的具体需要来选择合适的数据库和平台。例如，CNKI（知网）、万方、维普等是我国常用的学术数据库，而 Google Scholar，PubMed，Web of Science 等则是国际上广泛使用的学术搜索引擎。然后，我们需要利用关键词、分类号、作者等信息进行文献搜集。关键词是文献搜索的核心，它可以帮助我们快速定位到所需的文献。分类号则是将文献进行分类，有助于我们系统地查找相关文献。而作者的信息，则可以帮助我们了解该领域的权威专家和最新的研究动态。在文献搜集过程中，我们还需要进行信息的筛选和初步评估。面对海量的文献信息，我们需要根据研究的需求，对文献进行筛选，去掉与研究不相关的文献。而在初步评估阶段，我们需要对文献的质量、作者的学术地位、文献的发表平台等进行评估，以确保所选文献的可靠性和权威性。

总之，评估与选择合适的文献是一个系统的过程，需要我们认真对待每一个环节，以确保研究的准确性和深度。

第三节 写作材料搜集之调查研究

在文学创作的浩瀚海洋中，搜集写作材料是一项至关重要的工作，而调查研究作为其中的关键一环，对提高写作质量发挥着不可忽视的作用。调查研究不只是一种获取信息的方式，更是一种深入理解世界、洞察人性的途径。通过科学的调查研究，我们可以精准把握社会脉搏，听见不同层级人们的心声，从而为写作注入生动活泼的元素，使作品既有深度又有广度。

一、调查研究的类型与方法

（一）调查研究的类型

在写作材料的搜集过程中，调查研究是一种不可或缺的方法。调查研究包括定量调查和定性调查两种类型，它们各自具有不同的特点和适用场景。

定量调查通过量化的方式来搜集和分析数据，从而得出客观、可重复的结论。这种调查方法适用于研究问题较为明确、需要大规模数据支持的情况。例如，问卷调查就是一种常见的定量调查方法。通过设计一份包含多个问题的问卷，研究者可以搜集到大量受访者的观点和信息，从而对某一问题进行深入分析。

与定量调查不同，定性调查更注重对数据的质性分析。这种调查方法适用于研究问题较为复杂、需要深入了解受访者观点的情况。深度访谈是一种常见的定性调查方法。通过与受访者进行面对面的交谈，研究者可以获取到更为丰富、详细的信息，从而对问题有更深入的理解。

在实际操作中，研究者可以根据需要将不同的调查研究方法进行组合。例如，在进行一项社会学研究时，研究者可以先通过问卷调查了解大众的观点，然后通过深度访谈进一步挖掘受访者的内心想法，最后通过观察法验证问卷和访谈结果的可行性。

总之，调查研究是写作材料搜集的重要手段。了解不同调查研究的特点和适用场景，掌握问卷调查、深度访谈、观察法等调查方法，将有助于我们更有效地搜集写作材料。

（二）调查研究的方法

在学位论文撰写过程中，调查研究作为一种重要的研究方法，被广泛应用于各种问题的探究。调查研究可以根据研究目的、方法和应用场景的不同，分为描述性调查研究、关联性调查研究和实验性调查研究。

描述性调查研究旨在了解和描述某一现象的现状、特点和规律。在描述性调查研究过程中，研究者需要选取合适的研究对象，采用定量和定性相结合的方法，对研究对象进行系统的数据搜集和分析。描述性调查研究适用于各种社会问题的基本情况调查，如人口普查、健康状况调查等。

关联性调查研究着重于探究两个或多个变量之间的关系。在关联性调查研究过程中，研究者需要选择适当的研究对象和研究变量，采用统计分析方法，对变量之间的关联性进行推断。关联性调查研究适用于研究社会现象之间的关系，如教育水平与收入水平的关系、性别与消费行为的关系等。

实验性调查研究旨在探究因果关系。在实验性调查研究过程中，研究者需要设计实验方案，对实验对象进行干预，并控制其他影响因素，从而评估干预效果。实验性调查研究适用于评估某种干预措施的有效性，如教育政策、健康干预等。

在进行调查研究时，研究者需要充分考虑研究目的、研究问题和应用场景，选择合适的调查方法。同时，研究者还需要注意调查数据的可靠性和有效性，确保研究结果的客观性和科学性。通过调查研究，我们可以更好地了解社会现象，为学位论文撰写提供有力的支持。

二、调查研究的过程与实施

调查研究是写作过程中不可或缺的一环，它为我们的作品提供了鲜活的素材和严谨的数据支持。

（一）调查研究的准备阶段

在调查研究的过程中，准备阶段至关重要。这个阶段涉及对研究的全局性策划和设计，为整个调查研究奠定坚实的基础。具体而言，研究者需对研究问题深入分析，提出科学合理的假设，并明确研究的目标，选择恰当的研究方法。

在准备阶段，研究者需要明确调查研究的目标和预期结果。这一阶段的主要任务包括确定研究目标、选择研究方法、设计调查方案等。明确研究目标是整个调查研究的核心，它将直接影响后续的数据搜集和分析。在设计调查方案时，研究者需要充分考虑调查的对象、范围、时间、地点等要素，确保调查的可靠性和有效性。

研究问题的提出源于我们对现实世界的好奇和关注。在确定研究问题后，研究者需要对问题进行深入分析，挖掘其背后的内在联系，以便为后续的研究工作提供明确的方向，确定好研究目标。在此基础上，研究者需要建立科学合理的假设，这有助于研究者在研究过程中对现象进行解释和预测。明确研究目标是调查研究的重要任务。研究目标需要具体、明确，并与研究问题紧密结合。在确定研究目标后，研究者需要选择合适的研究方法。研究方法的选择需考虑到研究问题的性质、研究目标和数据的可获得性。选择恰当的研究方法有助于提高调查研究的有效性和可靠性。

总之，调查研究的准备阶段是整个调查研究过程的基础。在这个阶段，研究者需要做好研究问题的分析、假设的建立、研究目标的明确和研究方法的选择。只有做好这些准备工作，研究者才能顺利开展后续的调查研究工作，并为研究成果的应用奠定基础。

（二）调查研究的实施阶段

调查研究是获取信息、发现问题、验证假设的重要手段，也是科学研究的基础工作。在实施阶段，数据的搜集与整理分析是至关重要的一环。精准的数据搜集能够确保研究结果的客观性和有效性，而高效的数据整理分析则能帮助研究者更好地理解数据背后的意义，从而指导实践。

数据搜集是调查研究的前提，它要求研究者选择合适的搜集方法。例如，问卷调查、深度访谈、观察法等，每种方法都有其优势和局限性。研究者需要根据研究目的和实际情况，综合考虑使用哪种或哪几种方法。数据搜集的质量直接关系到研究的可靠性和有效性，因此，要特别注意避免数据的偏差和误报。

数据的整理和分析是调查研究的继续。在这一阶段，研究者通常使用统计分析软件、数据库管理系统等工具，帮助研究者将原始数据转化为易于理解和操作的格式。例如，使用 SPSS、Excel 等工具进行数据清洗、编码、分类汇总等操作。通过这些技术，研究者可以找出数据之间的关联性、规律性，甚至可以预测未来的趋势。然而，调查研究的过程并非一帆风顺，可能会遇到各种挑战。例如，数据的搜集可能受到被调查者的影响，数据的整理分析可能因为数据量庞大而变得复杂。面对这些挑战，我们需要灵活应对，如增加样本量、优化调查方法、引入先进技术等。

调查研究的过程是一场从问题提出到结论形成的旅程。每一个阶段都有其独特的任务和要求，每一个任务都需要我们认真对待。只有这样，我们才能确保调查研究的结果具有真正的价值，为我们解决问题、改进工作提供有力的支持。

（三）调查研究的分析与解释阶段

调查研究的过程是一项复杂而细致的工作，其中分析与解释阶段也起着至关重要的作用。在这一阶段，统计分析被广泛应用于对调查数据进行深入挖掘，以揭示出数据背后的规律和趋势。通过对数据的定量分析，研究者能够更加准确地把握研究对象的内在联系，从而为后续的决策和规划提供有力支持。

在统计分析的过程中，研究者需关注数据的可信度、有效性和可靠性。通过对数据进行清洗、筛选和处理，排除掉异常值和无效数据，确保分析结果的准确性和科学性。此外，研究者还需运用各种统计方法，如描述性统计、推断性统计等，对数据进行深入剖析，以揭示出研究对象的本质特征和内在规律。当统计分析完成后，研究者便进入了研究结果的解释和讨论阶段。在这一阶段，研究者需要将统计分析得到的结论与现实问题相结合，从理论和实践两个层面进行深入探讨。通过对研究结果的合理解释和讨论，研究者能够更加明确地认识到问题的本质，并提出有针对性的解决方案。最后，研究发现的应用和推广成为调查研究过程的最后一环。在这一阶段，研究者需要将研究成果转化为实际应用，推动问题的解决。同时，通过广泛推广和宣传，让更多的人了解到研究结果，使其在更广泛的领域产生积极影响。

在整个调查研究过程中，分析与解释阶段是连接统计分析和实际应用的关键环节。通过对数据的深入分析，研究者能够发现问题的本质，为解决现实问题提供有力支持。而研究结果的应用和推广，则使调查研究工作真正实现了从理论到实践的转化，为社会发展贡献智慧与力量。

（四）调查研究的撰写与报告阶段

在调查研究的撰写与报告阶段，研究者需对研究过程和结果进行系统整理和表达。分析研究报告的结构和内容是这一阶段的核心任务，它要求研究者深入理解研究背景、目的、方法、结果、讨论和结论。在撰写过程中，研究者需关注以下关键要素和技巧。

1.确定报告的主题和目标，使报告具有明确的方向和焦点。

2.合理安排报告的结构，包括引言、方法、结果、讨论和结论等部分，使报告内容条理清晰。

3. 使用准确、简洁、明了的语言描述研究方法和过程，避免使用过于专业或复杂的术语。

4. 突出研究结果的关键点和创新之处，以便读者能迅速把握报告的核心内容。通过这种方式，你的报告将更具说服力，并能更好地吸引读者的注意力，促进学术交流和知识传播。

5. 在讨论和结论部分，对研究结果进行分析和解释，阐述其意义和价值，并与现有研究进行对比。在这一部分，深入探讨研究结果的含义，解释它们如何与理论或实践相联系。评价这些发现的重要性，并考虑它们对现有知识体系的贡献。同时，将你的研究结果与相关领域的现有研究进行比较，指出它们之间的异同。

6. 结论部分要明确回答研究问题，总结收获，提出对未来研究的建议和展望，展望研究可能带来的长远影响和进一步探索的方向。

总之，调查研究是一种系统的工作方法，它要求我们在整个过程中保持严谨和细致的态度。通过调查研究，研究者可以获取到更加丰富和真实的写作素材，使研究者的学位论文具有更高的准确性和可信度。

学位论文写作材料准备的意义和价值在于，充足、严谨的材料是保证论文质量的基础。通过查阅大量的文献资料，不仅可以对研究课题有更深入的了解，而且可以确保论文的观点具有权威性和说服力。此外，在材料准备过程中，研究者可以对现有研究进行充分梳理，发现研究盲点，从而为论文的创新奠定基础。同时，严谨的材料准备也有助于提高研究者的学术素养，使其在学术道路上更加稳健地前行。

研究者在搜集写作材料的过程中要注意以下几点。首先，学位论文写作材料应注重多样性，包括文献资料、实证数据、案例分析等，以全面展示研究问题的多面性。其次，在材料选取过程中，应注意剔除偏见和误导，以确保论文观点的客观性和真实性。再次，研究者应关注国内外学术动态，紧跟学术前沿，使学位论文更具时效性。最后，学位论文写作材料准备还应注重实用性，即材料要能够为研究问题的解决提供有力支持。

综上，学位论文写作材料准备对论文质量的提升具有重要意义。充分、严谨的材料准备，可以使论文更具权威性和说服力，为学位论文的创新和研究者的学术成长奠定基础。因此，在今后的工作中，研究者应更加重视学位论文写作材料的准备，不断提高论文的质量。

◀ 思考与练习 ▶

论述

1. 论述学位论文写作材料准备的意义，并阐释写作材料准备为学位论文研究者提供了怎样的支持和帮助。

2. 在进行调查研究时，如何保证调查研究设计科学合理且与论文内容深度结合？

拓展练习

自行下载几篇学位论文，分析其注释和参考文献，并对文中的调查问卷内容以及数据进行分析，找出问题并提出改进建议。

实践操作

根据自己的论文选题，完成以下操作任务。

写作材料搜集：列出你搜集写作材料的渠道，并说明选择它们的理由。

文献检索：对检索到的文献进行评估，选择最适合自己论文选题的文献。

调查研究：设计调查研究问卷，选择最适合自己论文选题的调查研究类型，详细写出调查研究的每一个步骤以及为什么这样安排。

第五章　学位论文"写作中"——谋篇布局

◎ 章前导语

　　学位论文"写作中"的谋篇布局这一环节，更像是一个搭建房子的过程，在建筑中有了图纸和砖石不等于就有了高楼大厦，那么有了观点和材料，也不等于形成论文。而是要用一定的方式把观点和材料合理地安排和组织起来，考虑材料的主次、详略和先后顺序，筹划论文的开头和结尾，安排前后的衔接和照应，使之成为一篇逻辑严密、观点鲜明、重点突出、和谐统一的学位论文。

　　在本章，我们将定位于学位论文撰写过程中的"写作中"阶段，也就是谋篇布局阶段。学位论文"写作中"的谋篇布局，是指学生在准备撰写学位论文时，对论文整体结构以及论文各要素之间的安排和规划，是论文要素与要素、要素与整体之间的内在逻辑关系与外在形式的统一。学位论文的整体结构是作者逻辑思维和学术水平的重要体现，一篇有说服力的学位论文不仅需要有坚实的理论基础，还需要通过合理的结构来展示这些论据如何支撑论点，因此一篇合格的学位论文应结构合理，以使论文的论点、论据和结论能够有条不紊地展开。

◎ 学习目标

　　1.通过本章的学习，了解学位论文的整体框架以及学位论文的结构划分，以此来掌握学位论文的基本结构。

　　2.通过本章的学习，了解谋篇布局的含义，掌握论文的体式布局和章节结构，把握论文的内在联系和组织。

　　3.通过本章的学习，明确谋篇布局的客观性原则、逻辑性原则、突出性原则及完整性原则。

◎ 知识结构图

```
                              ┌─── 学位论文的整体架构
              ┌─ 学位论文的基本结构 ┤
              │               └─── 学位论文的结构划分
              │
              │               ┌─── 论文的体式布局和章节结构——"章法"
              ├─ 谋篇布局的含义 ┤
              │               └─── 论文的内在联系和组织——"文气"
              │
              │               ┌─── 客观性原则
学位论文"写作中"  │               ├─── 逻辑性原则
——谋篇布局 ─┼─ 谋篇布局的原则 ┤
              │               ├─── 突出性原则
              │               └─── 完整性原则
              │
              │               ┌─── 厘清思路，审慎构思
              │               ├─── 构建提纲，合理布局
              └─ 谋篇布局的方法 ┼─── 层次有序，段落精当
                              ├─── 衔接顺畅，过渡细致
                              └─── 慎重起笔，精练收尾
```

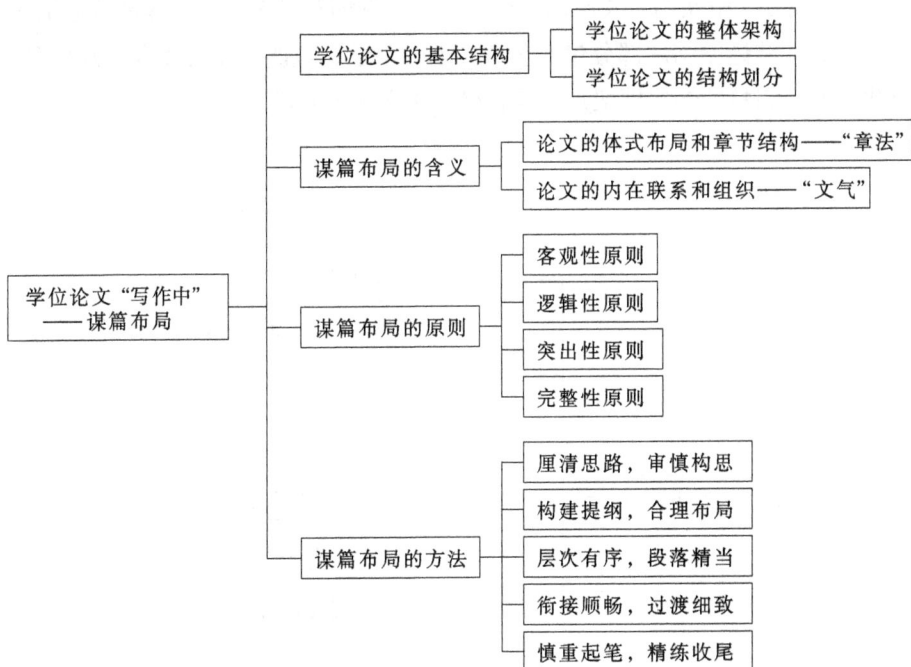

第一节 学位论文的基本结构

学位论文的每个部分都承载着不同的功能和目的，共同构成了一篇完整的学术论文。合理的结构划分有助于读者更好地理解研究内容，也是学术规范的基本要求。在撰写过程中，作者需要根据具体学科的要求和指导教师的建议来调整论文的结构。

一、学位论文的整体架构

一篇合乎规范的学位论文，应有完整的结构框架、合理的层次结构划分及清晰的逻辑顺序。

完整的结构框架是指这篇合格的学位论文的各个组成部分是完整的。通常学位论文结构框架分为三个部分，分别是前置部分、主体部分及结尾部分，

这三部分缺一不可，详见图 5-1。前置部分主要包括封面、封面二（学位论文原创声明等）、中文摘要关键词、英文摘要关键词及目录页。主体部分包括绪论、正文、结论。结尾部分包括参考文献、附录、致谢、作者简介、封底等。由此可见，完整的结构框架是一篇合格论文必备的基础。

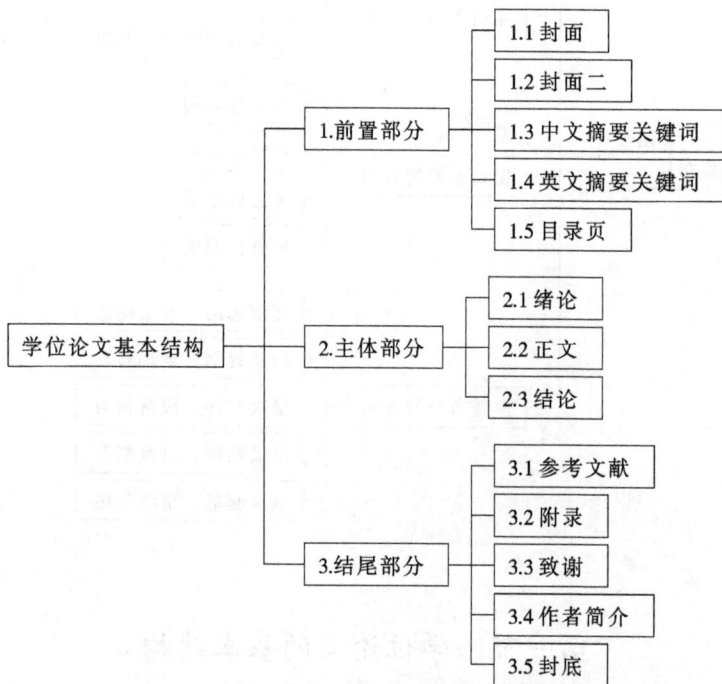

图 5-1　学位论文基本结构

文章的层次结构是指内容的组织方式和各部分之间的关系，它反映了作者对事物发展过程的理解和思考路径。在撰写过程中，作者需要精心设计每一部分的内容，确保它们按照适当的顺序排列，既符合逻辑，又能够突出重点。有效的层次结构要求作者在构思时，就要明确文章的主干和支干，区分哪些内容是核心，哪些是辅助性的。在构建文章层次时，作者还应该考虑如何通过过渡段落或语句，使内容的转换自然流畅，帮助读者顺畅地从一个部分过渡到另一个部分。这些过渡不仅是内容上的衔接，也是逻辑上的桥梁，确保整篇文章的连贯性和一致性。

清晰的逻辑顺序是指一篇合乎规范的学位论文应具备严密的逻辑关系，内容的安排应遵循事物发展的自然规律，使读者能够顺着作者的思路理解研究问题、研究方法、研究结果以及结论。为了实现这一目标，作者在撰写的过程中需确保论文结构合理、内容一致、论证严密。逻辑顺序的安排可以通过合理设置章节和小节的顺序以及使用过渡语句或段落来实现。由此可见，清晰的逻辑顺序是学位论文质量的重要体现，它有助于读者更好地理解论文的核心内容和价值。

二、学位论文的结构划分

学位论文的结构划分是确保学位论文质量的关键因素。它不仅有助于作者有条理地展示研究成果，还关系到论文的内在逻辑和外在呈现，同时合理的学位论文的结构划分也便于读者理解和评估研究。一个清晰、合理、规范的论文结构，能够使研究成果的展示更加条理化、系统化，从而提高论文的可读性和说服力。

（一）结构划分的必要性

学位论文作为一个统一的有机整体，是由一系列的概念、命题组成的逻辑结构。在学位论文写作中，学生需建立结构意识。学位论文无论有多少字数，篇幅有多长，作为一篇学位论文都必须有其合理的结构，在"结构"与学位论文写作之间搭建一座桥梁。学位论文写作的结构意识是指在撰写学位论文时，学生应具备全局性的规划和审视能力，能够围绕中心论点精心选择和组织材料，进行逻辑严密的论证，确保论文各个部分之间形成有机的联系，构建成一个统一而连贯的整体。然而，在实际评审的过程中，有些学位论文虽表面看起来结构完整，包含了问题提出、文献综述、概念界定、理论基础、现状调查、发现问题、提出策略、得出结论等要素，但深入阅读后会发现这些部分之间缺少内在的逻辑联系和统一的中心思想。换言之，这些学位论文虽然涉及了相关主题，却未能基于核心观点构建起一个完整的知识结构。因此，一篇论文合理的结构划分显得尤为重要。

（二）结构划分的主要形式

论文的结构不仅是其内在逻辑的体现，也是其论证强度的关键指标。一篇优秀的学位论文，其结构必须经过精心设计，以确保内容的连贯性和说服力。换言之，划分合理的论文结构是确保论文论点清晰、论证充分和逻辑严密的基础。而学位论文在形式上必须严格遵循三个关键的规范要求：首先，它需要符合国家教育部门颁发的学位条例以及所在学校对学位论文的具体管理规定；其次，它应遵循学术界普遍认可的学术写作标准；最后，它还应遵守所有正式出版物共同遵循的印刷和排版标准。学位论文结构划分，即论文的组织方式，安排结构要素的不同方式，可以根据不同的学术领域、研究方法或研究目的而有所不同，主要包括并列式、递进式、总分总式等几种结构形式。

1. 并列式

并列式结构在学位论文中是一种常见的组织形式，它允许研究者将论文划分为几个独立的部分，每个部分专注于一个特定的主题或问题。并列式结构是指论文的各个部分在逻辑上是平等的，每个部分都独立地阐述一个主题或观点。每个部分都是自成一体的，可以独立于其他部分阅读和理解。各部分在逻辑上具有相同的重要性，没有明显的主次之分。当然，并列式结构也可以涵盖多个不同的研究问题或方法，展示研究的广度。作者可以根据研究的需要自由地选择和组织各个部分，每个部分都集中讨论一个主题，有助于读者更好地理解和跟踪研究的进展。

在选择并列式结构时，要确保每个部分都有独特的贡献，避免内容上的重复。尽管各部分独立，但应保持研究方法和写作风格的一致性。同时在结论部分强调各部分之间的联系，展示它们如何共同构成研究的整体。并列式结构适用于论文中需要对多个独立问题或研究结果进行讨论的情况。并列式结构为学位论文提供了一种灵活且有效的组织方式，尤其适用于那些需要展示多个独立研究问题或方法的论文。通过精心设计和实施，作者可以利用这种结构清晰地展示研究成果，增强论文的说服力和影响力。

2. 递进式

递进式结构是指论文的各个部分按照逻辑顺序由浅入深、由表及里、逐步深入地展开，每个部分都是在前一部分的基础上进一步发展和深化的。这种结构适用于论文中需要逐步展开论证的情况，如从问题的提出到理论的阐述，再到方法的介绍，最后是结果的分析和讨论。读者可以清晰地看到研究是如何逐步深入和展开的。它通过逐步深入的方式来展开研究，使论文的论证过程具有逻辑性和连贯性。

在实施时，应明确起点，在引言部分明确提出研究问题和研究的总体目标，并从基础概念或背景知识开始，逐步引入更复杂的概念和理论。还要确保每个部分都与前一部分有逻辑上的联系，形成连贯的论证链条，在每个部分，都要深入分析问题，不仅仅停留在表面现象。在结论部分，总结前文的主要发现，并在此基础上提出更高层次的见解或建议。递进式结构在学位论文中的运用，能够有序地揭示研究的层次和深度，引导读者逐步跟随作者的思考路径，深入地掌握研究议题。

3. 总分总式

总分总式结构又称为"三段式结构"，是学位论文中一种经典的组织形式，它指论文分为三个主要部分：总论（引言）、分论（正文）和总论（结论）。这种结构通过先概述后详细分析，最后再总结的方式，使论文内容条理清晰、逻辑严密。它以清晰的逻辑层次和严谨的论证过程，帮助读者系统地理解研究内容。总分总式结构涉及多个研究问题或多个研究方法的综合研究，其需要系统阐述理论框架和理论联系的研究，也需要详细展示研究方法、数据分析和结果解释的实证研究。

实施时在引言部分提出研究问题、研究背景、研究目的和研究意义，正文部分按照不同的研究问题或研究方法，分章节详细展开论证，以此来确保各章节之间有逻辑上的联系，形成连贯的论证过程，在分论部分提供充分的数据支持，确保论证的可靠性，在结论部分总结研究的主要发现，提出结论和建议。

但应注意避免冗余，确保每个章节都有独特的贡献，避免内容上的重复，尽管各章节独立，但应保持研究方法和写作风格的一致性，在结论部分强调各章节之间的联系，展示它们如何共同构成研究的整体。总分总式结构在学位论文中的运用，以其明晰的逻辑层次和周密的论证流程，不仅有助于读者深入把握研究的实质，也有助于提升论文的学术水准和研究的深度。

第二节　谋篇布局的含义

无论是外审还是答辩委员会专家对学位论文的评审，评阅书里都有一项内容，是对论文结构的评价。一篇合格的学位论文应该结构合理，结构合理是指论文的"层次清晰""逻辑严密"，而这就需要进行谋篇布局。谋篇布局是安排文章的结构，按顺序组织材料。一篇论文的撰写虽有多个角度，但无论从哪一个角度出发去写学位论文，都应注意安排论文的结构，观点和材料是构成学位论文的两个基本要素，二者相互依存、缺一不可。就像建筑中有了图纸和砖石不等于就有了高楼大厦一样，有了观点和材料，也不等同于形成论文。要用一定的方式把观点和材料合理地安排和组织起来，考虑材料的主次、详略和先后顺序，筹划论文的开头和结尾，安排前后的衔接和照应，使之成为一篇逻辑严密、观点鲜明、重点突出、和谐统一的学位论文。

谋篇布局包含两方面的内容：一是指论文的体式布局和章节结构，如体裁形式、结构线索、开头结尾、格式和风格，类似于"章法"；二是指论文的内在联系和组织，如观点材料、部分和整体之间的逻辑关系，文章发展的脉络和层次、衔接过渡等，类似人们所说的"文气"。二者互为表里、相辅相成。没有章法，文章的结构就会混乱不堪，失去形式上的整体美；没有文气，文章就会显得无气势、无神韵，没有打动人的力量。所以说，论文的谋篇布局包括了论文的思想内容和结构形式两个方面的问题。

一、论文的体式布局和章节结构——"章法"

（一）体裁形式

论文的体裁形式是指论文的类型和风格，它决定了论文的表达方式、结构安排以及语言特点。它包括学位论文、学术论文、综述论文、案例研究论文、政策分析论文、评论性文章、技术报告等。论文体裁形式的多样性反映了学术研究的广泛性和深入性。

例如学位论文，学位论文是学生为获得学位而撰写的论文，如硕士论文和博士论文，其全面展示研究过程和结果，能够体现出研究的系统性，同时深入探讨研究问题，能够体现出研究的深度，并且学位论文强调研究的原创性和创新点。

（二）结构线索

论文的结构线索是指论文中各部分之间的逻辑联系和顺序安排，它为读者提供了一种清晰的阅读路径，清晰的结构线索帮助读者理解论文的逻辑框架和主要内容。它是学术写作中的一个关键要素，它通过精心设计的章节和段落安排，确保了论文内容的连贯性和逻辑性。这种线索不仅帮助读者沿着作者的思路顺畅地阅读全文，而且通过明确的章节划分和逻辑过渡，使论文的每个部分都能够相互支撑，共同构建起一个完整的论证体系。清晰的结构线索还包括对关键术语的界定、图表和数据的有效呈现以及段落间的流畅过渡，所有这些元素共同作用，不仅提升了论文的可读性，也增强了其说服力，使读者能够更加深入地理解研究内容，评估研究的深度和广度。

（三）开头结尾

论文的开头和结尾是整篇文章的"门面"和"收官之作"，它们在吸引读者、传达研究价值方面起着至关重要的作用。因此，论文的开头应该吸引读者的注意力，清晰地提出研究问题和目的；结尾则应总结全文，强调研究的意义和贡献。

首先开头部分，应以引人入胜的方式吸引读者的注意力，这可以通过提出一个引人思考的问题、一个有趣的事实或一个令人震惊的数据来实现；同时简要介绍研究领域的背景，说明研究的重要性和相关性，这有助于读者理解研究的上下文和必要性。在结尾部分，回顾研究的主要发现，简洁明了地总结研究结果，使读者对研究的核心贡献有清晰的认识，并强调研究结果的重要性和对现有知识体系的贡献，说明研究如何填补了研究空白或对现有理论进行了扩展，提出未来研究的可能方向或建议，为后续研究者提供思路。

（四）格式和风格

遵循学术规范的格式和风格，包括引用格式、图表标注、字体和间距等，这些都会影响论文的专业性。

在引用格式方面，包括一致性、准确性、完整性、清晰性。学位论文应选择一种引用风格，并在整个论文中一致地使用它，同时要确保引用的格式准确无误，包括作者的姓名、出版年份、文章或书籍的标题、期刊名称、卷号、页码等。并且应提供足够的信息，使读者能够找到原始来源，在正文中使用适当的引用标记，如括号内的作者和年份，并在参考文献列表中详细列出引用来源。

在图表标注方面，应确保图表和插图的标题和标签清晰、易于理解，使用统一的格式和字体大小来标注图表和插图，在正文中适当引用图表和插图，并在图表下方提供来源说明，确保图表和插图的顺序与正文中的引用顺序一致。

在字体和间距方面，应使用清晰易读的字体，选择适当的行距，如双倍行距或 1.5 倍行距，以提高可读性，确保整个文档中字体和间距的一致性，同时设置合适的页边距，以保持文档的整洁和专业外观。

二、论文的内在联系和组织——"文气"

（一）观点材料的逻辑关系

论文中的每个观点都应该有相应的材料支持。这些材料可以是数据、理论、案例研究等，它们需要与观点紧密相连，形成有说服力的论证。观点和材料之间的逻辑关系应该是清晰的，即材料能够直接或间接地支持观点，而不是无关的堆砌。

在论文写作中，观点和材料之间的逻辑关系是构建有说服力论证的基础。因此，作者首先需要明确自己的观点或论点，这是论文的核心。观点应该是清晰、具体、可验证的，并且能够被材料支持。其次，根据观点的性质，选择恰当的材料来支持。这些材料可以是实证数据、理论框架、历史事实、案例研究、专家意见等，并且选择的材料应该是权威、可靠、相关的。最后，将观点和材料通过逻辑链联结起来。这意味着材料不仅要与观点相关，而且要能够在逻辑上支持观点。说到逻辑，要确保整篇论文的逻辑是一致的。即使在不同的章节或段落中，观点和材料之间的逻辑关系也应该是连贯的，避免出现自相矛盾的情况。

（二）部分和整体的逻辑关系

论文中部分与整体的关系是论文结构和逻辑的基石，它确保了研究的连贯性、完整性和深度。这种关系要求各个部分不仅要独立地贡献于论文，而且要相互衔接，共同服务于研究主题和目标。部分与整体之间的逻辑关系体现在每一部分都是对整体主题的深化或扩展，它们相互关联，共同构建起论文的完整框架。论文由多个部分构成，如引言、文献综述、方法论、结果、讨论和结论等。每个部分都应该服务于整体的论文目标和主题。在整个论文中，各部分之间的逻辑关系和衔接过渡至关重要。它们确保了论文的流畅性和连贯性，使读者能够顺畅地跟随作者的思路。此外，论文的每个部分都应该保持逻辑上的一致性，避免出现观点或论据的矛盾。

为了实现部分与整体的和谐统一，作者需要在写作过程中不断回顾和修订，确保每个部分都与整体目标和主题紧密相连。这不仅需要对研究主题的深入理解，还需要对论文结构的精心设计。通过这种方式，论文的每个部分都能够有效地服务于整体，形成一个逻辑严密、结构清晰的学术作品，从而提高论文的说服力和学术价值。

（三）文章发展的脉络和层次

论文应该有一个清晰的脉络，即文章的主要发展线索，它指导读者理解论文的主旨和结构。层次则是指论文内容的组织方式，包括主题的逐步展开、论点的深入探讨等。良好的层次划分可以帮助读者更好地把握论文的重点和逻辑顺序。论文中文章发展的脉络和层次是其内在逻辑和结构的体现，它们共同构成了论文的骨架和灵魂。文章脉络的清晰性对论文的整体质量至关重要。一个清晰的脉络能够帮助读者快速把握论文的主旨，理解作者的研究思路和论证过程。在文章的层次方面，作者需要合理组织内容，确保每个部分都有清晰的主题句和逻辑结构。段落之间应该有自然的过渡，使论文读起来流畅自然。

（四）衔接过渡

衔接是指在论文的不同部分之间建立联系，使论文读起来流畅自然，没有突兀的跳跃或断裂。过渡则是指在段落或句子之间使用连接词、短语或句子来平滑地从一个观点转移到另一个观点，确保文章的连贯性。论文中的衔接过渡是确保文章流畅性和连贯性的关键元素，它们像桥梁一样连接各个部分，使论文成为一个有机的整体。衔接过渡不仅包括段落之间的转换，也包括句子和观点之间的平滑联结。

首先，段落之间的衔接过渡是文章连贯性的基石。每个段落都应该有一个清晰的主题句，概括该段落的主要内容。在段落结束时，需要有一个过渡句，引导读者进入下一个段落。这种过渡可以是一个简单的总结，也可以是一个问题或一个预告，激发读者对下文的兴趣。其次，句子之间的衔接过渡同样重要。在句子层面，使用适当的连接词和短语可以增强句子之间的逻辑联系。例如，"因此""然而""此外"等词可以帮助读者理解句子之间的因果关系、转折关系或递进关系。

第三节　谋篇布局的原则

谋篇布局是构建论文的组织架构，它相当于为论文的主题思想提供了一个坚实的支撑系统。如果将论文比作一个有生命的机体，那么主题无疑是其精神核心，材料则是填充其中的实质内容，而结构则是维系整体的框架。没有合理的结构，即使主题再鲜明、材料再丰富，论文也难以呈现出应有的形态和功能。谋篇布局的重要性在于，它决定了论文的逻辑性、连贯性和可读性。一个精心设计的论文结构能够清晰地展示研究的进程和深度，使读者能够顺畅地跟随作者的思路，理解研究的每个环节。因此，谋篇布局应遵循客观性原则、逻辑性原则、突出性原则、完整性原则。

一、客观性原则

每件事物都有其自身的发展轨迹和规律性，它们内部的各个元素相互依存、相互作用。学位论文是对这些客观规律的体现，因此，在谋篇布局时，应当遵循事物的内在逻辑，合理地安排文章的结构和内容。深入理解事物的内在规律，可以使论文的表达更加清晰有序、层次分明。撰写学位论文时，作者需要深思熟虑，对研究材料进行科学分析，确保论文的各个部分之间存在紧密的逻辑联系。论文的结构在构思上应遵循提出问题、分析问题、解决问题的逻辑顺序。首先，论文开篇应明确指出研究对象面临的矛盾或问题，即问题的提出。这要求作者将自己对研究课题的初步认识和理解作为论文的开端，形成一个相对独立的段落。其次，作者需要深入探讨问题的各个方面，揭示问题背后的矛盾运动规律及其发展态势，这是文章的主体部分，要求作者系统地、有条理地表达自己的观点、主张和建议。最后，针对问题的关键点，提出切实可行的解决方案。在论文结构中，解决方案的处理有两种方式：一种是按照提出问题、分析问题、解决问题的顺序，逐步深入，最终得出结论；另一种是将解决方案融入问题分析和解决的过程中，逐步展开，最后不再单独撰写结论部分。

二、逻辑性原则

在人类演化的历程中，我们不仅学会了识别自然界的普遍规律，还逐渐发展出了一套科学的思维逻辑。这种逻辑是进化的产物，它不仅是我们理解和揭示客观事物发展规律的必然要求，也是我们相互沟通和建立共识的基础。论文的结构，作为语言思考和表达的成果，应当反映这种逻辑结构。也就是说，论文的布局应该与人类的普遍逻辑相一致，易于读者理解。论文的构建需要遵循逻辑的顺序，从具体问题出发，深入分析其成因、现状和发展，以寻找解决方案。在阐述观点时，必须探索论据与论点之间的内在联系，将观点与材料科学地结合起来，按照人们认识事物的逻辑顺序和规律进行。首先，论文的结构应从对具体现象的分析开始，逐步提炼出抽象的概念，然后通过概念的逻辑推演，构建起理论体系。其次，论文应以逻辑推理为核心，不受时间和空间的限制，强调概念之间的内在联系。通过概念、判断和推理等基本思维元素，服务于逻辑推理的过程。论文的结构设计应当使读者能够清晰地看到作者的思维过程，从具体到抽象，再从抽象回到具体，形成一个完整的逻辑链。这种结构不仅有助于读者更好地理解作者的观点，也体现了作者对客观事物深入分析和全面理解的能力。通过这样的结构设计，论文能够更有效地传达作者的思想，促进学术交流和知识传播。学位论文的谋篇布局遵循逻辑性原则，意味着从论文的开篇到结尾，每一部分的内容都应当按照一定的逻辑顺序排列，确保读者能够清晰地理解作者的研究思路和论证过程。

三、突出性原则

学位论文的谋篇布局遵循突出性原则，意味着在撰写过程中，作者需要明确并强调研究的核心内容和创新点。这种原则要求作者在论文的各个部分，尤其是绪论、研究方法、结果和讨论部分，都要有意识地突出研究的重点和独到之处。遵循突出性原则的学位论文，能够有效地引导读者的注意力，使他们能够迅速识别研究的价值和意义。这种布局不仅有助于提升论文的学术影响力，也有助于在学术界形成作者的个人品牌。通过突出研究的创新点和重要性，学位论文能够更好地与现有的研究对话，为学术界提供新的视角和思考。在撰写学位论文时，遵循突出性原则是至关重要的。这要求作者在论文的构思和写作过程中，始终保持对研究核心的聚焦。从选题的确定到研究设计的规划，再到数据分析和讨论的深入，每一步都应围绕研究的中心论点展开。通过这样的布局，学位论文不仅能够展现出作者对研究主题的深刻理解和独到见解，也能够在学术界形成影响力。

四、完整性原则

学位论文的结构是经过时间考验、被广泛认可的固定模式，它要求作者在撰写时遵循一定的结构规范，合理组织论文的各个组成部分。一篇完整的学位论文应该是一个均衡、连贯、有始有终的有机整体，各部分之间要协调一致，避免出现头重脚轻或结构失衡的情况。完整性原则要求作者在撰写过程中，从选题到结论的每个环节都要进行深入而全面的阐述。这不仅要求研究内容全面覆盖，还要对研究的背景、目的、意义、方法、结果及其影响进行深入分析。例如，在引言部分，作者需要详细介绍研究的背景和现状，明确研究的必要性和重要性以及研究的主要问题和目标。在文献综述部分，作者应全面回顾和分析与研究主题相关的理论和实证研究，为研究提供坚实的理论基础。在方法论部分，作者应详细说明研究设计、数据搜集和分析方法，确保研究的科学性和可重复性。在结果部分，作者应全面展示研究发现，包括主要的统计数据和图表以及对这些结果的初步解释。在讨论部分，作者应对结果进行深入的分析和讨论，指出其对现有理论和实践的贡献以及可能存在的局限性和未来研究方向。最后，在结论部分，作者应总结研究的主要发现和贡献，提出研究的局限性，并对未来的研究方向提出建议。

第四节　谋篇布局的方法

论文的谋篇布局是一个遵循特定规律和程序的过程，它要求作者在撰写论文时确保内容的逻辑性和连贯性，无论是进行叙述还是进行议论，无论是处理单一问题还是进行综合分析，都应遵循事物发展的自然顺序和内在逻辑。这种布局能够确保论文从引言到结论的每一个部分都紧密相扣，形成一个有机的整体，反映出研究主题的深度和广度。在这一过程中，作者需要精心设计每个部分，确保它们不仅在内容上相互支撑，而且在逻辑上逐步深入，从而清晰地展现出研究的全貌和深度。通过这样的谋篇布局，论文能够更好地传达作者的研究成果，对学术界产生积极的影响。

一、厘清思路，审慎构思

思路是一个人在思考问题时遵循的思维路径和逻辑顺序。在撰写学位论文时，作者通过思路来组织和表达自己对某个主题或现象的理解和见解。思路不仅指导作者如何观察和分析问题，还决定了文章的结构和布局。换句话说，思路是论文的灵魂，它帮助作者清晰地构建论文的框架，确保论文内容的逻辑性和条理性。一个清晰的思路有助于深化对问题的理解，设计出合理的论文结构，并提高写作和组织材料的能力。简单来说，思路是写作过程中谋篇布局的指导线，它帮助作者将复杂的思想和信息有序地呈现给读者。

在开始撰写学位论文之前，作者应该进行深思熟虑的准备过程。作者在面对大量资料、确定的题目和写作内容时，不应急于开始写作。正如我国学者所建议，在精力充沛、思维清晰时，应该静下心来深思熟虑。这个过程包括对自己的想法进行审视和整理，无论这些想法是否成熟，都要把它们理顺，形成清晰的思维脉络。通过这样的思考，作者可以对论文的总体结构和具体内容进行有条理的规划和安排，这就是构思的过程。换句话说，作者在动笔之前应该进行充分的思考和规划，以确保论文的逻辑性和组织性。

在构思论文时，首先，要明确事物的发展顺序和内在逻辑。任何事物都有其发展变化的规律，我们在认识事物时，要遵循其固有特性，有序地进行思考。这样，我们才能清晰地理解事物，合理地组织论文的内容、材料和结构。其次，要审视和整理自己的认识和判断，确保对事物有一个明确和准确的理解。最后，要确定论文的逻辑框架，确保论文的论述具有严密的逻辑性。简言之，构思论文的过程是一个由外而内的思考过程：首先理解事物的发展规律，其次整理自己的认识，最后构建论文的逻辑框架，确保论文内容的条理性和逻辑性。

二、构建提纲，合理布局

构建提纲是规划论文结构的文字化过程，而合理的布局则是指导这一过程的思想原则。安排布局实际上是一个深思熟虑的规划过程，目的是对整篇论文进行全面的规划，包括确定写作的先后顺序、论点的正确性、材料的充分性、内容的层次和逻辑性、论证角度的适宜性、文章的起承转合以及确定文章的重点和辅助内容。这个过程就像在建筑中确定房间的位置和门窗的设置以及选择合适的建筑材料一样，一旦这些规划清晰了，就可以开始具体的施工。在写作中，这体现为列出提纲、划分章节、构建论文的基本框架。框架就像房屋的骨架，一旦骨架建立起来，文章的基本轮廓也就形成了。通过构建提纲，作者可以更有条理地组织材料，清晰地梳理思路，提高构思文章的能力，及时调整自己的思考方向，寻找最合理的结构布局。提纲的构建是构建文章结构的有效手段，有助于确保文章的组织性和逻辑性。

在撰写学位论文时，创建一个写作提纲是至关重要的，它必须实现写作思路与文章结构的和谐统一。这种统一是确保论文主题明确、结构条理清晰、论点论据充分、内容和形式完美的关键。论文的写作思路是否清晰、结构是否合理，直接决定论文的整体质量和水平高低。因此，拟定学位论文写作提纲时，必须紧密围绕论文的中心思想展开，基于对材料的充分掌握，从梳理写作思路开始，以科学、合理、直观的方式构建论文的基本框架。提纲可以根据其详细程度和目的的不同，分为两种类型：简练提纲和细致提纲。简练提纲提供了论文的基本结构和主要观点，而细致提纲则进一步细化了每个部分的内容和逻辑关系。

（一）简练论文写作提纲

简练论文写作提纲是一种简化版的提纲，它仅包括论文的主要部分，也就是一级标题，这些标题代表了论文的核心论点或主要章节。这种提纲不涉及更细分的二级或三级标题，也就是那些次要的或辅助性的论点。简练提纲的作用是提供一个宏观的框架，让作者能够把握论文的整体结构和主要方向，而不深入具体的子话题或细节。它类似于一幅草图，勾勒出论文的大致轮廓，为进一步的详细规划和写作打下基础。

（二）细致论文写作提纲

细致论文写作提纲是一种包含全面细节的提纲，它不仅包括了论文的主要部分，即一级标题，还涵盖了次级和更深层次的标题，这些标题代表了论文的次要论点或辅助观点。这种提纲的优点在于能够详尽地展示学位论文的层次和结构，为作者提供了一个清晰的框架，以确保论文内容的组织性和逻辑性。具体来说，它可以按照以下形式来构建：首先列出主要章节或核心论点，然后逐级细化，展示每个章节下的具体内容和子论点。通过这种方式，作者可以确保论文的每个部分都得到了充分的考虑和规划。

三、层次有序，段落精当

在学术论文中，"层次"通常指的是内容的有序排列，也被称作"结构段"或"分部"，它展示了作者思维的逐步展开。每个层次都是自成一体且完整的，构成了论文思想内容的连贯部分，它们之间存在清晰的分界线。而"段落"则是文章的基本构成单元，通常指的是文章中的"自然段"，其特点是在视觉上通过换行来区分。段落的形成是为了在表达过程中提供间歇、实现转折或进行强调，是文本上的自然停顿。简言之，"层次"侧重于思想内容的有序布局，而"段落"则侧重于满足文本表述的实际需求。

在学位论文中，合理划分层次和段落是文章结构设计的关键步骤，也是有效表达内容的重要方法。划分层次意味着根据事物或事理的内在联系，将相关内容分成若干部分，然后围绕中心论点，按照逻辑关系将这些部分组合成一个连贯的整体。在划分段落时，应确保每个段落具有单一性、完整性、严谨性和匀称性：单一性指每个段落只表达一个中心思想；完整性指一个中心思想应在一个段落内完整表达；严谨性指段落之间应有内在联系，确保每个段落都是文章不可分割的一部分；匀称性则指文章整体应保持平衡和谐。

学位论文的撰写通常会采用记叙、议论和说明等多种叙述手法，因此，常规论文中的层次划分技巧在学位论文的编写过程中同样适用。举例来说，在处理记叙性质的内容，如记录工作流程、现场调研时，可以采取以下几种层次布局策略：一是按照时间顺序来组织篇章结构；二是将空间转换作为划分层次的依据；三是运用时间和空间相结合的方式构建层次；四是根据事件发展的各个阶段来安排篇章结构；五是按照作者对事物的认知过程来进行层次划分。

（一）理论类文章的层次划分

理论类文章的核心在于深入探讨问题、明确表达立场和提出见解。它主要由论点和支持这些论点的论据构成。论文的结构设计旨在通过逻辑上的联系，将各种材料和观点整合成一个连贯、有序的体系。通常，理论类文章的结构可以采用以下几种组织方式。

理论类文章的结构通常由三个主要部分组成：绪论、主体和结论。这种结构布局被称为"总分总"模式，是撰写理论性论文和学位论文时最常用的方法。

1. 绪论

绪论作为论文的开端，绪论部分提出研究问题，并明确阐述论文的中心论点。绪论的作用在于设定研究的基调，为读者揭示文章的主旨。

2. 主体

主体部分是论文的核心，承担着对绪论中提出的问题进行深入探讨和分析的任务。它通过展示事物的内在规律，对问题进行多角度、多层次的论证。主体部分的组织形式可能包括并列式、递进式或二者的结合，具体取决于分论点之间的逻辑关系和作者的论证策略。

3. 结论

结论部分作为论文的收尾，是对前文分析的总结和归纳。在这部分，作者基于对问题的深入分析，给出明确的结论和回答，为整个研究画上圆满的句号。

在撰写学位论文时，主体部分尤为重要，它需要对绪论中提出的问题进行详尽的论证。主体部分的层次结构通常根据分论点之间的相互关系以及作者采用的论证方法来安排。通过这种结构化的方法，论文能够系统地展开，使读者能够清晰地理解作者的观点和论证过程。

（二）说明类论文的层次划分

说明类文章的层次安排主要有以下几种。

1. 在撰写描述事物特性、特征和功能的说明性文本时，通常依据事物的属性、特性和功能进行阐述。这种说明可以按照一定的顺序进行，比如从整体到局部、从上至下、从左至右、从外向内，或者从近及远，逐一展开。

2. 当说明性文本的目的是介绍事物的演变过程或生产流程时，说明通常遵循事物发展的时间顺序或操作步骤进行。这种结构有助于清晰地展示事物从开始到结束的各个阶段。

3. 对于描绘风景名胜或建筑的说明性文本，布局和构思往往基于地理位置和空间布局。这样的安排有助于读者在心中构建一个清晰的空间图像，更好地理解描述对象的地理和空间关系。

四、衔接顺畅，过渡细致

撰写论文时，需要重视内容的流畅性和逻辑性，这通常通过过渡和照应来实现。过渡是连接论文不同部分的关键，它确保了论文的连贯性。无论是从一个段落过渡到另一个段落，还是从整体到细节，抑或是在时间或空间上进行跳跃，都需要恰当的过渡。在学位论文中，过渡不仅需要在内容上保持论证的严谨性，而且需要在形式上掌握过渡的技巧。例如，在内容转折较大的地方使用过渡段落，在转折较小的地方则可以使用过渡句子或词语。

照应是指论文内容的前后呼应，确保文章构成一个有机的整体。正如一位戏剧大师所言，如果在剧情的开幕阶段引入了某个元素，那么在剧情的后期这个元素必须发挥其作用。这与论文写作中的"前有交代，后有着落"原则相呼应。照应可以通过多种方式实现，包括内容上的前后呼应、开头与结尾的关联以及行文与标题的一致性等。在学位论文中，应确保中心论点与分论点、主要材料与次要材料之间的相互关联，确保前面提出的问题在文章的后半部分得到妥善解决。

通过精心设计的过渡和照应，论文能够展现出清晰的逻辑流程和严密的结构，使读者能够顺畅地跟随作者的思路，理解论文的主旨和论点。

五、慎重起笔，精练收尾

学位论文的开篇是作者对研究主题全局性理解的体现，它设定了论文的基调并指引了研究的方向。"开门见山"是论文开篇常用的技巧，直接而明确地切入主题，是每位作者都极为重视的部分。一个有效的开篇不仅要吸引读者，还要清晰地界定研究问题，并确立文章的中心论点。应当简练而富有信息量，为读者提供必要的背景，同时激发他们对研究主题的兴趣。

论文的结尾，也被称作"收尾"或"收撰"，是文章内容发展的自然终结，也是逻辑推理的必然归宿。正如明代学者谢榛所言，结尾应如钟声般余音绕梁，令人回味。结尾不仅是文章结构的一部分，更应简洁地总结全文，使中心论点更加突出，主题更加鲜明，结论更具说服力。学位论文的结尾应全面回顾研究的主要发现和贡献，对研究结果进行深入的归纳和反思。它需要强化文章的中心论点，并对未来的研究方向提出展望，确保读者在阅读完毕后能够获得全面的理解，并对研究的价值有深刻的感受。

◀ 思考与练习 ▶

论述

1.论述学位论文"写作中"阶段的基本原则，以及在应用这些原则时会遇到哪些困难，相应地可以提出哪些解决策略。

2.论述学位论文"写作中"阶段的方法，分析在学位论文写作的过程中如何将这些方法应用于学位论文的各个部分。

拓展练习

自行下载一篇硕士学位论文，分析其在谋篇布局方面存在的问题并提出相应的解决策略。

实践操作

请根据自己的论文选题，完成以下任务。

基本结构：草拟出学位论文的大纲，构建学位论文的基本结构。

谋篇布局：对学位论文选题进行全方位分析，结合搜集到的材料和文献综述，综合谋篇布局的原则和方法，确定学位论文每一部分的研究主题。

第六章 学位论文"写作中"——撰写初稿

◎ 章前导语

在学位论文的写作过程中，初稿的撰写是一个关键的里程碑，它标志着研究者的思想和探索开始从抽象的概念落实到具体的文字。这个过程不仅是对研究者理论深度和分析能力的考验，也是对其组织和表达能力的挑战。初稿的完成为整个论文的构建打下了坚实的基础，提供了一个可以不断修订和完善的版本。在本章，我们将定位于学位论文"写作中"的第二阶段——撰写初稿，即前置部分的撰写、主体部分的撰写和结尾部分的撰写。撰写初稿是学位论文写作过程中的一个重要转折点，它开启了对研究工作的深入挖掘和精细打磨，为最终提交一篇结构严谨、论证充分、表达清晰的学位论文奠定了基础。

学位论文的前置部分遵循学术规范和格式要求，体现了论文的正式性和学术性，有助于提升论文的整体质量和专业形象，它作为学位论文不可或缺的组成部分，其完整呈现标志着论文结构的完整性；学位论文主体部分的撰写能够反映出作者的思维逻辑和研究思路，良好的结构能够使论文内容条理清晰，便于读者理解和接受，主体部分将详细阐述研究的深度和广度，包括对研究问题的深入分析、对研究结果的全面讨论，这些都是评价论文质量的重要标准；学位论文的结尾部分作为论文结构的有机组成部分，对论文的整体质量、学术价值、逻辑性具有重要作用，良好的结尾能够使论文的逻辑更加严密，帮助读者理解研究从开始到结束的完整逻辑链条，一个清晰、有力的结尾能够提升论文的整体可读性，给读者留下深刻的印象。

本章聚焦学位论文初稿的撰写，围绕学位论文的前置部分、主体部分和结尾部分来展开，以期为撰写一篇合格的初稿做准备。相信通过本章的学习，你将能够自信地开始你的学位论文初稿撰写，并在整个写作过程中保持清晰的目标和方向。

◎ **学习目标**

1. 前置部分撰写：理解前置部分在学位论文中的功能和重要性，掌握前置部分各个组成部分（如标题、摘要、关键词、目录等）的撰写规范和技巧。

2. 主体部分撰写：理解主体部分在学位论文中的核心地位，学会构建逻辑清晰、论证充分的研究内容。

3. 结尾部分撰写：学会有效地总结研究的主要发现，使结论具有说服力，并为未来的研究指明方向。

◎ **知识结构图**

```
                              ┌─ 前置部分的撰写规范——标题
                  ┌─ 前置部分的撰写 ─┼─ 前置部分的撰写规范——摘要
                  │              ├─ 前置部分的撰写规范——关键词
                  │              └─ 前置部分的撰写规范——目录
                  │
  学位论文"写作中"  │              ┌─ 主体部分的撰写规范——绪论
  ——撰写初稿 ──────┼─ 主体部分的撰写 ─┼─ 主体部分的撰写规范——正文
                  │              ├─ 主体部分的撰写规范——结论
                  │              └─ 主体部分的撰写规范——辅助书面语符号
                  │
                  │              ┌─ 结尾部分的撰写规范——参考文献
                  └─ 结尾部分的撰写 ─┼─ 结尾部分的撰写规范——附录
                                 └─ 结尾部分的撰写规范——致谢
```

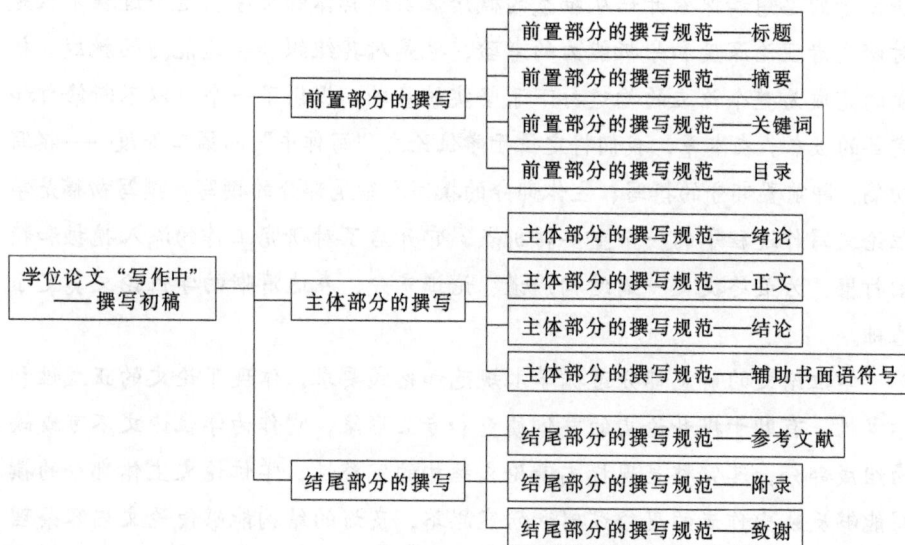

第一节　前置部分的撰写

学位论文的前置部分，作为整篇论文的"门面"，不仅包括了标题、摘要、关键词、目录等要素，还承载着为读者提供初步了解和吸引其深入阅读的双重使命。这部分内容虽然位于学位论文的最前端，却是在论文撰写过程中经过深思熟虑后精心编排的，它不仅反映了作者对研究主题的精准把握，也体现了对论文结构的清晰规划。这些前置部分的精心设计，不仅为读者提供了便捷的导航，也展现了学位论文的专业性和严谨性。

一、前置部分的撰写规范——标题

科学研究的核心在于确定研究课题，这也同样适用于论文撰写阶段，其中论文标题扮演着至关重要的角色。作为学位论文的"门面"，标题不仅浓缩了整篇论文的精华，也是其结构和信息的关键要素。一个恰当的标题能够清晰地传达出研究领域、研究范围、研究内容、研究成果及研究意义。因此，论文标题的设计应力求精确传达论文的核心思想，同时保持简洁和精练，以便于归类和检索。

论文的标题是文章的精髓所在，通常包括三种类型：主标题、副标题和子标题。主标题概括了论文的核心内容，往往能够代表文章的主旨。副标题用于对主标题进行进一步的阐释或补充，它并非必需，但当主标题不足以完整表达论文主旨时，副标题就显得尤为重要。而子标题则作为论文各个段落的标题，它们可以作为文章内容的提纲，帮助读者快速把握文章的结构和要点。

（一）标题的作用

论文标题应以简洁准确的语言捕捉并传达文章的主要论点和重点，使读者一目了然。标题应清晰界定研究的界限，明确研究的深度和层次，提出待验证的假设。它应精确地总结文章的核心思想，展现论文的深层意义和独特价值，达到一看标题便能洞察其内涵的效果。标题是编制目录、索引和进行文献检索的关键。在数字化和网络化的学术环境中，标题作为文献检索的标识，对于检索过程至关重要。一个恰当的标题可以促进读者通过主题或篇名高效地查找文献，这不仅提高了检索效率，而且可能增加论文的引用率和实际应用，从而促进研究成果的广泛传播和应用。

（二）标题的要求

标题是文章的灵魂，精心构思一个合适的标题可以为整篇文章增添光彩。在创作过程中，作者需要仔细斟酌每个字句，不断打磨和审视，以确保标题既能准确传达文章的主旨，又能吸引读者的注意力。

1. 定位精确

标题是文章精华的凝聚，它应该与文章的中心思想紧密相连，确保内容与标题的一致性，避免出现主题偏离或范围不当的情况。换句话说，标题既不能过于狭窄，也不能过于宽泛。如果标题过于狭窄，文章的讨论可能会超出标题所限定的范畴，从而降低其实用性和指导性；反之，如果标题过于宽泛，覆盖面太广，讨论就容易变得泛泛而谈，缺乏深度和具体性。例如，标题《支架式教学在小学语文教学上的应用研究》范围较大，可以将"小学语文教学"范围定位于"小学高段语文阅读教学"。

2. 惜字如金

标题的用词应追求简明扼要、精练简洁、慎重挑选。在确保能够精确捕捉并传达文章核心要点的基础上，应使用简洁的专业术语或易于理解的日常语言来概述论文的主旨。根据要求，中文标题的长度通常不应超过20个汉字，以保持其精练和易于记忆。例如，《中华优秀传统文化视野下的小学第三学段整本书阅读推进课教学研究》题目过长，字数较多。

当主标题的字数有限而无法完全表达论文的深层含义时，可以利用副标题来进一步阐述文章的次要主题或更详细的内容。例如《基于问题的高中语文微课设计研究——以高中古诗词为例》《乡村小规模学校小学语文课堂教学调查研究——以闽北 X 镇为例》《深度学习视域下初中整本书阅读教学研究——以 K 市初中为例》。

3. 格式严谨

撰写论文标题时，需确保用词恰当、结构简练，并与版面设计相协调。同时，英文标题应准确反映中文标题的内涵。如"地方高师院校小学教育专业本科毕业论文选题研究"，其英文标题的表述要准确，"Research on the topic of graduation thesis of primary education major in local normal colleges"。

4. 易于搜寻

标题应避免使用过于宽泛或过于装饰性的词语，而应选择那些概念明确、有助于确定关键词的用语，以便于编制目录、索引二次文献，从而为检索提供具体而实用的信息。标题中应包含能够体现论文核心内容的关键词，并且有时还应该明确指出论文所属的学科领域。

5. 便于理解

标题应避免使用不为公众广泛认可的缩写、符号或代码，同时应尽量减少化学结构图和数学公式等专业符号的使用。

6. 新颖独特

确保标题既精确又规范，同时避免与现有研究重复，论文的标题应展现作者研究的创新性和独特性。这样的标题能够在读者快速浏览时吸引其注意力，并激发他们深入了解文章内容的兴趣。

总之，一个好的标题有六禁：一禁过于宽泛；二禁缺乏重点；三禁过长复杂；四禁术语不当；五禁语法错误；六禁深奥难解。

（三）标题的文字表述

学位论文中每一部分的标题如同论文结构的"路标"，它们对于引导读者理解论文的逻辑框架和研究进程至关重要。每个部分的标题应精确概括该部分的主要内容和研究目的，良好的标题表述有助于维持论文的条理性，使读者在阅读过程中能够顺畅地跟随作者的思路，迅速把握每个章节的核心思想。

1. 修辞结构恰当

（1）标题应避免使用动宾组合，而应采用以名词或名词短语为主的修饰结构，这样的标题能更直接地指出研究的对象或主题，便于读者快速抓住论文的主旨和研究范围。例如，《研究应用电涡流阻尼器的拉索减振》，这是动宾结构（研究＋拉索减振），可改为偏正结构：《基于电涡流阻尼器的拉索减振研究》。动名词"拉索减振"是中心语。

（2）拟定标题时，应精心挑选定语成分

不恰当的定语选择可能导致标题含义模糊或产生多重解释。例如，《研究军队政治工作学理论的几个问题》，按论文作者的本意，原题目的中心语是"几个问题"，其定语是"研究军队政治工作学理论（的）"，但组合结果可能使读者理解为"研究几个问题"。问题出在定语采用了动宾词组（研究＋军队政治工作学理论），而应改为主谓词组（军队政治工作学理论＋研究），可将题目改为《军队政治工作学理论研究的几个问题》。

（3）标题应追求紧凑的结构

一个结构紧凑的标题能够清晰地界定词语之间的关系，避免模糊不清，增强了标题的可读性和理解度。相反，若标题结构过于松散，不仅会降低读者的阅读体验，还可能因为缺乏明确的逻辑联系而使读者难以把握论文的主旨。

2. 标题的词语选择需精确恰当

使用精确的词语来构建标题，可以确保其准确传达研究的核心内容和主旨，避免读者误解。

3. 标题应平衡详尽与简洁

（1）标题应合理运用"的"字

在标题中，"的"字的使用需要遵循语法规则，同时考虑修辞效果。当联合词组、偏正词组、主谓词组、动宾词组或介词词组作为定语时，通常需要在中心词前加上"的"字。然而，为了保持标题的流畅性和避免过度堆砌，多项定语中的"的"字应谨慎使用。具体是否使用"的"字，应根据标题的通顺度和修辞效果来决定。如果省略"的"字后标题依然通顺且符合修辞要求，可以选择不使用。例如，《"双减"背景下小学体育课后服务现状与对策的研究》中的"的"字，即便不使用也不会改变标题的意思，因此可去掉，可改为《"双减"背景下小学体育课后服务现状与对策研究》。

（2）标题中的词语省略需谨慎

尽管标题应追求简洁明了，但不可随意省略关键词，以免引发语法混乱或逻辑不清。在确保标题精练的同时，必须保留足够的信息以保证意思的完整性和准确性。例如，《"双减"背景下中小学的问题分析及对策研究》，按文意应在"中小学"后加上"教师工作负担"一词，因为在文中的问题分析及对策研究的不只是"中小学"，而是"中小学教师工作负担"，所以关键的词语"教师工作负担"不能省略。修改后的标题应为《"双减"背景下中小学教师工作负担的问题分析及对策研究》。

（四）论文标题的表述方式

论文标题的构思可以丰富多彩，它们可以遵循传统的规范性表述，简洁明了地呈现研究的核心；也可以打破常规，采用各种独特的风格来吸引读者的注意力。无论是简洁精练还是充满故事性，一个好的标题总能迅速抓住读者的眼球，并激发他们对论文内容的兴趣。以下是标题表述方式的类型。

1. 方法导向式

通过精心设计的标题，将论文依赖的研究方法和实施路径明确展现，这种标题不仅向读者揭示了研究的核心议题和对象，还直观地传达了作者在探索过程中采取的具体行为和方法。这样的标题为读者提供了一个清晰的研究视角，使其能够迅速洞察论文的研究方法论基础。例如，《"00 后"师范生职业使命感现状的调查研究》就属于此方式。

2. 成果凸显式

通过将研究的中心论点或重要结论凝练成标题，读者能够迅速识别论文的主要贡献和发现，这种标题以一种直接而明确的方式，传递了研究最核心的信息。例如，《单元整体教学在小学数学课堂上的应用研究》。

3. 议题界定式

通过明确而简洁地界定论文的研究议题或问题域，此类标题有效地设定了研究的讨论范围，同时以一种开放的姿态，邀请读者进入论文的探讨空间，去发现问题的答案或进一步分析。它通常以陈述的方式呈现问题，但避免了对研究结果的直接透露，激发读者对研究内容的好奇心和探索欲。例如，《新课程标准下提升小学语文阅读教学有效性的策略研究》。

4. 双层次标题式

当主标题本身不足以完全传达论文的深度和广度时，可以通过添加副标题来进行补充，以更精确地揭示研究的特定视角或重点。这种标题结构通常包含两个层次：主标题提供研究的宏观框架或核心概念，而副标题则深入具体，明确研究的具体对象或方法。例如，《高考情境化试题的有效性分析及教学启示——以思想政治学科为例》《单元整体教学中"获得研究对象"过程的思考——以浙教版"有理数的乘法"为例》。

5. 互文链接式

这种标题构建方法通过使用连接词如"与""和"等，巧妙地将两个或多个相互关联的概念、主题或论点结合起来，探索它们之间的相互影响和联系。这样的标题不仅揭示了研究的多维度视角，还激发了读者对不同元素如何相互作用的思考。例如，《博物馆学习视域下师范生教师职业认同现状调查与提升策略研究》《校长领导力与乡村教师情感承诺的关系》。

（五）章节标题的用语规则

标题需要具备吸引力，因为读者常常会根据标题来选择阅读的内容。因此，论文的标题应该具有足够的魅力，以促使人们阅读全文。每个级别的标题都应该精确地反映其涵盖的内容，通常需要概括要点、明确主题，确保标题与内容的一致性。作为检索论文的关键，一个合格的标题应当有助于论文的传播和广泛流通。

（六）层次标题的用法

层次标题是指论文中除主标题之外，用于区分不同级别的次级标题。这些标题应简洁明了，能够精练地反映出相应段落或章节的核心内容和主旨。在同一个层级上，标题应尽量采用相似的词语类型或结构，保持语义上的连贯和语气上的一致性。此外，各章节之间应存在逻辑上的联系，形成一种递进的关系，从一章过渡到下一章，逐步深入。应避免章节之间逻辑脱节，确保它们之间具有内在的联系性。

1. 层次标题需有逻辑性

合理的标题层级是论文清晰表达的关键，避免在不同层次的内容上使用相同级别的标题，以防止结构上的混淆。

2. 同级层次的标题最好采用排比的手法

在撰写论文时，为了保持文章结构的一致性和清晰性，建议在同级层次的标题中采用排比的手法。这意味着，同级层次的标题应该在结构上保持一致或相似，无论是名词性短语、主谓结构还是动宾结构，以确保它们在形式上的统一。此外，这些标题在意义上应该是相关的，语气上保持一致，以增强文章的连贯性和逻辑性。虽然一级标题在结构上可以稍微灵活一些，但对二、三、四级标题，这种一致性的要求则较为严格，以确保文章各部分之间的紧密联系和层次感。通过这种方式，读者可以更容易地追踪论文的主线，理解各个部分之间的联系。

（七）英文标题

英文标题对学位论文而言，发挥着至关重要的作用，它是连接不同文化和学术圈的桥梁。一个巧妙构思的标题能够提升论文的吸引力，吸引读者，增加其在学术界的可见度，进而提高其被引用的潜力。

1. 英文标题的写作要求

英文标题应当是对中文题目的精确英文翻译，它需要简洁明了、具体准确，能够全面反映论文的核心内容。一个优秀的英文标题不仅遵循编目、索引和检索的标准，而且有助于确定关键词和分类号。在撰写标题时，应避免使用不为公众熟知的缩写、特殊字符、代码，以及复杂的结构式或公式。此外，英文标题的首字母和所有实词的首字母应采用大写形式，对长度超过 5 个字母的虚词，通常也应大写首字母。这样的标题设计有助于提升论文的可读性和专业性，同时确保其在学术界的有效传播。

2. 英文标题写作的注意事项

（1）标题的结构

英文标题通常采用短语结构，尤其是名词短语，作为其主要构成元素。这意味着标题一般由一个或多个名词，加上相应的前置或后置定语来形成。在构建短语型标题时，首先要确定中心名词，然后通过修饰语来进一步描述或限定。动词在标题中通常以现在分词或动名词的形式出现，以保持标题的简洁性和直观性。标题应避免使用陈述句形式，因为陈述句可能会给标题带来判断性的含义，这不仅降低了标题的简洁性，也可能使重点不够突出。标题的主要功能是标识，因此应该简洁、醒目，并能够迅速传达文章的主旨。

（2）标题的字数

标题的长度应当受到适当的控制，不宜过长，以符合学术期刊的一般要求。例如，美国医学会规定标题不应超过两行，每行不超过 42 个字符（包括空格）；而英国数学学会则要求标题的词数不超过 12 个。这些标准可以作为我们撰写标题时的参考。总体上，一个好的标题应该是精确、简洁、易于注意的，并且在能够清晰表达论文核心内容的基础上，尽量使用最少的词语。

（3）标题的一致性

同一篇论文的英文标题和中文标题在传达的核心内容上应该是一致的，但这并不意味着每个词语都必须直接对应。英文标题可以不受中文摘要的限制，有时可以省略一些不影响整体意义的非关键词语，或者对某些词语进行适当的调整，以确保标题在两种语言中都能准确传达论文的主旨。

（4）标题的格式

在学位论文的标题格式上，存在三种常见的字母大小写规则。

① 标题字母全大写：所有字母均使用大写形式。例如，RESEARCH ON THE TOPIC OF GRADUATION THESIS OF PRIMARY EDUCATION MAJOR IN LOCAL NORMAL COLLEGES.（"关于毕业论文主题的研究：地方师范学院小学教育专业"，下同。）

② 标题词首字母大写：每个单词的首字母都大写，而三个或四个字母的冠词、连词、介词则保持小写。例如，Research on the Topic of Graduation

Thesis of Primary Education Major in Local Normal Colleges.

③ 标题首词首字母大写：只有标题的第一个词的首字母大写，其余单词全部小写。例如，Research on the topic of graduation thesis of primary education major in local normal colleges.

目前，第一种全大写的格式是最为普遍的做法，而第三种格式的使用频率正在逐渐提高。

（5）标题中使用的介词和冠词

在英文标题中，介词如 "of" "for" "in" "with" 等经常被用来构建短语。当一个名词被用作形容词来修饰另一个名词时，如果这个名词表示后者的一部分或其特性，英语习惯上会使用 "with+ 名词" 的结构作为前置词短语，放置在被修饰名词的前面。此外，现代英语趋向于减少定冠词 "the" 的使用，特别是在那些冠词的使用不是绝对必要的情况下，可以选择省略。这种用法可以使标题更加简洁，同时保持其清晰度和准确性。

二、前置部分的撰写规范——摘要

摘要是一篇论文的浓缩精华，通常在整篇论文撰写完毕后才进行编写。要编写一篇高质量的摘要，需要明确其定义、特性、作用、分类以及构成要素和写作要求。

（一）摘要的定义

摘要又称概要、内容提要，是以提供文献内容梗概为目的，不加评论和补充解释，简洁明了地记述文献重要内容的短文。国家标准《学术论文编写规则》（GB/T 7713.2—2022）中规定："摘要是对论文内容不加注释和评论的简短陈述，应具有独立性和自明性，即不阅读全文就可以获得必要的信息。摘要的内容通常包含研究目的、方法、结果和结论。"国际标准化组织［ISO 214—1976（E）］把"摘要"定义为"对文献内涵的准确扼要而不加注释或评论的简略陈述，是以浓缩的形式概括研究工作的主要内容方法，所取得的成果和最终的结论"。它是整个论文全貌的反映，包括研究工作的主要对象和范围、采用的手段和方法、得出的结果和结论，有时也包括具有情报价值的其他重要信息。

（二）摘要的特性

撰写摘要时，应遵循三个关键特性：简洁性、精练性和完整性。

1. 简洁性

摘要应简短而有力，其简洁性要求作者以最经济的字数传达最丰富的信息。它要求作者在极有限的空间内，精心挑选词语，剔除一切冗余，确保每个字都承载着论文的精髓。这种精练的写作风格不仅考验作者的语言表达能力，也体现了对读者时间的尊重。一篇优秀的摘要，即便只有寥寥数语，也能迅速吸引读者的注意力，激发他们对全文的兴趣。在学术出版中，这种简洁而深刻的摘要往往成为论文给读者留下的第一印象，是学术交流中不可或缺的一环。

2. 精练性

摘要应提炼文章的精髓，仅包含最关键的信息。精练性要求作者具有敏锐的洞察力和高度的概括能力，能够从长篇大论中提炼出最核心的观点和发现。这不仅意味着摘要要剔除所有非关键性的细节和背景信息，而且要确保保留的信息能够精确地反映论文的主要贡献和结论。摘要中的每一句话都应该经过精心挑选，确保它们能够代表论文的精华，同时避免任何可能引起误解的模糊表述。这种精练的写作艺术要求作者在保持内容完整性的同时也要追求语言的简洁，使读者即使快速浏览摘要也能迅速把握论文的主旨和价值。

3. 完整性

摘要应自成一体，能够独立传达文章的主旨。有些专门搜集摘要的检索工具，如文摘杂志，就用来发布这类精练的文本。完整性是摘要撰写中至关重要的一个方面，它要求摘要不再是对论文内容的简单摘录，而是要能够作为一个独立的文本，完整地传达论文的主要论点和研究成果。这意味着，尽管摘要篇幅有限，但它需要包含足够的信息，使读者能够理解论文的研究问题、方法、结果和结论，即使没有阅读全文也能获得论文的全面概览。这种独立性使摘要成为学术传播的重要工具，尤其是在文摘杂志等检索工具中，摘要能够迅速吸引专业读者的注意力，促进知识的交流和学术思想的碰撞。一个具有完整性的摘要，是连接作者与读者、促进学术交流的桥梁，是学术写作中不可或缺的组成部分。

总之，摘要是对论文或报告核心内容的精练概述。它作为论文的微型版，以简洁的陈述形式呈现，不附加任何额外的注释或评论。摘要的主要目的是快速向读者展示论文的主旨和结论，使他们能够迅速把握论文的要点。

（三）摘要的作用

撰写文章是一个需要反复打磨的过程，而精心提炼摘要是这一过程中不可或缺的环节。要想写出高质量的摘要，作者必须对全文有深刻的理解，对研究问题和结论有透彻的把握。反过来，能否用简洁有力的语言概括文章，也是衡量作者是否真正理解并表达清楚的一个重要标准。有时，我们可以将撰写摘要视为推动论文完善的催化剂，通过用简练的语言来概括全文，化复杂为简单。在摘要和正文之间反复修订，文章的质量往往会得到显著提升。即使读者没有阅读整篇文章，通过阅读摘要也能够获取文章的核心信息，从而判断是否值得深入阅读全文。

1.便于论文评审的进行

学位论文篇幅通常较长，评审专家在全面阅读之前往往希望先掌握论文的概要。因此，需要一篇精练且能够概括论文核心观点和学术价值的摘要，使读者能够快速了解论文所采用的研究方法、所取得的研究成果及其重要性，从而为评审作出一个准确的评价。

2.弥补论文标题的局限性

在当今信息量爆炸的时代，读者在检索到论文标题后，往往依赖摘要来决定是否进一步阅读全文。摘要的作用在于吸引读者的注意力，并有效地传达论文的核心内容。因此，摘要扮演着至关重要的角色，它不仅是吸引读者的工具，也是向读者展示论文主要观点和研究成果的载体。

3.便于计算机进行文献检索

文献数据库能够直接采用摘要或仅对其进行微小调整，以便于使用。摘要的存在使读者能够迅速定位到所需的文献资源，从而节省时间并提升检索效率。此外，摘要作为文献检索的关键索引，其质量直接关系到论文被检索的频率和被引用的次数，是影响论文可见度和学术影响力的重要因素。

（四）摘要的分类

摘要可以分为以下三种类型。

1. 信息型摘要

这种摘要应简洁明了，字数控制在 300 字以内。它旨在概述论文的主旨和核心内容，相当于文章的简介。信息型摘要应简明扼要地反映论文的研究目标、研究方法以及主要的发现和结论，以定量或定性的方式向读者传达尽可能多的关键信息，突出研究的创新点。如果论文缺乏创新性，或者没有独特的研究方法或结论，很难吸引读者的兴趣。因此，学术论文通常采用报道型摘要，通过稍微增加的字数，全面介绍论文的主要内容，以"要点摘录"的方式展示作者的主要研究成果和较为完整的信息。信息型摘要通常包含以下三个关键部分。

（1）研究目的：阐述作者撰写论文的目的或论文试图解决的问题。

（2）研究方法和过程：描述作者在研究过程中使用的方法、技术手段以及实验的边界条件和主要使用的设备。

（3）结果与结论：呈现作者的研究结果和得出的结论，并尽可能简要说明这些结论和结果的应用范围和实际应用情况。

2. 指示型摘要

它用于概述论文的研究主题和成果的大致性质与水平。指示型摘要有时也被称作说明型摘要、描述型摘要或主题摘要。这种摘要主要提供文献的总体内容，目的是让读者对研究的主要工作（即作者的研究活动）有一个大致的了解。对那些创新性不高的论文，摘要可以采用指示型摘要的形式，例如，综述性文章、书籍介绍、经过编辑的专著、学术期刊的简讯、问题讨论以及技术期刊的摘要等。在撰写指示型摘要时，作者应该首先简要介绍论文的研究背景，然后简要介绍论文的主要内容，最后概述论文的研究意义。指示型摘要通常不推荐用于学位论文。

3. 报道—指示型摘要

报道—指示型摘要是一种介于报道型摘要和指示型摘要之间的类型，它结合了两种摘要的特点。这种摘要在报道型摘要的基础上，对论文的信息价值部分进行详细描述，而其他部分则采用指示型摘要的简略形式来表达。摘要应涵盖研究的目的、方法、结果和结论。

报道—指示型摘要在描述文献中信息价值较高的部分时采用信息型摘要的方式，而在描述其他部分时则使用指示型摘要的方式。因此，它既包含了信息型摘要的详尽性，也融入了指示型摘要的概括性。学位论文的撰写和发表的最终目标是得到评价和应用。在当前信息量迅速增长的时代，如果摘要撰写不当，论文一旦被收录到文摘、杂志或检索数据库中，其被阅读和引用的机会就会大大降低。因此，硕士和博士论文，以及学术期刊上发表的论文，通常采用信息型摘要，包括研究的目的、方法和结论。而本科学位论文的摘要则多采用指示型摘要或报道—指示型摘要的形式，以概括论文的主题和主要内容。

（五）摘要的构成要素

摘要是论文的精练体现，它浓缩了论文的实质内容，提供了必要的信息量，突出了研究的新颖之处，并概括了论文的主要观点。一篇典型的摘要通常由以下几个要素构成。

1. 研究对象

在教育硕士学位论文中，研究对象通常指的是教育领域的某一具体问题、现象、群体或政策等。摘要中应明确指出研究对象的具体内容，包括背景、现状、存在的问题以及研究的必要性。例如，研究对象可以是"农村小学英语教学的现状与对策"，这里就明确了研究的领域（农村小学英语教学）、对象（现状）以及研究的目的（提出对策）。

2. 研究方法

摘要中应简要说明采用的研究方法，包括文献综述、问卷调查、访谈、实验、案例分析等。这些方法的选择应基于研究对象的特性和研究目的，确保能够有效地搜集和分析数据。同时，应提及研究过程中使用的工具、量表或软件等辅助手段以及数据的处理和分析方法。

3. 研究结果

教育硕士学位论文的研究结果通常是对研究对象进行深入分析后得出的结论或发现。摘要中应概括性地呈现这些结果，包括主要发现、数据支持、趋势分析或模型构建等。这些结果应能够直接回应研究问题，展示研究的深度和广度。

4. 研究结论

结论部分是对研究结果的进一步提炼和总结，强调研究的学术价值和实践意义。在教育硕士学位论文中，结论应明确指出研究对教育领域的某一问题或现象有何新的认识或解决方案，以及这些认识或方案对教育实践、政策制定或理论发展的贡献。同时，也可提出研究的局限性、未来研究方向或实践建议。

5. 其他

虽然"其他"部分不是所有摘要都必须包含的要素，但在教育硕士学位论文中有时可以提及一些额外的信息，如研究的创新点、跨学科视角的应用、对特定教育理论的验证或挑战等。这些信息有助于提升论文的学术性和吸引力，让读者更加全面地了解研究的独特之处。

教育硕士学位论文摘要的构成要素应紧密围绕教育领域的研究特点和实践需求，清晰、准确地呈现研究对象、方法、结果和结论，同时可适当补充其他有价值的信息。

（六）摘要的写作要求

1. 内容的完整性与独立性

学位论文摘要应全面反映论文的主题概念，确保内容的完整性和自足性。它应包含论文的主要研究内容、方法、结果和结论，使读者即便不阅读全文也能获取关键信息。摘要应自成一体，具备独立性和可引用性，能够作为一篇完整的短文存在和传播，无须依赖全文即可被理解和引用。

2. 语言和格式的规范性

摘要的编写应遵循严格的语言和格式规范，以确保其清晰、专业且易于理解。这包括使用标准化的专业术语，避免使用非公众熟知的符号和术语；谨慎处理新术语，保持其原文形式或提供中文翻译及原文对照；不插入数学公式、化学结构式、图片和表格，以保持内容的简洁性和精练性；仅在必要时引用其他文献，以支持或反驳重要观点；正确使用缩略语和代号，确保语言文字和标点符号的准确性；保持语言的准确无误，避免混淆或误解。

3. 客观性与逻辑性

摘要应以第三人称进行撰写，避免使用第一人称代词，如"我们""作者"或"本文"，以保持其客观性和专业性。同时，摘要应逻辑清晰、条理分明，通过客观描述和逻辑推导来呈现论文的核心内容，避免主观色彩和情绪化表达的干扰。这样做有助于确保信息的准确传达，提高摘要的可读性和可信度。

4. 内容精练与重点突出

摘要应直接而精练地概述研究主旨、研究对象、采用的实验手段、核心研究结果以及最终结论。特别要强调作者的创新点和论文中特别强调的论点。避免冗余信息，如已成为学科常识的内容或简单重复论文标题中的信息。例如，若论文标题已明确指出研究对象，摘要中无须再次赘述。同时，摘要不应包含作者未来研究计划或无关紧要的叙述，以确保内容的精练和专业性。

5. 结构严谨与表达清晰

摘要应具备严密的逻辑结构和简洁明了的表达方式。内容安排需遵循逻辑顺序，确保各部分内容之间的连贯性和相互呼应。句式选择上，倾向于使用简单句和并列句，避免冗长复杂的结构，以确保每句话都能清晰传达信息。尽管追求简洁，但摘要仍应是一篇完整的文本，避免过于简略的电报式写作。

6. 字数控制与格式规范

根据论文类型和具体要求，合理控制摘要字数。硕士学位论文摘要一般介于 800 ~ 1500 字，而信息型摘要和报道—指示型摘要则分别控制在 400 字和 200 字左右。特殊格式或用途的摘要可不受常规字数限制。此外，外文摘要需确保与中文摘要内容一致，拼写风格（英式或美式）可根据习惯选择，但应保持一致性和准确性。

7. 避免主观评价与冗余信息

摘要应保持客观中立，避免包含对论文内容的解释、评论或作者个人的评价性言论。如"为理论发展奠定了坚实基础"等主观评价应谨慎使用或不用。同时，摘要不应包含本应放在引言部分的内容，以确保信息的准确性和专业性。

三、前置部分的撰写规范——关键词

从学术期刊索引的角度审视学术产出，我们仿佛置身于一个广袤无垠的学术海洋，每天都有海量的学术成果不断涌现。面对这样一个知识爆炸的时代，研究者如何能在海量的学术资源中迅速找到你的文章、阅读你的文章，甚至引用你的文章，便成了一个值得深思的问题。

在学术期刊、网站发布文章时，除文章标题和摘要外，关键词扮演着至关重要的角色。它们为读者快速把握文章的核心内容提供了线索，同时极大地方便了检索者在茫茫文献中寻找到与自己研究兴趣相契合的论文。

（一）关键词的定义

关键词是论文的标签。不同期刊对关键词的要求不一样，有的要求从给定关键词库中选取，有的可以自由给定。要求既符合所属学科规范，又有利于论文检索。文献关键词是作者精心挑选的词语或短语，它们源自文献本身，能够精练地表达文献的核心主题。在撰写论文时，关键词通常来源于论文的主标题、各级标题以及正文内容，它们可以是标准化的专业术语，也可以是自由选择的词语，但优先考虑使用专业术语。关键词实质上是一种标签系统，一种对文献进行分类的方式。

由于人们无法同时处理过于复杂的信息，必须对这些信息进行有效的压缩和整合。关键词正是这样一种精练的学术符号，它们作为信息的载体，使复杂的学术内容得以简化和集中。作为信息的浓缩形式，关键词更易于被传播和理解，从而提高了文献的可访问性和影响力。

（二）提炼关键词的作用

撰写文章的过程就如同锻造钢铁，需要经过不断的打磨和淬炼。鲁迅的杂文之所以锋利如投枪、匕首，正是因为它们经过了精心的锤炼，达到了极致的锐利。同样地，提炼关键词也是对文章进行精练的过程。如果你能够通过关键词来概括你的文章，这通常意味着你的文章已经表达得相当清晰；反之，如果你的文章难以用关键词来概括，那可能意味着你的论点和论证还需要进一步的深化和完善。

关键词不是生硬地附加上去的，而是自然生成的，就像竹子的节一样。它们是学术文章的自然组成部分，当观点被锤炼得清晰，思路被打磨得明晰时，关键词就会自然而然地显现出来。这样的关键词能够更准确地反映文章的核心内容和学术价值。

学位论文作者渴望其论文的观点和研究成果得到广泛认可和实际应用，而评审者和研究者也希望能够迅速且准确地对论文进行评价。关键词的标注在这一过程中就发挥着关键作用。一方面，它通过揭示论文的主题内容、描述文献的特点、反映作者的观点，使读者在阅读全文之前就能对论文讨论的主题有所了解。另一方面，它满足了读者根据主题内容进行文献检索的需求，为读者提供了一个便捷的检索入口。

关键词不仅是读者发现论文的窗口，也是论文被引用的桥梁。因此，正确地标注论文的关键词对于提升论文的评价、提高检索的效率以及提高论文的引用率都具有极其重要的作用。掌握恰当的关键词标注技巧，是确保论文在学术界获得应有关注和认可的关键步骤。

（三）关键词的特点

关键词应具备高相关性、高频性和高学术性的特点。

1. 高相关性

关键词的选取首先需要确保其与论文的研究主题和核心议题高度相关。这种高度的相关性是提升论文在学术数据库中被检索和被引用概率的关键。关键词的相关性越高，论文在数据库检索结果中的可见度就越高，从而增加了论文被下载和引用的机会。这是因为数据库的关键词检索机制会优先展示与检索词紧密相关的论文，如果检索者发现这些论文与他们的研究需求高度契合，他们更倾向于深入阅读并引用这些论文。

不恰当的关键词选择可能导致两种不利情况：一是检索者在搜索时无法发现这篇论文，即便它可能正是他们所需的；二是检索者虽然找到了论文，但发现内容并不符合他们的研究需求。这两种情况都是我们应该避免的，它们强调了精准设置关键词的重要性。正确的关键词不仅能够帮助论文在学术海洋中脱颖而出，也能确保它吸引到真正需要它的读者。

2. 高频性

关键词的选取还需考虑其在论文中的出现频率，理想的关键词应当是文中频繁出现，出现次数最多的词语之一。这是因为论文围绕其核心议题展开，这些议题及其相关的核心概念自然会在文中多次出现。因此，那些在论文中反复强调的词语，通常是最能代表论文主题和研究焦点的，它们自然而然地成了关键词的候选。通过这种方式选取的关键词，能够确保它们与论文内容的紧密联系，有助于读者快速识别论文的主旨。

3. 高学术性

关键词应具备高度的学术性，这表明所选的关键词应为学术领域的专业术语，而非日常用语。这些关键词应体现出论文的深度和专业性，涵盖学术概念、理论知识、研究方法等专业元素。当读者浏览到论文的关键词时，他们不仅能够迅速把握论文的学术方向和研究深度，也能对作者的专业能力有一个初步的评估。这样的关键词有助于建立起论文与学术界专业交流的桥梁，增强论文在学术界的权威性和认可度。

（四）关键词的选择要求

一篇论文应精选 3 ~ 5 个关键词，这些关键词应被放置在论文的署名页或摘要页的左上角位置。在选取关键词时，应优先考虑使用标准词表中已经规范化的词语。这种做法有助于确保关键词的准确性和一致性，便于学术检索和交流。

关键词应从《汉语主题词表》等词表中选用规范词，未被词表收录的新学科、新技术中的重要术语和地区、人物、文献、产品及重要数据名称也可作为关键词标出。因此，关键词的选取应当融合传统与创新，它们既要反映现有学术研究的连续性，又要体现研究本身的新颖之处。

四、前置部分的撰写规范——目录

目录是学位论文结构的重要组成部分，它包含了论文各章节的序号、标题以及对应的起始页码。目录应放置在论文的摘要页之后，并使用连续的点（…………）来连接章节名称和页码，以清晰地指引读者。这种格式有助于读者快速浏览和定位到论文的具体部分。

（一）目录的定义

目录，也称目次，是论文中各主要部分的简要列表。根据论文的长度和复杂性，目录的使用有所差异。对篇幅较短的论文可能不需要设置目录；而对篇幅较长、结构复杂的论文，目录则是必不可少的。目录包含论文各章节的编号、标题和起始页码，为读者提供了一个清晰的结构概览，便于快速导航至论文的不同部分。

（二）目录的写法

目录是论文结构的直观展示，它详细列出了论文的各个章节标题，帮助读者一目了然地了解论文的主要内容和组织架构。在开始撰写论文之前，作者应首先制定论文的提纲，包括主要章节和子章节的标题。虽然提纲本身可能看起来简单，但它是作者深入思考和规划的结果，有助于使写作过程更加流畅和有序。没有提纲的指导，写作可能会变得杂乱无章，难以顺利进行。

此外，如果论文中包含大量的图表，建议在目录之后附上一个图表清单。这个图表清单应包括图表的序号、标题（图题或表题）以及它们在论文中出现的页码。这样的安排不仅方便读者查找和参考，也使论文的整体结构更加完整和易于导航。

1. 目录页码的区分

在目录中，前置部分（如摘要、前言）和正文部分的页码可以采用不同的标注方式，以便区分。

2. 目录格式

目录中的每一项应包含标题名称和对应的页码，二者之间可以用虚线或点线隔开，以增强可读性。

3. 页码标注风格

正文部分建议使用阿拉伯数字标注页码，而前置部分可以使用罗马数字或其他形式，以示区别。

4. 目录内容的全面性

目录应全面反映论文的所有内容，包括引言、正文各章节、小结、参考文献、附录等部分的标题和页码。

5. 标题和编号的排列

在目录中，章节的标题和编号（如绪论、附录）应顶格排列，而下一级标题则应适当缩进。章节标题和编号之间应保持一定的间距，前言、章节标题与页码之间可以用连续点连接，页码可选择性地用括号标注。

6. 目录内容的对齐

当目录中的条目需要换行时，后续行应顶格排列，以保持整齐的格式。

7. 目录页码的独立性

目录应有独立的页码系统，与正文的页码分开，便于读者区分和导航。

第二节　主体部分的撰写

检索系统通常展示论文的基本信息，如标题、摘要和关键词等，而论文的详细内容则需要通过下载全文来获取。摘要部分概括了论文的六个关键要素：研究的中心议题、研究的对象、研究的动因或目的、采用的研究手段方法、研究成果以及研究的最终结论。而论文的主体部分则对这些要素进行更深入的阐述，并在文末的总结中进一步归纳这些要点。学位论文的主体部分是展现论文质量和深度的关键，通常包含绪论、正文和结论等部分。

一、主体部分的撰写规范——绪论

对大部分论文而言，绪论部分是不可或缺的。作者在向读者展示研究成果之前，首先需要阐明研究的背景和重要性，即为何这项研究值得读者投入时间和精力去阅读甚至推荐给他人。这相当于为论文的撰写和传播提供一种合理性的基础。如果忽视了绪论的撰写，直接提出研究问题，可能会显得不够引人入胜。一个真正有深度的研究问题，应当植根于学术界的研究背景之中，它应该是经过深思熟虑、反复推敲后得出的，而不是随意提出的。绪论部分的作用类似于广告，它需要像介绍一个旅游目的地一样，说服并吸引读者，告诉他们这个地方有什么吸引人的地方，以及为什么值得一去。因此，作者在撰写论文时，应给予绪论部分足够的重视。

（一）绪论的定义

绪论是学位论文的开篇部分，标志着论文主体内容的起始。国家标准《学位论文编写规则》（GB/T 7713.2—2022）规定："学位论文的序言或前言，一般是作者对本篇论文基本特征的简介，如说明研究工作缘起、背景、主旨、目的、意义、编写体例，以及资助、支持、协作经过等。这些内容也可以在正文引言（绪论）中说明。"

绪论部分在学位论文中扮演着引子的角色，它为读者描绘了论文的概貌和框架。其核心作用在于阐释作者撰写论文的初衷、动机和目标，明确提出论文试图解答的关键问题，并为读者提供一种内容上的导航。此外，绪论还起着桥梁的作用，帮助读者从具体形象的感知过渡到对论文抽象概念的理解，为深入阅读全文打下思想上的基础。

（二）绪论的内容

绪论是学位论文的前言，它为读者提供了论文的出发点和研究的宏观背景。它涵盖了论文的写作动机、研究的现实背景，以及该领域已有的研究成果和研究现状。绪论还阐明了本研究与现有工作的联系，指出了研究领域的热点问题、存在的空白以及本研究的重要性和价值。此外，绪论简要介绍了论文的理论基础、实验设计和研究方法，为读者预示了研究的可能结果和其潜在的意义，但不会深入讨论。绪论部分应解答以下关键问题：研究的必要性何在？研究的理论或实践基础是什么？预期的创新之处何在？研究的理论或实践价值是什么？

绪论主要包括以下内容。

1. 阐述研究的背景、重要性、发展状况和当前水平。

2. 对相关文献进行综述，评估国内外研究现状，包括已有的研究成果和已解决的问题，并进行适当的评价或比较。

3. 指出尚未解决的问题和研究空白，提出新问题及其解决方案，从而引出本研究的动机和意义。

4. 明确研究课题的目标。

5. 概述论文的主要内容，或提供论文结构的概览。

组织绪论内容，使其条理清晰、逻辑严谨，对作者来说是一项挑战。绪论部分的撰写难在它不仅是论文的开端，更是作者对相关学科领域理解和掌握程度的直接反映。作者的学术深度、研究的深远意义以及其价值的体现，都会在绪论的每一个细节中显现出来。这要求作者不仅需要对研究领域有深入的了解，还要能够清晰地传达其研究的重要性和价值，这对作者的学术素养和表达能力都是一种考验。

（三）绪论的要素

标准的绪论通常由四个核心要素构成：背景问题、需求问题、剩余问题以及本文研究问题。这四个要素之间，以及研究问题与论文其他部分之间，需要通过适当的过渡内容来连接，以确保逻辑的连贯性。通过这种结构化的写作方法，绪论能够帮助读者快速把握研究的脉络，理解研究的起源和发展，同时为深入阅读全文做好铺垫。

1. 背景问题

研究背景是问题研究的广泛来源或应用领域。通常，背景问题涉及横向扩展，覆盖广泛的应用场景，以应用领域作为其主要背景。有时，背景问题则纵向深入，基于更基础、更深远的问题，以此衡量其深度和历史。

2. 需求问题

需求问题是从研究背景中提炼出的关键问题，是那些需要被特别关注和解决的问题点。

3. 剩余问题

剩余问题是指在满足需求问题的过程中，仍然存在的、需要进一步研究和解决的问题。这些问题通常是在当前研究进展中尚未完全解决的挑战。

4. 本文研究问题

本文研究问题是指在未解决问题中，作者选择具体解决的问题。这些问题是本文研究的核心，是作者希望通过研究工作来解答的具体问题。

（四）绪论的写作安排

要撰写一篇高质量的绪论，需要将绪论中的基本要素以逻辑清晰的方式进行组织。这意味着根据绪论应涵盖的关键内容，将其划分为若干部分，每一部分都承担着特定的任务和目标。通过这种方式，绪论的每一部分都能有效地服务于整体的论述，确保读者能够顺畅地理解研究的全貌和深度。

1. 处理好各个问题之间的衔接与关系

在撰写绪论时，需要通过精心设计的过渡内容将各个问题紧密相连。首先，需求问题必须在背景问题中被强调其重要性。其次，在需求问题与剩余问题之间，通过研究现状的分析，将现有研究与本文的研究内容相联系，然后，在剩余问题与本文研究问题之间，需要展示本文研究如何满足这些需求，并说明其重要性。最后，在介绍本文研究内容的基础上，进一步阐述研究的思路、目标，以及论文的整体结构安排，为读者顺利过渡到论文的主体部分提供清晰的指引。这样的安排不仅确保了绪论的逻辑性和连贯性，也使整篇论文的论述更加流畅和易于理解。

绪论中的四个问题按照一定的逻辑顺序排列，形成了一个清晰的结构。首先，背景问题为研究提供了广泛的视角。其次，需求问题从背景中提炼出了具体的研究焦点。再次，剩余问题进一步细化需求，指出了尚未解决的关键点。最后，本文研究问题则是剩余问题的具体化，它直接指向了论文的核心研究内容。这种由宽泛到具体的倒金字塔结构，不仅体现了问题之间的从属关系，也展示了一种承前启后的逻辑链条，使绪论的每一部分都紧密相连，为读者提供了一个清晰的研究路径。

在撰写学术论文时，尽管最终成文的顺序可能与写作时的顺序不同，但研究问题始终是论文的灵魂。因此，建议首先集中精力撰写研究内容，确保其深度和准确性。随后，可以采用递推式的方法，从研究内容出发，先向上追溯，逐步构建研究背景、问题需求等，以确保这些部分与研究内容的紧密联系；再向下延伸，详细规划研究方法、结果分析等后续章节。这种自核心向外扩展的写作策略有助于维持论文各部分之间的逻辑连贯性，使整篇论文成为一个有机统一的整体。

（1）介绍研究问题

在撰写学位论文时，介绍研究内容是一个关键环节，它要求我们从已取得的研究成果出发，精心挑选并呈现那些将在论文中详细讨论的部分。尽管我们可能规划了广泛的研究领域或完成了众多研究任务，但最终呈现在论文中的，应当是那些我们能够提供明确结果的部分。这意味着，我们只聚焦于那些我们能够展示具体发现和深入分析的研究问题。研究内容的选择，本质上是对研究对象的精练，它体现了作者对研究问题的主要贡献和洞见。具体而言，有以下几点。

① 如果作者的研究结果之一是得到了 B 与 A 之间的定量关系，那么与此相关的研究内容就是揭示 B 与 A 之间的定量关系。

② 如果作者的研究结果之一是开发一种新的产品或者模拟某类详细的方法，那么与此相关的研究内容就是某产品的设计方法或某模拟方法，如"我们将研究可以进行语文阅读的教学方法"。

③ 如果作者的研究结果之一是澄清了两个观点之间存在的分歧，那么与此相关的研究内容就是澄清两个观点之间的冲突。

④ 如果作者的研究结果之一是证明了某个猜想，那么与之相关的研究内容就是该猜想的证明，如"在本文中我们将对 A 猜想是否正确进行证明"。

如何启动研究内容的介绍呢？这就需要向上衔接剩余问题。例如，"依据研究现状分析，我们知道尚需解决……问题，而本文将考虑其中的……具体而言，我们的研究内容是……"

（2）如何介绍剩余问题

在撰写学位论文时，识别和阐述剩余问题（即那些尚未解决且值得进一步研究的问题）是至关重要的。这些剩余问题不仅构成了我们研究的起点，而且为未来的研究提供了方向。通常，这些剩余问题是通过深入分析研究现状并识别其中的空白或不足之处来确定的。在介绍这些剩余问题时，我们不仅要展示它们与当前研究需求的关联性，还要确保它们自然地引出本文的研究问题，从而为读者提供一个清晰的研究路径。例如，可以这样表述："通过对现有研究的全面梳理，我们发现尽管已有显著进展，但仍存在一些关键问题尚未得到充分解答。这些问题不仅挑战了现有的理论框架，也为我们的研究提供了出发点。具体来说，本文将聚焦于这些问题中的一个或几个，以期为相关领域的进一步研究作出贡献。"这样的表述不仅明确了剩余问题的重要性，也为读者揭示了本文研究内容的逻辑起点。

（3）如何介绍研究现状

在撰写学位论文时，介绍研究现状是一个展示研究领域深度和广度的重要环节。以下的一些策略，用于更有效地介绍研究现状。

① 精选文献：由于相关文献可能非常庞大，我们需要有选择性地引用那些对理解研究领域至关重要的文献。可以通过引用综述文章或覆盖广泛的文献来概括早期研究和那些与当前研究关系较远的文献。

② 突出关键文献：特别关注那些与你的研究方向紧密相关的文献，无论它们的发表时间早晚。这些文献可能揭示了研究领域的关键问题，提供了研究方法或理论基础，或者为比较分析提供了重要数据。

③ 关注最新研究：介绍一些近期的研究，以展示当前研究领域的热点问题和最新进展。

④ 与需求问题关联：确保引用的文献和总结的研究现状与论文中指出的需求问题紧密相关。在介绍时，应归纳出这些研究解决了哪些问题，取得了哪些重要成果，提供了哪些有价值的见解，以及存在哪些局限性。

⑤ 避免简单罗列：避免仅仅罗列出谁做了什么研究，而应深入分析这些研究如何与你的研究方向相联系。

⑥ 示例表述："在梳理现有文献时，我们特别关注了那些为我们的研究提供了理论基础和方法论指导的关键工作。例如，张三等（2010）的研究不仅提出了一种创新的气象预报模型，而且该模型在解决特定问题上显示出了独特的优势和局限性。"

（4）如何介绍需求问题

在撰写学术论文时，介绍需求问题是展示研究重要性和紧迫性的一个关键环节。以下是一些策略，用于更有效地介绍需求问题。

① 突出社会关注：通过引用一系列近期文献，展示某个问题在学术界和社会中的关注度。这有助于强调该问题的重要性和研究的必要性。

② 提供研究理由：除了展示关注度，还应深入解释为什么这个问题值得研究。这可以通过阐述问题的背景、影响及其对现有理论或实践的挑战来实现。

③ 结合实际案例：提供实际案例或数据，说明问题的实际影响和研究的潜在价值。

（5）如何介绍背景内容

在学术研究中，背景问题的设定是至关重要的，它为研究需求提供了更广阔的视角和更深刻的理解。以下是如何重新表述和介绍背景问题的一些建议。

① 确定背景问题的层次：从需求出发，逐步扩展到更广泛的背景问题，如从专业问题到学科问题，再到跨学科、行业、社会乃至全球问题。

② 避免过度泛化：虽然背景问题需要广泛，但也要避免过度泛化，确保其与研究需求紧密相关。

③ 联系需求和遗留问题：在介绍背景问题时，应向下关注需求，甚至远看遗留的问题和本文研究内容，确保背景问题的介绍能够自然地引出研究需求和遗留问题。

（6）如何介绍研究思路

在撰写学位论文的绪论部分，研究者通常会依次介绍背景、需求及其在更广阔背景中的重要性、相关研究现状、未解决的遗留问题，以及本文的研究内容。以上内容结束后，需要转向研究思路的介绍，这不仅是对研究方法的初步概述，更是对如何达成研究目标的策略性描述。在这一环节，应简要说明计划采用的方法论，以及这些方法如何帮助我们获得预期的研究结果。同时，也可以简要提及期望通过这些方法达到的目标和成果，但避免在此阶段透露实际的研究结果。此外，还需要阐明为了实现这些目标，研究思路需要满足哪些特殊条件或要求。简言之，研究思路的介绍是连接理论假设与实际研究实践的桥梁，为研究方法和预期成果提供了一个清晰的框架。

（7）如何介绍本文安排

本文安排是本文余下部分的构成，例如，第1节（章）处理什么，第2节（章）介绍什么……如果不同章节之间有一些逻辑关系，也需要交代。以下是一个标准的例子：本文余下部分由 2 节（章）构成。在第 1 节（章）中，我们给出使用的研究方法，该方法是在……的方法的基础上经过……改进得到的。第 2 节（章）是针对……问题的研究，将使用……方法来寻找在……的影响下，……所满足的规律。第 3 节（章）……

（五）绪论写作的注意事项

在撰写学位论文的绪论部分，我们应当采取以下策略来确保内容的清晰和连贯性。

1. 开篇概述

绪论的开头应简洁明了，用一句话概括论文的核心问题，这可以是对论文标题的扩展，帮助读者迅速把握论文的主旨。开篇可以采用一个引人入胜的问题、一个令人好奇的事实或一个与研究主题相关的重要声明，以吸引读者的注意力并激发他们的阅读兴趣。

2. 通俗易懂

在介绍背景和需求时，应使用简单明了的语言，避免专业术语，以确保读者能够轻松理解论文的主旨和重要性。若专业术语对于理解论文内容至关重要，应在首次出现时以简洁的方式加以解释。

3. 术语定义

对于不可避免需要使用的专业术语，应在文中提供明确的定义，这有助于确保所有读者，无论其专业背景如何，都能够理解这些术语的含义，从而避免让读者去查阅其他文献。

4. 图表辅助

适当插入表格、示意图或流程图，帮助读者更直观地理解复杂的概念或数据。图表可以作为一种有效的辅助工具，帮助阐明研究方法、展示数据关系或阐释理论模型。

5. 研究现状的简明性

在介绍研究现状时，应避免陷入过多细节。提供一个高层次的概述，突出显示与自己的研究方向最相关的研究，同时指出现有研究的局限性或空白，仅在论文后续部分需要时才提供详细内容。

6. 逻辑连贯

确保绪论部分的背景介绍、研究需求、现状概述、剩余问题和本文研究问题之间的逻辑关系清晰，使用过渡性的语句和段落来连接不同的部分，避免内容上的断链或跳跃，进而使读者能够顺畅地理解论文的逻辑结构和整体框架。

7. 呼应关系

（1）背景与需求：通过强调实现需求对背景问题的重要性来建立联系。

（2）研究现状：通过介绍围绕需求开展的研究来呼应需求。

（3）剩余问题：通过指出为实现需求而需要进一步开展的工作来呼应现状和需求。

8. 研究内容的介绍

在绪论中对本文研究问题的介绍是一个关键环节，它要求作者不仅要清晰地展示该研究问题是如何从现有研究中识别出来的，还要阐明这些问题在更广泛的研究领域和实际应用中的具体意义。

9. 内容权重

合理分配各部分的篇幅是确保论文逻辑清晰和易于理解的另一个重要方面。作者需要根据各部分的重要性，适当调整篇幅，有的可以简略，有的可以详细，关键是要清晰表达。

通过这些要求，我们可以确保绪论部分不仅内容丰富，而且逻辑清晰，易于读者理解和跟随。这种精心设计的绪论将作为一个坚实的基础，为读者提供必要的背景信息，明确研究的动机和目的，同时突出研究的创新性和重要性。

二、主体部分的撰写规范——正文

学位论文的主体部分，即正文，位于绪论和结论之间，构成了论文的核心。这一部分占据了论文的大部分内容，是展示论文创新成果和研究成果的关键区域。在正文中，作者需要详细阐述其研究过程、发现和理论贡献。为了确保论文的学术价值和说服力，正文部分必须内容丰富、论据确凿、论证严密，并且论点清晰明确。

（一）正文的定义

正文是学位论文中篇幅最长、内容最丰富的部分，它集中展示了作者的研究成果和学术创新。这部分内容不仅是对研究工作的详细描述，也是对科研发现的深入阐释，体现了论文的主要价值和学术贡献。学位论文的正文部分是论文的主体，它详细阐述了研究的全过程，包括研究方法、数据分析、结果呈现以及讨论等关键环节。正文部分是展现作者研究思路、分析能力和学术水平的核心区域，要求内容严谨、条理清晰、逻辑严密，能够客观地反映研究的深度和广度，同时也是评审学位论文质量的重要依据。

（二）正文的类型

1.理论型

理论型学位论文的正文部分没有统一的模板，其结构和形式可以多样化，但关键在于确保各部分之间的逻辑联系紧密。这种联系可以是：并列关系，将研究问题分解成几个并行的部分，分别进行讨论；递进关系，按照一定的逻辑顺序，如从现象到本质、从原因到结果或反之，逐步深入地展开论述；纵横交织，结合并列和递进的方式，形成复杂的逻辑结构。

对于主要研究抽象理论的论文，正文可能采用以下结构形式：证明式，首先提出定义或定理，然后进行证明；剖析式，将理论分解成多个部分，逐一进行深入研究；运用式，先介绍公式、方程或原理，然后进行推导，并应用于具体实例进行验证。

对于依赖观测数据和文献资料来探讨规律的论文，正文常见的结构形式包括：时间式，按照时间顺序或事物发展过程来组织内容；空间式，依据事物的地理位置或构成部分来安排论述；现象本质式，先展示观测现象和相关数据，然后分析其背后的本质和规律。

除此之外，论文还可能采用以因果、特征、总分、性质、种类、功能、作用、意义为线索的结构形式。这些结构有时在一篇论文中交织使用，但无论结构如何复杂，都应体现出事物本身的逻辑顺序和人们认识事物的条理性。简言之，理论型论文的正文应通过合理的结构安排，清晰地展示研究的逻辑和深度。

2.实验型

实验型学位论文的正文通常包含"材料和方法""结果""讨论"三个核心部分。这些部分的组合和顺序可能会有所变化，有时方法和结果会合并展示，有时结果和讨论会结合在一起，或者某些情况下只包含结果和讨论，甚至只有方法和结果。

（1）材料和方法

这部分向读者展示如何获取研究结果，反映了作者的研究思路、技术路径和创新能力。创新的实验方法往往是获得创新性研究成果的关键，如果研究主要依赖他人的实验方法，而重点在于观察到的新结果，那么可以简化"材料和方法"部分，仅在结果部分简要说明。

（2）结果

这是实验型论文的核心，展示实验过程中观察到的现象、数据和图像，结果的真实性和准确性至关重要，专家首先关注这部分内容。结果的呈现应准确、细致，避免微小误差影响结论，结果部分不再是实验数据的简单罗列，而是经过精心处理和选择的内容。结果应按逻辑顺序组织，以增强论文的条理性和科学性，图表是展示结果的有效方式，可以避免冗长的文字描述，使信息更直观。

（3）讨论

这部分是对方法和结果的综合分析，目的是从具体现象中提炼出规律性的认识，讨论不仅是对结果的解释，还是对理论的深化和升华，讨论应基于实验结果，结合理论进行科学分析，避免武断和主观臆断，讨论应全面，包括对方法的合理性、结果的可靠性及其在更广泛背景下的意义的探讨。当讨论内容较为简单或结果较多且独立性强时，可以将讨论与结果结合在一起，逐项进行讨论，以提高论文的条理性和清晰度。

在某些学位论文中，作者可能会选择将"讨论"部分与"结果"部分合并，这样做的原因可能有两个：首先，如果讨论的内容较为简单，可能不需要单独作为一个部分来详细展开；其次，当实验产生多个独立且内容丰富的结果时，逐项讨论这些结果更为合适。在这种情况下，论文可以采用一种交替的模式，即先陈述一个结果，接着对其进行讨论，然后陈述下一个结果并继续讨论，以此循环，从而使论文的逻辑更加清晰，便于读者理解和跟随。这种方法有助于突出每个结果的重要性，并在讨论中深入探讨其意义和影响。

3. 描述型

描述型论文的正文通常遵循一种相对固定的结构，主要分为描述和讨论两个部分。在一些论文中，如涉及动物、植物或微生物新物种发现的研究，这两个部分会被明确标出。描述部分的核心内容涵盖了新物种的名称、产地、形态特征、生活环境和分布等关键信息。这一部分的主要目的是为读者提供关于新发现物种的详尽而准确的信息。

讨论部分则侧重于对描述内容的进一步分析，通常包括与相近属种的比较，以突出新属种的独特之处。这部分内容有时还会探讨新属种的科学意义和潜在价值。对于涉及多个新物种的论文，每个物种都应逐一进行详细描述和讨论。即便某些论文没有明确标出"描述"部分，描述观测对象的内容依然是论文的核心。例如，在化学学科中介绍新的实验方法，或在天文学中描述新星和新现象的论文，其描述部分的准确性和形象性是至关重要的。

写好描述型论文的正文，关键在于掌握有效的描述技巧。与一般的说明、叙述或议论不同，描述型论文要求作者能够形象而具体地描绘出研究对象的形态、颜色、亮度、声音和动作等特征。描述必须精确无误，尤其是在关键特征的描述上，不能有任何差错。这种描述虽然要求形象具体，但不同于文学描写，它更注重准确真实地反映对象的本质特征。因此，能够敏锐地捕捉并突出这些特征是撰写描述部分的关键。至于讨论部分，则应保持简明扼要、条理清晰，避免过度复杂的分析和推理，确保论文的逻辑性和可读性。

（三）正文的写作方法

撰写论文时，可以采用多种写作技巧，几乎所有的写作手法都适用于论文创作。在撰写学位论文的过程中，一般建议先拟定一个提纲，这有助于组织和规划论文的结构。拟定提纲主要有两种常见的方法：一种是标题式写法，另一种是中心句式写法。

1.标题式写法

撰写论文时，标题式写作方法是一种有效的组织策略。这种方法要求作者在论文的总标题下设计多个小标题，每个小标题对应论文的一个特定部分。通过这种方式，作者可以将搜集到的资料按照小标题的指示进行归纳和整理，从而形成完整的论文。

（1）小标题的设计

小标题应具体明确，能够引导深入探讨相关论题。它们可以是单词或短语，且在语法上应保持平行，属于同一层次。具体的小标题有助于引发对论题的深入思考和讨论。

（2）提纲与小标题的关系

构思小标题虽然不是写提纲，但拟好的提纲往往是后来的小标题的基础。构思小标题是作者对论文整体构思以及局部之间关系的全面考虑。提纲的拟定是写作过程中的一个重要步骤，对社会科学和自然科学的论文撰写者来说，写提纲的技能是必须锻炼的。

（3）提纲的重要性

拟写提纲与积累的资料紧密相关。选材和拟写提纲都要服从论题的需要。提纲应从最佳角度阐述主题，并考虑文章的整体结构和论证逻辑。提纲的拟定需要考虑如何提出问题、分析问题、解决问题，以及如何围绕中心论点展开论证。

（4）提纲的构思

在写提纲时，应考虑各部分的详略、论证的严密性、逻辑的连贯性，以及如何突出重点和核心问题。提纲应能从最佳角度说明主题，并考虑文章的谋篇布局。这包括提出什么问题、分析什么问题、解决什么问题，以及如何进行严格的论证，有步骤、有层次、有说服力地解决问题。

（5）小标题与资料的利用

设计小标题时，应考虑如何最大限度地利用搜集到的资料。巧妙构思小标题，能够揭示材料之间的内在联系，增强论文的说服力和吸引力。构思小标题实际上是作者写作构思的一部分，构思巧妙、立意新颖，写出来的论文说服力与吸引力就很强。

（6）标题的类型

论文标题可以分为简单标题和详细标题。简单标题具有高度概括性，只提示论文的要点，而详细标题则将主要论点和展开部分详细列出。准备详细的标题有助于写作过程更加顺利，确保论文的逻辑性和完整性。

（7）写作的基本功

归纳、比较和对材料取舍的本领是撰写学位论文的基本功之一。要尽量使拟定的标题有利于揭示材料之间的内在联系，有利于揭示论证的内在本质属性，并能紧密围绕中心论题。这种能力对论文的说服力和吸引力至关重要。

（8）写作的准备

没有充分的准备，边写边想，很难进行下去。充分的准备包括对资料的深入分析和对提纲的精心设计。准备充分的作者能够更好地利用手中的资料，写出更有说服力的论文。

总之，标题式写法可以使论文的写作过程更加有序和高效，确保论文内容的深度和广度。作者需要在写作前进行充分的准备，包括对资料的深入分析、对提纲的精心设计，以及对小标题的巧妙构思。这样，写作过程才能更加顺利，论文的逻辑性和说服力才能得到保证。

2. 中心句式写法

中心句式写法是一种论文撰写技巧，它的核心在于首先提炼出反映论文核心内容的关键句子，然后围绕这些句子构建论文的提纲和内容。

（1）中心句的提炼

在准备论文提纲时，根据论文的论题和论据，提炼出若干能够表达论文主要内容的中心句。这些句子通常能够独立表达一个完整的意思，是构成文章各个段落的基础。

（2）提纲的构建

按照论文的逻辑顺序，选择并列出这些中心句，形成句子式写作提纲。这种方法有助于在写作过程中保持论文的逻辑性和连贯性。

（3）段落的展开

每个中心句可以扩展成一个独立的段落。在段落中，补充相关的细节和例证，用以支持和丰富中心句表达的观点。通过这种方式，可以将抽象的论点具体化，使论证更加充分和有说服力。

（4）中心句的表达

中心句的表达方式应多样化，避免使用单一的直陈式句子，以减少重复和呆板的感觉。例如，可以使用疑问句、反问句或其他修辞手法，增强文章的吸引力。

（5）论文层次的安排

中心句的提炼和使用需要作者清晰地掌握论文的论点，并科学地决定论文的层次及论证方法。这包括决定是使用逻辑推理、实验验证还是其他论证方式。

（6）避免段落过长

为了突出中心句，并使读者容易理解每个段落的核心内容，每个段落的文字不宜过长。可以通过交替使用图表、文字说明、例证等多种方式来丰富和支持中心句。

（7）逐步阐述中心句

在实际写作中，可以将一个大的中心句分解成若干小中心句，逐步进行阐述。这既有助于使论文的论证更加细致和深入，也有助于读者更好地理解和掌握论文的要点。

（8）段落要点的整合

每个段落的要点可以整合成全篇论文的主要论点。通过这种方式，论文的结构将更加清晰，论点的表述也将更加明确和有力。

总之，中心句式写法是一种有效的论文写作技巧，通过精心提炼和使用中心句，可以显著提高论文的逻辑性、连贯性和说服力。这种方法不仅有助于作者在写作过程中保持清晰的思路，也有助于读者在阅读过程中快速理解论文的核心内容和论点。

（四）正文写作的注意事项

学位论文是学术研究的重要成果，其正文写作需要遵循一定的规范和注意事项，这可以帮助作者撰写出高质量的学位论文。

1. 主题明确

撰写学位论文的首要任务是确保中心论点或研究问题清晰无误地呈现给读者。这不仅要求作者在开篇就明确指出论文的研究焦点，还需要在整个写作过程中始终保持对该主题的集中探讨。一个明确的主题有助于读者快速把握论文的核心内容，理解作者的研究意图，从而进行有效的学术交流和评价。

2. 结构合理

学术论文的结构是展示研究逻辑、组织内容的重要框架。遵循常见的学术论文结构，即引言、文献综述、方法论、结果、讨论和结论等部分，有助于确保论文的条理性和完整性。每个部分都有其特定的功能和目的，相互之间紧密相连，共同构成一个完整的研究体系。合理的结构不仅有助于作者系统地展开研究，也有利于读者清晰地理解作者的研究思路和过程。

3. 逻辑清晰

逻辑性是学术论文的灵魂所在。论文的每个部分都应该逻辑连贯，论点之间要有清晰的逻辑关系。这要求作者在写作过程中，始终保持清晰的思维脉络，确保各个部分之间的衔接自然、顺畅。同时，论点要具有说服力，论据要充分有力，能够有力地支撑作者的观点。只有这样，才能让读者在阅读过程中感受到论文的严谨性和科学性。

4. 语言规范

学术语言是一种严谨、规范的语言表达方式。在撰写学位论文时，作者应使用规范的学术语言，避免使用口语化或非正式的表达方式。这包括使用准确的词语、恰当的句式和规范的语法结构。同时，作者还应注意语言的精练和准确，避免冗长和模糊的表达方式。规范的语言不仅能够提升论文的学术水平，还能够增强论文的可读性和说服力。

5. 引用准确

准确引用文献是学位论文写作中的一项基本要求。作者应遵循所在学科的引用格式规范，确保引用的准确性和规范性。在引用文献时，作者应注明文献的来源、作者、出版年份等必要信息，以便读者能够方便地查阅原文。同时，作者还应注意避免抄袭和剽窃行为，确保论文的原创性和学术诚信。

6. 数据可靠

研究数据的准确性和可靠性是学位论文质量的重要保障。在搜集和分析数据时，作者应遵循科学的方法和原则，确保数据的真实性和有效性。同时，作者还应对数据进行严格的审核和验证，避免数据造假或错误的发生。可靠的数据不仅能够增强论文的说服力，还能够为学术界提供有价值的研究成果。

7. 分析深入

对搜集的数据进行深入分析是学位论文写作中的重要环节。作者应运用科学的方法和工具对数据进行挖掘和解读，揭示数据背后的规律和趋势。在分析过程中，作者应注重数据的深度和广度，避免表面化地描述和浅尝辄止地分析。深入的分析不仅能够展现作者的学术水平，还能够为学术界提供新的研究视角和思路。

8. 讨论充分

在讨论部分，作者应对研究结果进行全面的解释和讨论。这包括分析研究结果的意义、探讨其可能的原因和机制、评估其局限性和不足之处等。同时，作者还应将研究结果与现有文献进行对比和分析，指出其创新点和贡献。充分的讨论不仅能够加深读者对研究结果的理解和认识，还能够为未来的研究提供有益的启示和借鉴。

9. 结论明确

结论部分是学位论文的总结和归纳部分。在结论部分，作者应简洁明了地总结研究的主要发现，并指出研究的贡献和可能的应用。同时，作者还应对研究的局限性和不足之处进行客观的评价和反思，为未来的研究提供改进的方向和建议。明确的结论不仅能够为读者提供清晰的研究成果概览，还能够激发读者对研究领域的进一步关注和探索。

三、主体部分的撰写规范——结论

学位论文中的结论部分是整篇论文的压轴之作，它不仅总结了研究的主要发现和论点，而且提供了对研究结果的深入分析和反思。结论部分的地位至关重要，因为它是读者在阅读完整篇论文后得到的最终印象，它能够强化研究的贡献，指出研究的局限性，并为未来的研究提供方向。结论不仅要清晰、简洁地概括研究的核心观点，还要展现出作者对研究主题的深刻理解和批判性思考。

（一）结论的定义

学位论文的结论是整篇论文的收尾，起着至关重要的作用。它不仅是对正文部分分析和论证的自然延伸，也是对论文核心观点的强调和总结。结论部分应与论文的绪论或导言相呼应，形成完整的逻辑闭环。在内容上，结论应综合概括论文的主要发现，提出解决问题的方案或指出未来研究的方向。从某种角度来看，论文的写作目的在于阐明关键结论，因此结论部分应明确指出这些结论。根据论文的具体内容和论题，结论可能包含解释、建议和总结。在一些推论性较强的论文中，结论部分可能包含具体的建议；而在主要介绍新兴学科知识的论文中，结论则更多是总结性的描述，如"综上……"。简言之，结论是论文的点睛之笔，应清晰、有力地传达论文的主要贡献和意义。

（二）结论的类型

学位论文中的结论部分通常可以归纳为几种类型，每种类型都具有其独特的功能和侧重点。

1.总结型结论

这是最常见的结论类型，它简洁地回顾了论文的主要发现、论点和研究结果，为读者提供了一个清晰的研究概览。总结型结论是学位论文中的核心组成部分，它以一种精练而全面的方式回顾了研究的关键发现、主要论点和重要结果。这种结论类型通过有条理的叙述，将研究的精华部分呈现给读者，不仅加深了读者对研究主题的理解，而且强调了研究的贡献和意义。在撰写时，作者应确保结论部分语言简洁、逻辑清晰，避免引入新的信息或论点，而是将重点放在对研究结果的准确概括和对研究价值的强调上，从而使读者在阅读完论文后能够获得一个明确、深刻的最终印象。

2. 反思型结论

这种结论不仅总结了研究结果，还对研究过程中的方法、假设和限制进行了反思，展现了作者的批判性思维。反思型结论是学位论文中一种深入且具有自我批判性质的结论方式，它不仅对研究结果进行了总结，而且深入探讨了研究过程中采用的方法、假设的有效性以及可能存在的局限性。这种结论通过作者对研究设计的自我审视，揭示了研究过程中可能遇到的挑战和问题，以及这些问题对研究结果的影响。此外，反思型结论还可能包含对研究方法论的探讨，评估其在特定情境下的适用性和局限性，以及如何在未来的研究中进行改进。通过这种批判性思维的展现，作者不仅增强了研究的可信度，而且为读者提供了对研究更深层次理解的视角，同时也为学术界提供了进一步研究和讨论的基础。

3. 建议型结论

在这种结论中，作者基于研究结果提出具体的建议或行动方案，这些建议可能针对实践领域、政策制定或未来的研究方向。建议型结论是学位论文中一种具有前瞻性和应用导向的结论方式，它在总结研究结果的基础上，进一步提出了针对性的策略和建议。这些建议不仅基于研究数据和分析，而且考虑了实际应用的可行性和效果。在这种结论中，作者可能会针对特定的实践领域提出改进措施，为政策制定者提供决策支持，或者为未来的研究者指明新的研究方向和方法。建议型结论的目的是将研究成果转化为实际行动，促进知识的应用和进一步发展，同时也为学术界和实践界搭建了桥梁，增强了研究的社会影响力和实践价值。通过这种方式，作者不仅展示了研究成果的实际意义，也体现了其对社会责任和未来发展趋势的深刻洞察。

4. 展望型结论

这种结论着重于研究的长远意义和潜在影响，作者会讨论研究如何为未来的研究开辟新的道路或提出新的问题。展望型结论是学位论文中一种富有远见和启发性的结论方式，它超越了对当前研究结果的直接总结，而是将视野扩展到研究的长远意义和可能带来的变革。在这种结论中，作者不仅评估了研究对现有知识体系的贡献，还探讨了其对未来研究领域的潜在影响和启示。作者可能会指出当前研究中未解决的问题，提出新的研究问题或假设，为后续研究者提供新的探索方向。此外，展望型结论还可能讨论研究结果在不同领域或情境下的应用前景，以及这些应用可能带来的社会、经济或技术变革。通过这种前瞻性的思考，作者为读者描绘了一个基于当前研究的未来发展蓝图，激发了读者对知识探索和创新的持续兴趣和动力。

5. 批判型结论

在某些情况下，作者可能会在结论中对现有理论或实践提出批判，指出研究如何挑战或补充现有的知识体系。批判型结论是学位论文中一种具有挑战性和创新性的结论方式，它通过深入分析和批判性思维，对现有的理论框架或实践方法质疑或补充。在这种结论中，作者不仅展示了对研究主题的深刻理解，还通过提出新的视角或证据，挑战了某些普遍接受的观点或做法。这种结论可能会指出现有理论的局限性、实践中的问题或研究方法的不足，从而为学术界和实践领域带来新的思考和讨论。作者通过批判型结论，不仅推动了对现有知识体系的重新评估，也为未来的研究提供了新的理论基础和研究方向，促进了学术思想的更新和实践的改进。这种结论的撰写需要作者具备敏锐的洞察力和坚实的学术基础，以确保批判的合理性和建设性。

（三）结论的重要性

结论是学位论文中至关重要的一环，它不仅是文章的终结，更是对全文的深入概括和升华。它不应仅仅是对论文内容的简单汇总或重复，而应当是对论文的核心观点进行提炼和强调。结论部分的撰写需要体现出作者的学术严谨性和科学态度，它应当准确地反映作者通过论文所表达的总体观点和主张。

在撰写结论时，作者应诚实地指出论文的局限性和未解决的问题，避免夸大其词或使用不实之词。结论的语言应严谨、逻辑应严密，表述应具体明确，避免使用诸如"本研究已经达到世界先进水平"或"国内尚无同类研究文章"等夸张或不准确的表述。结论部分的撰写应当体现出作者的文风和科学精神，是对论文价值和深度的最终体现。通过精心撰写的结论，读者可以更深刻地理解论文的贡献和意义，同时也能够认识到论文的不足之处和未来研究的可能方向。

（四）结论的写作要求

1. 精确总结全文，简要点明题旨

在学位论文的结尾部分，结论应作为对全文观点的精练总结，清晰而简洁地呈现作者的核心结论和创新之处。这一部分是全文理论和观点的精华所在，必须确保其内容准确无误，完整地反映论文的主旨，同时避免任何脱离实际的虚构或含混不清的表述。结论的撰写需要严谨的措辞，确保其表达明确、直接，避免任何可能引起误解的模棱两可或含糊其词的表达。

2. 确保首尾一致性

结论作为学位论文的最终段落，尽管在结构上独立，但其内容必须与文章的绪论部分形成逻辑上的连贯和呼应。通过绪论，读者可以了解到作者将要探讨的问题；而通过结论，读者则能够明确作者对这些问题的研究成果和结论。这种首尾呼应的结构设计，使读者即便仅通过阅读论文的摘要、绪论和结论，也能对论文的整体内容和研究贡献有一个清晰的认识和理解。这种一致性是学术论文写作中的一个重要原则，有助于增强论文的逻辑性和说服力。

3. 避免使用非实质性语言

在撰写学位论文的结论时，应避免使用任何形式的客套话或自我评价。结论部分应专注于客观陈述研究结果和发现，而不是对作者自身的工作进行评价或吹嘘。这种直接而客观的表述方式有助于保持论文的学术严谨性和权威性，确保读者能够清晰地理解研究的核心内容和意义，而不是被不必要的修饰语或主观评价干扰。

4. 避免结论与绪论内容重复

在学位论文的结构中，结论与绪论各自承担着不同的功能，因此应避免二者内容的简单重复。绪论部分主要负责为读者提供研究背景、问题提出、研究方法和初步结论，旨在为全文的深入探讨奠定基础。而结论部分则应是对研究结果的总结和回应，包括对绪论中提出问题的直接回答和对研究结果的进一步阐释。错误的重复可能表现为：绪论中过早透露结论，或结论中重新陈述研究背景和理论依据。正确的做法是：绪论激发读者兴趣，引导他们进入研究主题；结论则清晰总结研究成果，回应研究问题，确保论文的逻辑性和完整性。这种区分有助于提升论文的学术质量和阅读体验。

四、主体部分的撰写规范——辅助书面语符号

学位论文不仅由文字构成，还包括标点符号、图表等元素，这些元素统称为辅助书面语符号。它们代表了特定的概念和含义，承担传递信息的功能，是书面表达中不可或缺的一部分。在很多情况下，这些符号起到的作用是纯文字无法替代的。因此，可将这些辅助书面语符号视为一种特殊的语言，即"符号语言"。

（一）符号语言

符号语言是一种非常规范和结构化的语言形式，它是对自然语言的进一步提炼和概括。在科学探索和研究领域，形式化的符号被广泛采纳作为一种专业的交流工具，这样做极大地增强了这些符号在学术交流中的核心地位和作用。

1. 符号语言的特征

在撰写学位论文时使用的符号语言具备以下几个显著特征。

（1）精练性

符号语言以其精练的结构和简洁的形式，高效地编码了复杂的科学概念，使学位论文能够在有限的篇幅内传达更多的信息，同时确保了表述的精确性和清晰性。例如，在物理学中，牛顿的第二运动定律是一个基本的定律，它描述了力、质量和加速度之间的关系。用文字可以表述为物体的加速度与作用在其上的净外力成正比，与物体的质量成反比。若使用符号语言，可将此定律压缩为 $F=ma$。

（2）可靠性

遵循语法和逻辑规则进行的严密逻辑推演和验证，是科学探索的核心方法之一。这种方法不仅确保了科学结论的准确性和可靠性，而且通过逐步检验每个推理步骤，提升了对复杂现象深入理解的能力。在一些科学实践中，无论是物理学中对宇宙基本力的研究，还是生物学中对生命过程的阐释，逻辑推演都发挥着至关重要的作用。

（3）明确性

在特定的科学范畴内，符号语言具有明确且唯一的定义，其含义被严格限定，无须依赖上下文即可明确理解，确保了表达的清晰性和精确性，消除

了可能的歧义和不确定性。

（4）固定性

在科学领域，新发现的涌现往往会引入新的概念。相应地，代表这些新概念的符号语言也会随之产生。一旦这些符号得到科学界的广泛认可，它们的意义就会被固定下来，成为具有确定科学含义的固定符号系统。

由于科学符号和公式在全球范围内具有统一性，它们在国际交流中无须经过翻译即可直接使用，这极大地便利了全球科学家之间的学术交流与合作，推动了科学知识的无障碍传播和科学思想的快速融合。

2. 符号语言使用的标准

在撰写学位论文时，使用符号语言应遵循以下几个关键点。

（1）标准规范

遵循学术界普遍认可的规则和权威机构设定的标准是撰写学位论文时使用符号语言的关键。这些规范和标准确保了学术沟通的一致性、准确性和可交换性，它们是技术准则的简称，涵盖了从共同语言到具体的产品规格和质量检验方法。在当今信息迅速膨胀的时代，为了信息的有效储存、处理、检索和国际交流，学位论文的撰写必须遵循这些标准化和规范化的要求。

（2）确保全文的一致性

在一篇学位论文中，一旦为某个概念或变量选定了一个符号，该符号必须贯穿全文保持不变，确保全文的一致性和连贯性，避免因符号变更而导致读者理解上的混淆。

（3）恰当使用符号

在写作时，正确使用符号需要注意首先对所用符号进行明确定义，确保全文中符号含义的一致性，并仅在必要时辅助阐述观点。应避免过度使用或用符号替代文字，同时遵循学术规范和文献中的既定用法，确保符号的使用既简洁又有助于清晰传达复杂概念，最终通过审校确保符号的正确性和恰当性。

（二）图的使用

图能够与论文内容相辅相成，对那些难以仅用文字或公式阐述清楚的概念进行补充说明，从而使论文表达更为简明、直观，节省空间。同时，图的使用还能为版面增添活力，优化视觉效果，增强读者的阅读体验，提升阅读的愉悦度和效率。

1. 图的特征

（1）插图的示意性

插图在学位论文中扮演着辅助性的角色，它们尤其适用于阐述那些文字难以充分表达的内容。为了强调核心主题并简化视觉呈现，这些插图往往是具有示意性质的，不追求与原图完全一致，类似于机械设计和建筑规划中使用的概览图而非详尽的细节图。在学位论文的插图中，通常不采用复杂的结构图，而是倾向于使用简化的结构示意图来传达关键信息。同样，函数曲线图也倾向于采用简化的坐标图形式，以便于突出主要趋势和关系，而不是追求极端的精确度或细节。

（2）插图的真实性

插图应是对现实世界的真实再现，不允许任何形式的虚构。插图的创作需要严格遵循现实，确保每一部分和细节都能真实地反映事物的自然状态、运动的规律性、结构的有序性以及数量的准确性。创作者不应随意删减或添加与事物本质不符的元素，更不能进行无根据的想象或创造。对所有对读者有价值的信息，都必须以对描述对象的忠实和详尽为前提，进行精确的描绘。

（3）标准的一致性

插图作为一种视觉化的表达方式，本质上是传递思想和信息的媒介。为确保思想的顺畅交流，论文的作者、书籍的编辑以及读者之间需要有一套共通的表达方式。现行的标准已经对图形的设计和绘制提出了明确的要求，而那些未被明确规定的部分，通常已经形成了普遍接受的惯例。遵循这些标准和要求来设计和绘制插图，有助于建立一个共同的交流基础。因此，在进行插图设计时，遵循规范至关重要。如果设计者不遵守这些规范，各执己见，可能会导致插图难以被理解，甚至完全无法传达其应有的信息，这样插图就失去了应有的价值和意义。

（4）色彩的集中性

尽管彩色图像因其丰富的色彩和清晰的层次能够更真实地展现物体的细节，由于印刷工艺和成本的限制，作者通常只能在有限的范围内挑选合适的插图。这也意味着作者会倾向于使用单色线条图或黑白灰度图，因为它们在成本和技术上更为可行。

2. 图的种类

图作为一种视觉化交流的工具，对学位论文来说是一个不可或缺的元素。

它利用解析几何的原理或艺术技巧，通过点、线、面或三维图形的方式，将数据和对象转化为直观的图像。这样的图能够以简洁明了的方式展示变量之间的关系，清晰地揭示事物的形状、构造、属性、变化趋势及其内在规律。它能够将那些用文字难以描述的复杂概念以一种易于理解的方式呈现给读者。图的种类包括条形图、曲线图、饼图等。

（1）条形图

条形图一般通过不同长度的条形直观地展示数据量，其中每个条形的长度（高度或宽度）直接对应其代表的数值大小，条形越长表示数量越多，从而在视觉上清晰地呈现和比较各组数据的相对大小。

（2）曲线图

曲线图是一种利用坐标系统展示变量间函数关系的图表，它通过在横轴（自变量）和纵轴（因变量）上的坐标点连接成的曲线来呈现数据。这种图表以形象、直观和简洁的方式揭示了事物的动态变化和发展趋势，是学术研究中，尤其是在学位论文中广泛使用的可视化工具。

（3）饼图

饼图通过将一个完整的圆形（代表总量的100%）分割成若干扇形，每个扇形的面积大小根据其对应的数值来确定，以此来展示各个组成部分在整体中所占的比例。例如，地壳中主要化学元素的相对含量就可通过饼图来直观地展示。

3. 图的选用指南

在撰写学位论文时，应优先使用文字来阐述问题，避免使用不必要的插图。若插图对于理解内容并非关键，应考虑删除。此外，如果数据或信息可以通过表格清晰表达，则无须使用插图。作者应选择最直接、最简洁的方式来呈现信息。因此，在选择插图时，应遵循以下原则：如果线条图能够满足表达需求，就无须使用照片或艺术图；如果单色图足以传达信息，就不必使用彩色图；如果小尺寸的图能够清晰表达，就避免使用大尺寸图；如果简单的图表能够说明问题，就尽量不要使用复杂的图表。作者在设计插图时需注意：应集中精力强调插图的核心内容，对于不太重要或不影响曲线展示的多余元素，应进行适当的修改或去除，以确保插图既紧凑又具有审美感，同时节省空间。若一个插图包含多个子图且它们紧密排列，应尽量保持它们的大小一致。此外，插图的所有方面，包括尺寸、注释、符号、线条、箭头和剖面线的绘制，都应严格遵守相关规范和标准。在论文中使用的插图还必须遵守保密要求和相关法规。

4. 图的题注

为确保版面布局的整洁性和内容的清晰性，在文章中插入的各类图应遵循以下规则。

（1）布局

图的位置应居中放置，并根据版面要求适当调整其尺寸，但确保图表的宽度不超过正文文本的宽度，以实现视觉上的平衡和对称。

（2）色彩

除非特定情况下，需要使用彩色的图片，否则应优先考虑将插图调整为灰度，以保持协调一致。

（3）标题

图的标题应放置于图片的下方，由图序和图名组成。图序和图名之间应保持一定的间距，并且整体居中对齐。图序应使用连续的阿拉伯数字进行编号，根据文章内容的逻辑顺序来安排图的顺序。如果需要添加图注，应将其置于图的下方，紧接在图标题的上方。

（三）表的使用

表格在学位论文中扮演着至关重要的角色，作为一种表达手段，它依据统计学的原理，将问卷调查、实验观察和计算得到的数据有条理地组织起来。在学术研究中，使用表格来整理和记录数据，有助于在分析和对比过程中识别事物的演变和发展趋势。为确保表格能够清晰地传递信息并有效地支持研究结论，遵循一定的规范是至关重要的。

1. 表的要素

在学位论文中，普遍推荐采用简洁、清晰、易于阅读的"三线表"格式。它有以下几个关键组成部分。

（1）表序和表题

表序是表格的编号，用于标识表格顺序；表题是表格的名称，概括了表格的主要内容。

（2）表头

位于表格的顶部，介于顶线和栏目线之间，包含了表格各列的名称，这些名称定义了表身中相应列数据的特征或属性。

（3）表身

位于底线之上、栏目线之下，是表格的核心区域，包含了具体的数据和信息。

（4）表注

对表格中特定数据项或整个表格的详细说明，通常以简洁的文字形式呈现，位于表格的底部。

那么，这种表格的设计特点包括三条主要的线条：顶线、底线以及分隔栏目的中线。其中，顶线和底线较粗，用以突出表格的边界，一般为 1.5 磅；而栏目线则较细，以区分不同的数据列，一般为 0.5 磅。尽管标准的"三线表"仅包含这三条线，但在某些情况下，为了更清楚地展示数据或避免内容上的混淆，可能需要添加额外的辅助线条。即便如此，这些表格仍然被认为是"三线表"的变体。不加辅助线的简洁版"三线表"示例可见表 6-1，而包含辅助线的增强版"三线表"示例可见表 6-2。

表 6-1　不同毕业师范院校教师总分及各维度差异检验

变量	总分	教师认知	教学能力	教学实施	教学手段
师范类院校（258）	3.04 ± 0.72	2.92 ± 1.10	3.29 ± 0.93	3.27 ± 0.96	2.69 ± 1.00
非师范类院校（224）	2.39 ± 0.57	2.35 ± 0.84	2.44 ± 0.76	2.26 ± 0.81	2.50 ± 0.92
T	11.121***	6.489***	11.033***	12.589***	2.193*
P	0.000	0.000	0.000	0.000	0.029

表 6-2　不同学校支持力度对乡村教师留任的独立影响

预测变量		乡村教师留任	
		模型 1	模型 2
高学校支持	β（S.E） R 方（调整 R 方） F	0.631（0.667）*** 0.398（0.398）*** 1409.192***	0.631（0.665）*** 0.406（0.400）*** 72.083***
低学校支持	β（S.E） R 方（调整 R 方） F	0.561（0.711）*** 0.315（0.314）*** 979.097***	0.567（0.710）*** 0.324（0.317）*** 50.522***

注：*** 表示在 0.001 水平（双侧）上显著相关。

2. 表格的挑选

（1）简化表格

如果发现多个表格的栏目内容重复或相似，应考虑将它们合并或去除冗余，以提高信息的呈现效率。

（2）文字表述

对那些内容不复杂，只包含少量统计数据的表格，如果能够用简明的语言进行描述，就应优先采用文字叙述，避免不必要的表格使用。

（3）选择合适的展示方式

在决定使用图还是表格来展示数据时，要根据所要传达的信息类型来选择最合适的方式。如果目的是展示事物的外观特征或参数变化的整体趋势，图可能更加直观；如果目的是展示数据间的精确对比或隶属关系，表格则更为合适。

3. 制表的基本准则

（1）表格布局

表格放置于页面居中位置，调整至适当大小，确保宽度不应超出文本的边界。根据内容量，可以选择展示一个表格或是两个表格并排展示。

（2）表序与表题

表格的编号应采用连续的阿拉伯数字顺序，以反映它们在文中出现的先后顺序，如"表1""表2"等。表格的标题应简短且具有描述性，清晰地表达表格的主要内容，同时在标题中不使用标点符号。

（3）表身内容

表内数字应精确，不附带单位或百分号，且应避免空白项。特殊情况应在表注中说明，不使用"0"或"—"作为占位符。

（4）数字格式

表内数字使用阿拉伯数字，对齐方式需统一，特别是带有"±"或"~"的数字。零值和百分数应明确标识。避免使用模糊词语，未取得的数据用"…"表示，未做的用"—"表示。

（5）单位标注

共用单位标注在表题后，特有单位则标注在相应栏目后，且需与正文中的单位一致。

（6）注释方式

表格不设"备注"栏，需要注释的地方用注释符号标出，并在表格下方提供相应的文字说明。

（7）表格位置

表格应紧跟在提及它的文本之后，遵循"文先表后"的原则。

（8）大型表格处理

对篇幅较长的表格，可以将其内容分割成栏或段落，并用双线来区分各个部分。若表格过多而需要跨越页面，应在新的页面上标注"续表"并重复表头。

第三节　结尾部分的撰写

学位论文的结尾部分，包括参考文献、附录、致谢等，是整篇论文不可或缺的组成部分，其重要性不容忽视。这一部分不仅体现了学术研究的严谨性和完整性，确保了研究的可追溯性和透明度，而且通过规范的参考文献列表，为读者提供了进一步探索和验证研究结果的途径。附录部分可以提供额外的数据、图表或研究材料，有助于读者更深入地理解研究内容。致谢则表达了作者对指导教师、同行及所有支持者的感激之情，展现了学术研究的团队精神和人文关怀。因此，精心撰写学位论文的结尾部分，对于提升论文的学术价值、增强研究的可信度以及维护学术道德具有至关重要的作用。

一、结尾部分的撰写规范——参考文献

参考文献是撰写学位论文过程中不可或缺的一部分，它记录了作者在研究中参考和引用的各类图书和其他资料。这些文献不仅是作者获取信息和知识的来源，也是展示学术诚信、尊重他人研究成果的重要方式。通过遵循特定的格式规范，作者将这些引用信息详细记录下来，确保了学位论文的严谨性和可靠性。简言之，参考文献的准确著录对学位论文的完整性和学术价值具有至关重要的意义。

（一）参考文献的作用

1. 参考文献是反映作者对问题研究的起点和深度的依据

在科学研究的征途中，参考文献扮演着至关重要的角色。它们不仅是作者研究起点和深度的体现，更是学术传承和知识累积的桥梁。科学研究的本质在于创新，但这种创新并非空中楼阁，而是建立在前人研究的坚实基础之上。无论是社会科学还是自然科学，每一项研究都是在前人成果的基础上的进一步探索和拓展。因此，学术论文中对研究背景、理由和目的的详细阐述，必须包含对前人工作的充分说明和评价。这样的学术规范不仅展示了作者的严谨态度，也彰显了科研成果的先进性和观点的准确性。

学位论文的价值往往通过其参考文献的著录来衡量。一篇论文的学术价值和深度，可以通过其引用的文献的质量和深度来体现。专家和读者在评估论文时，会将作者的研究与相关领域的标准进行对比，而参考文献的著录则为这种比较提供了重要的参考。一个高起点和深入的参考文献列表，不仅提升了论文的学术层次，也证明了作者在研究问题上的深入探讨。同时，参考文献的数量和广度也反映了作者在科研领域的广泛涉猎和研究工作的全面性。因此，参考文献不仅是论文内容的支撑，更是衡量论文学术价值和作者科研能力的重要指标。

2. 著录参考文献是区别自己的成果与他人成果的凭据

学术研究是一项累积性的智力工作，每项科研成果都建立在前人或他人的工作之上。为了清晰地区分自己的研究成果与他人的工作，并展示在现有研究基础上的创新和创造，科研论文中必须正确引用和记录前人或他人的成果。如果没有适当的参考文献著录，可能会引起读者对研究成果真实性的质疑，甚至被怀疑存在剽窃或抄袭行为。相反，当论文中恰当地著录了参考文献，作者就能够展示其研究的独创性和先进性。例如，如果作者采用了与前人不同的方法并取得了相同的成果，这证明了其方法的创新性；如果作者在前人研究的基础上取得了更进一步的成果，这显示了其研究的创新性；如果作者在观点或方法上提出了新的见解，这表明了其工作的先进性。因此，参考文献不仅是学术诚信的体现，也是衡量作者研究贡献的重要标准。通过这种方式，参考文献帮助读者理解作者的工作是如何在现有学术框架内进行创新和发展的。

3. 著录参考文献起到检索入口的作用

学术出版的核心目标在于作品的广泛传播与应用。当一篇论文或论著被重要的学术数据库收录时，它便能更频繁地出现在潜在读者的视野中，从而提升其使用率和社会影响力。这种收录不仅彰显了论文的学术水平，也扩大了其在学术界的影响力。

正如前文提到的，关键词是文献检索的关键，没有正确标注关键词的论文很难被数据库收录。同样，规范地著录参考文献也是文献检索的入口，是论文被学术数据库收录的基本条件之一。在科技学术界，SCI（科学引文索引）、CSSCI（中文社会科学引文索引）是公认的权威二次文献库，许多学术期刊都渴望成为 SCI、CSSCI 的信息源，因为 SCI、CSSCI 象征着高水平和高质量。观察那些被 SCI、CSSCI 收录的论文，除了具有显著的学术价值，它们还严格遵守了包括参考文献著录在内的格式要求。不规范著录参考文献的论文通常不会被那些作为 SCI、CSSCI 信息源的期刊接受，更不可能被 SCI、CSSCI 收录。因此，未能正确著录参考文献的论文很难进入权威的学术数据库，这不仅降低了其被利用的机会，也限制了其社会效益的实现。

4. 著录参考文献的道德意义

在学术领域，尊重他人的工作和成果是基本的道德准则和学术规范。通过在论文中正确著录参考文献，我们不仅展示了对他人研究成果的认可，也体现了对他们劳动的尊重和敬意。这是一种学术诚信的体现，也是学术共同体成员应有的行为。有时，引用他人的成果是为了提出批评或不同的观点。即便如此，引用这些成果也是为了在学术讨论中提供坚实的论据，支持自己的论点。有效的批评需要建立在充分理解和引用现有研究的基础上，这样的学术对话有助于推动知识的深入和学术的进步。学术讨论的本质是开放和多元的，允许不同的声音和观点。通过引用和讨论不同的文献，我们能够促进学术思想的交流和碰撞，从而丰富学术内容，推动科学的发展。无论是为了支持还是批评，正确引用他人的成果都是对学术劳动的尊重，也是维护学术诚信和促进学术发展的重要方式。因此，无论引用文献的目的是什么，著录参考文献都是对他人学术劳动的尊重，是学术讨论和学术进步的基础。这种尊重不仅体现在对他人成果的认可上，也体现在通过学术讨论推动知识发展的过程中。

（二）著录参考文献的注意事项

在准备学位论文的过程中，需要查阅众多的文献资源。决定哪些文献应被纳入参考文献列表时，应当注意以下几点。

1. 选择最新与最相关文献

在撰写学位论文时，应优先考虑引用最新的学术文献，这些文献能够展示当前学术领域的最新进展。同时，应选择那些对作者研究最为关键和有用的文献。这意味着引用的文献必须是作者亲自阅读并实际用于研究的，避免引用那些普遍知晓的常识性内容或教科书中的一般性知识。

2. 限定于正式出版物

参考文献应主要来自经过国家出版管理机关认证的正式出版物，如图书、期刊和电子出版物。这些出版物拥有合法的书号或连续出版物号。非正式出版物，如未公开的文件或资料，通常不应作为参考文献著录。若有特殊情况需要引用，应在引用内容后注明或在当页页脚进行说明。

3. 遵循标准化著录格式

参考文献的著录应遵循相关的国际标准、国家标准或学术机构制定的规范化格式。这种标准化和规范化的著录方式不仅有助于学术数据库的存储和管理，也便于读者检索和学术交流。正确的著录格式是确保文献信息准确传达和有效利用的关键。

通过这些注意事项，作者可以确保其学位论文中的参考文献既准确又专业，从而提升论文的学术质量和可信度。

二、结尾部分的撰写规范——附录

学位论文中的附录部分至关重要，因为它提供了对正文内容的补充和扩展，包括详细的数据、额外的图表、研究方法的完整描述或原始材料等。这些补充材料不仅增强了论文的深度和严谨性，而且提高了研究的透明度和可验证性，允许读者更全面地理解研究过程和结果。此外，附录还体现了作者对研究完整性的承诺，有助于满足学术出版的规范要求，促进学术交流，并在必要时为后续研究提供参考。

（一）附录的内容

在撰写学位论文时，可能会遇到一些内容虽然对论文有补充作用，但直接放入正文可能会影响文章的流畅性、逻辑性或主题突出。对这类材料，可以考虑将其作为附录放在论文最后。以下是适合作为附录内容的几类情况。

1. 补充性材料

附录可以包含正文中提及但未详细展开的研究工具、理论框架或方法论的附加细节。这些详尽的描述有助于专业读者深入理解研究方法，但若置于正文中可能会使论文偏离主要论点。

2. 篇幅较大的材料

对图表、统计数据、调查问卷、访谈协议等，如果它们在正文中展示会打断论文的连贯性，或者由于篇幅限制无法完全呈现，不适合直接编入正文，应作为附录处理。

3. 珍贵资料

一些罕见且具有重要价值的资料，包括历史文献、手稿、信件、罕见的统计数据或独特的实证材料，这些材料可能因篇幅或性质限制不便直接编入正文，应作为附录提供。

4. 专业参考材料

附录可以包含对专业同行有用的技术性较强的资料，如复杂的算法、专业术语的解释、详细的案例研究等，这些对一般读者可能不是必需的，但对专业同行具有参考价值的资料，可以放在附录中。

5. 未引用文献

在研究过程中可能接触到大量文献，其中一些文献对研究有启发或补充作用，但并未在正文中直接引用。将这些文献列入附录，可以展示研究的广度和深度。

6. 原始数据和详细推导

如重要的原始数据、数学推导过程、结构图、统计表、计算机输出结果等，这些内容对论文的完整性和深度有重要贡献，但可能不适合直接包含在正文之中。

通过这种方式，作者可以确保论文的主体部分保持清晰和紧凑，同时为需要深入了解的读者提供额外的信息资源。通过附录提供的补充材料，读者可以根据自己的兴趣和需求选择性地深入了解特定的主题或方法论细节，同时也表明作者对研究过程中的每个步骤和决策都进行了精心的记录和透明化的展示。

（二）附录的格式

在学位论文中，附录部分用于提供额外的支持材料，其编号和内容的标注方式有明确的规范。

1.附录编号

附录应按照字母顺序（A、B、C等）进行编号。即便论文中只有一个附录，也应标记为"附录A"。

2.图表和公式的附录编号

附录中的图表和公式应遵循与正文相同的命名规则，但需将章节编号替换为相应的附录编号。例如：

（1）公式编号：（A1）、（A2）、（A3）等，表示附录A中的第1个、第2个、第3个公式，以此类推。

（2）图编号：图A.1、图A.2等，表示附录A中的第1幅、第2幅图，以此类推。

（3）表编号：表A1、表A2等，表示附录A中的第1个、第2个表格，以此类推。

3.附录内容的引用

在正文中提及附录内容时，应使用相应的附录编号或图表和公式的附录编号，确保读者能够准确找到相关信息。

通过这种方式，附录中的内容被清晰地标识和组织，便于读者查找和理解，同时也保持了论文整体的一致性和专业性。

三、结尾部分的撰写规范——致谢

学位论文的致谢环节是对其学术旅程中所受帮助和支持的深情回应，它不仅向指导教师、合作伙伴、资助机构等表达诚挚的感谢，也是对学术诚信和团队合作精神的肯定。通过这一部分，作者展示了对所有助力者的尊重和认可，同时体现了对学术界归属感和研究经历的珍视。此外，致谢还有助于构建和巩固学术网络，促进学术交流与合作，增强论文的情感深度和社会影响力。简言之，致谢是学位论文人文关怀的体现，对提升论文的整体价值具有不可替代的作用。

（一）致谢的定义

在学位论文的撰写过程中，涉及的广泛指导和支持，使在完成论文之际，作者通常会以一段题为"致谢"的文字来表达对各方帮助的感激和认可。这段文字不仅是对那些在研究和写作过程中给予帮助的个人和机构的公开致谢，也是一种对他们工作和贡献的正式认可和感激之情的体现。

（二）致谢的作用

1. 个人修养的体现

学位论文中的"致谢"部分是作者对在研究过程中接受帮助的公开感谢，包括使用未公开的资料、图片、数据、实验结果，或受到他人观点的启发等。这些帮助往往无法在正文或参考文献中直接体现，因此"致谢"成为作者展示基本学术修养和礼貌的方式。

2. 研究背景的阐释

通过"致谢"，作者间接地揭示了论文创新点的来源和研究的背景，如研究所需的设施、人员和资金支持。这有助于明确区分作者自身的研究成果与他人的工作，体现了学术诚信。

3. 学术诚信与感恩的展示

"致谢"不仅是感谢的表达，更是作者学术诚信和感恩心态的展示。它增强了作者在学术界和更广泛社会中的信誉，促进了学术界的和谐与友好氛围。

4. 人际关系的维护

通过公开感谢，作者建立了与指导教师、合作者、资助机构等的正面联系，有助于维护和增强学术界的人际关系网络，促进未来的学术交流与合作。

总之，"致谢"是学位论文中不可或缺的一部分，它不仅表达了作者的感激之情，也展示了其学术诚信和个人品质，对提升作者的学术形象和促进学术界的和谐具有重要作用。

（三）致谢的对象

在学位论文的致谢环节，作者通常会向以下各方表达感激之情：一是为论文选题、构思或撰写提供指导和建议的人士；二是在实验或调查中提供帮助或贡献的组织和个人；三是那些授权使用其资料、图片、文献以及研究思想和设想的所有者；四是那些虽未被列为论文作者但提供了关键信息和建议的人士；五是对论文修改提出宝贵意见的人士；六是为研究提供资金支持的单位、团体或个人，如科研基金、奖学金、合同单位、企业和其他赞助者；七是所有其他在研究和论文撰写过程中提供帮助但未被特别提及的组织和个人。这样的致谢不仅是对帮助者的感谢，也是对学术诚信和团队精神的肯定。

（四）致谢的注意事项

在学位论文的致谢中，真诚与真挚是表达感谢的关键。导师往往是致谢词中的第一位，学生们满怀感激之情，常会用大量篇幅来表达对导师悉心培养的深深谢意。重要的是，这些感谢的话语应自然流露，质朴而真诚，而非机械地模仿他人。因此，描述导师时，应避免过度使用诸如"学识渊博、洞察力敏锐、思维缜密、人格高尚、治学严谨、作风务实"等陈词滥调。同样，对父母和家庭成员的感谢也是致谢中不可或缺的部分，他们为研究生的学业和生活付出了巨大的牺牲和支持，因此，对他们的感谢应充满真情实感，表达出内心的感激与爱。

撰写学位论文的致谢部分时，言辞应真诚、真实且适度。对于表达感谢的对象，可以直接提及其姓名，或使用相应的尊称，例如"某某教授"或"某某博士"。感谢的顺序应基于他们对论文的实际贡献，而非基于年龄或社会地位。重要的是避免仅仅为了提升论文的知名度而将与论文无关的名人列入致谢名单，或是过度夸大一些外国人的礼节性言辞并表达过度的感谢，这些做法都是不恰当的。同时，也要注意不要遗漏那些实际上提供了实质性帮助的个人或单位，确保致谢部分真实反映了所有对论文有贡献的人。

在学位论文的致谢部分，清晰而具体表达感谢至关重要。如果论文的某些贡献或创新点是受到他人建议或思想的影响，简单的感谢语句并不足以充分表达。相反，应该详细说明所获得帮助的具体内容和重要性，从学术角度明确指出这种帮助的性质和价值。这不仅是遵循学术写作规范的要求，也是展现学术诚信和尊重他人贡献的正确方式。通过这种方式，读者可以更清楚地了解论文中哪些部分是作者独立完成的，哪些是受到他人启发或协助的，从而更公正地评价论文的学术价值和作者的学术努力。

在撰写致谢时，语言应简洁、真挚、贴心，并充满敬意。一般而言，致谢的表达应精练到一句话，无须详细阐述被感谢者或机构的背景信息。重点在于传达感激之情，而非深入介绍感谢对象。

对于常规性的辅助工作，例如打字或校对，通常不需要在论文的致谢部分特别提及。此外，如果已经通过其他方式（如支付费用）对提供帮助的个人或机构表达了感激之情，例如测试费、绘图费或审稿费等，那么在书面致谢中再次表示感谢则可能是多余的。

在学位论文中，致谢对象与参考文献中的引用对象扮演着不同的角色，并且二者之间存在明显的区别。致谢对象是那些与作者有直接互动并对其研究有直接影响的个人或团体，而参考文献中的作者则是通过他们公开发表的文献间接影响当前研究的学者。因此，作者在撰写致谢时应当清楚区分这两种对象，确保对他们的贡献和影响有恰当的认可和表达。这种区别对于维护学术诚信和尊重每个人的贡献至关重要。

思考与练习

论述

1. 论述学位论文"写作中"阶段撰写初稿的重要性。

2. 阐释学位论文的基本结构。

拓展练习

自行下载一篇教育硕士专业学位论文，阅读并分析其基本结构，并提出改进建议。

实践操作

结合自己的学位论文选题，进行学位论文中前置部分、主体部分以及结尾部分的撰写。

第七章 学位论文"写作中"——修改定稿

◎ 章前导语

学位论文的修改定稿，是学术追求卓越的必经之路。它不仅是对现有研究成果的审视与反思，更是对学术严谨性和创新性的深度锤炼。在本章，我们将聚焦于学位论文撰写时的"写作中"阶段，即修改定稿——这一阶段是研究生学术旅程中的关键节点，标志着研究成果的完善。

学位论文的修改是对论文的一次全方位的打磨，需要对文中的每一字每一句进行反复的推敲，确保论文在内容上丰富充实，结构上严谨合理，逻辑上连贯顺畅，语言上精准流畅，进而呈现出作者更高的学术水准，展现出学术价值。

学位论文的定稿则是论文的最终呈现。它意味着论文已经完成了所有的修改和完善，可以正式提交给导师和评审专家了。定稿不仅代表着作者的学术成果，更是智慧的结晶。

在本章的学习中，我们将深入探索学位论文修改的重要性，明确修改的具体范围，并掌握一系列高效的修改方法。旨在确保论文质量得到显著提升，并展现出更高的学术价值。通过本章的学习，我们将更加清晰地理解如何有效地进行论文修改，从精准聚焦研究问题，到完善研究设计，再到确保数据的准确性和分析的严谨性，每一步都将使你的论文更加完善。

◎ 学习目标

1. 明确修改价值：理解论文修改在提升质量和确保严谨性中的重要性。
2. 界定修改范围：明确修改应涵盖的内容，如观点阐述和语言表达等。
3. 掌握修改技巧：学习并应用有效的论文修改方法，提高修改效率。
4. 熟知定稿规范：熟悉学位论文定稿的规范，确保论文质量达标。

◎ 知识结构图

```
                                    ┌─────────────────────────────────────┐
                                    │ 学位论文的修改是提高论文质量的重要环节 │
                                    ├─────────────────────────────────────┤
                    ┌──────────┐    │ 学位论文的修改是对读者负责的表现       │
                    │ 学位论文修 │    ├─────────────────────────────────────┤
                    │ 改的必要性 │────│ 学位论文的修改是提升个人科研水平的重要途径 │
                    └──────────┘    ├─────────────────────────────────────┤
                                    │ 学位论文的修改是培养严谨的治学态度和良好学风的关键环节 │
                                    └─────────────────────────────────────┘

                    ┌──────────┐    ┌──────────────┐
                    │ 学位论文修 │    │ 内容上的修改   │
                    │ 改的范围   │────├──────────────┤
                    └──────────┘    │ 形式上的修改   │
                                    └──────────────┘

 ┌────────────┐                     ┌──────────────┐
 │ 学位论文"写作中"│                   │ 整体着眼、通篇考虑 │
 │ ——修改定稿 │                     ├──────────────┤
 └────────────┘     ┌──────────┐    │ 逐步推敲、精细雕琢 │
                    │ 学位论文修 │────├──────────────┤
                    │ 改的方法   │    │ 虚心求教、请人帮助 │
                    └──────────┘    ├──────────────┤
                                    │ 暂时搁置、日后再改 │
                                    └──────────────┘

                    ┌──────────┐    ┌──────────────┐
                    │ 学位论文的 │    │ 学位论文内容的定稿 │
                    │ 定稿      │────├──────────────┤
                    └──────────┘    │ 学位论文形式的定稿 │
                                    ├──────────────┤
                                    │ 学位论文写作九戒 │
                                    └──────────────┘
```

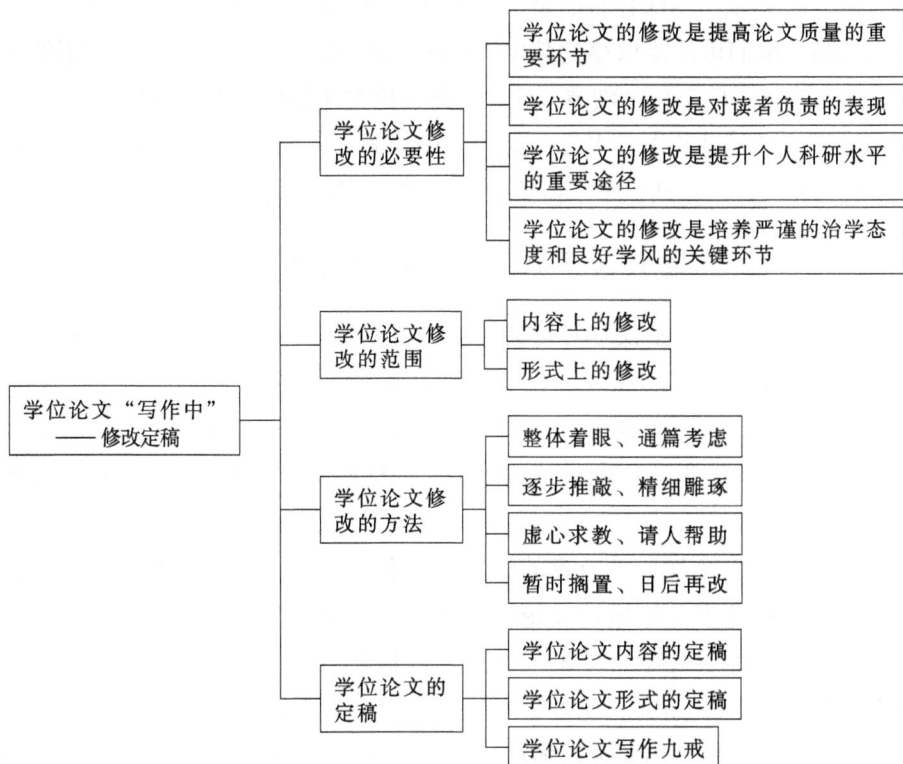

第一节　学位论文修改的必要性

在完成学位论文的漫长过程中，修改无疑是最后的点睛之笔，至关重要。每一篇承载新知、追求学术价值的论文，都如同一块尚未经过精心雕琢的玉石，只有经过反复的打磨与雕琢，方能展现出其璀璨夺目的光彩。因此，学位论文的修改不仅是对学术严谨性的坚守，更是对知识和真理不懈追求的生动体现。

在完成初稿的喜悦之余，我们往往容易因沉浸于研究的热情与投入之中，而未能及时察觉论文中可能存在的疏漏与不足。这时，修改便显得尤为重要。修改的过程实质上是对论文进行全面审视、深入剖析的过程，它要求我们细致入微地检查每一个细节，确保论文的逻辑严密、论证有力、数据精准。然而，修改论文并非一件容易的事。对文章撰写者而言，由于对论文内容的熟悉度过高，他们可能难以察觉其中的问题；或者因对学术规范的了解不够深入，而忽略了一些重要的细节。此外，修改论文还需投入大量的时间和精力，对于已经疲惫不堪的作者来说，这无疑是一项巨大的挑战。然而，正是这些挑战和困难，进一步凸显了学位论文修改的必要性。

一、学位论文的修改是提高论文质量的重要环节

学位论文的修改不仅是对论文初稿的完善与提升，更是学术研究严谨性的体现。在学位论文的修改过程中，作者需要仔细检查论文的每一个细节，从内容到结构，从逻辑到语言，都需要进行全面的打磨与调整。这一过程虽看起来费时费力，但只有经过这样的精心调整和修改，才能使论文的质量得到显著提升。

学位论文的修改是对内容的深入探讨和完善。在初稿的基础上，作者需要对论文的论点、论据以及论证过程进行重新考量，同时还需广泛地搜集资料，查阅相关文献，了解当前领域的最新研究动态，确保论文的内容切合该领域的发展趋势。此外，对论文中可能存在的不足之处，作者还需进行深入剖析，提出切实可行的改进方案，使论文的内容更为充实、详尽和准确。

学位论文的修改是对结构的优化和调整。作者需要仔细审查论文的主题与论文的结构是否匹配。一个良好的论文结构能够使读者更加清晰地了解作者的研究思路。

对论文结构的修改，需关注以下两点。

（1）论文各章节之间应是一个层层递进、逐步深化的研究过程。例如，引言部分应该为全文奠定基调，明确研究的目的和意义；文献综述部分则应该为后续的理论分析和实证研究提供理论支撑；而研究方法和结果部分则应该紧密围绕研究问题展开，通过实证数据和分析来验证假设。

（2）每个章节的内容要与标题紧密相关，并且能够有力地支撑章节标题。例如，一篇论文题目是：《思维导图在小学高段群文阅读教学中的应用研究》，其中有一节小标题为："思维导图与群文阅读的关联性分析"，而这一标题下的内容分别介绍了思维导图和群文阅读，却没有对思维导图和群文阅读的关联

性进行论述。若出现此种问题，则需要调整内容使之与标题相符。

学位论文的修改是对论文语言的精准锤炼和打磨。语言是论文的载体，良好的语言表达能够使读者更加准确地理解作者的想法和观点。在修改过程中，作者要对所选用的词语进行仔细斟酌，以便选出最恰当的、最贴切的词语来丰富论文的语言表达。同时，对论文中语言表达不准确或过于复杂的部分，也要立即进行修改和优化，确保读者能够理解和接受作者的观点。

学位论文的修改是对论文初稿所写的内容不断加深认识，对论文的表达形式不断优化的过程。总之，一篇文章只有通过不厌其烦、一丝不苟的修改，才能不断提高其质量。

二、学位论文的修改是对读者负责的表现

任何一部学术著作，要想展现出其社会价值和科学价值，就必须面向公众，经受住社会的广泛检验以及历史的深入考量，最终得到读者的广泛认可。学位论文作为作者学术研究的结晶，也是向学术界和社会展示自己研究成果的重要载体。因此，我们要秉持对读者负责的态度，对论文的内容进行仔细、全面的检查。

在内容的检查上，作者需要确保论文的阐述准确、简洁，避免使用含混不清或模棱两可的表达。对专业术语和概念，要确保其定义准确、使用恰当，以免给读者带来困惑。同时，论文的逻辑性和条理性也是不可忽视的。作者需要合理安排章节结构，使论文的论述条理清晰、层次分明，使读者能够轻松地跟随作者的思路，深入理解研究的脉络和重点。除了内容方面，论文的形式同样重要。一个美观、整洁的排版格式，不仅能够提升论文的整体美感，还能够为读者带来更好的阅读体验。因此，作者需要认真处理论文的排版、格式和引用规范等问题。例如，要确保论文的标题、摘要、关键词等符合学术规范，字体、字号、行距等排版细节也要做到统一、规范。此外，在引用文献和资料方面，要严格按照学术规范进行标注和引用，凡是引用前人或他人的观点、数据和材料等，都要对它们的出处在文中予以标明，避免出现学术不端行为。①

----

① 丁琳，刘长斌，申忠仁，等. 浅析研究生学位论文撰写的规范性［J］. 黑龙江科技信息，2010（14）：131.

总的来说，学位论文的修改是对读者负责的重要表现。作者应秉持严谨、负责的态度，认真对待论文的每一个环节，确保论文的学术价值。只有这样，才能真正做到对读者负责，为读者提供有价值的学术成果。

三、学位论文的修改是提升个人科研水平的重要途径

学位论文的写作，无疑是对我们专业知识系统整合与深化的过程，从更深远层面看，它是对我们研究能力的一次全面挑战与提升。而学位论文的修改，作为这一过程中的重要一环，就如同一块磨刀石，不断地砥砺着我们的科研思维，雕琢着我们的科研水平。

在学位论文的写作过程中，我们需将所学知识与实际问题相结合，运用科学的研究方法展开研究，并进行深入分析和总结，最终形成一篇完整且具有深度的学位论文。然而，一篇优秀的学位论文并非一蹴而就，往往还要经历多次、反复的修改和打磨。

学位论文的修改，正是一个既细致又严谨的过程。在这个过程中，作者需要对论文的每一个细节都进行严格的检查，从论文的结构、逻辑到语言的表述，都需要进行反复的推敲和修正，以确保论文的每一个部分都严谨无误，逻辑清晰，语言准确。通过不断修改和完善，作者不仅能够解决论文初稿中存在的问题和不足，更能够深化对研究问题的理解，拓宽研究视野，提升科研能力和学术水平。这种提升，不仅体现在论文的质量上，更体现在思维方式和研究方法上。

通过修改学位论文，我们能够学会如何更加全面、深入地思考问题，如何更加科学、严谨地展开研究。这种成长和进步，是我们在学术道路上不断前行的坚实基石，对于提升个人科研水平具有重要意义。

四、学位论文的修改是培养严谨的治学态度和良好学风的关键环节

在学术研究中，学位论文的修改环节尤为关键，它并不仅是对论文进行简单的润色或修订，而且是对作者治学态度和学风的一次深刻检验和磨砺。

在修改学位论文的过程中，作者首先需要展现出严谨细致的态度，对论文的每一部分都进行严格的审视和把关。从逻辑结构的梳理到数据准确性的核实，从引文规范的遵守到语言表达的精练，每一个环节都不能有丝毫的马

虎。这种对细节的执着追求，正是严谨治学态度的生动体现，也是确保论文质量的重要基石。

同时，学位论文修改过程也是作者自我提升和成长的宝贵机会。在深入审视和修改论文的过程中，作者可能会发现新的研究视角，对学术问题产生更深入的思考，甚至可能对自己的研究方法和学术观点进行反思和调整。这种不断追求学术卓越的精神，是推动学术进步的重要动力，也是作者学术素养不断提升的源泉。

此外，学位论文的修改过程也离不开与导师和同学的交流与合作。在这个过程中，作者需要积极听取他人的意见和建议，通过不断交流和讨论，不断完善自己的论文。这种开放、合作的精神，不仅有助于提升论文的质量，更有助于形成良好的学术氛围和学风。通过与他人的交流和合作，作者还能够不断拓宽自己的学术视野，提升自己的学术素养，为未来的学术研究打下坚实的基础。

总之，学位论文的修改是学术研究中不可或缺的一部分，它不仅是提升论文质量和确保学术严谨性的关键步骤，更是培养作者严谨治学态度和良好学风的重要环节。

第二节　学位论文修改的范围

当我们谈及学位论文修改的范围时，其涵盖的内容和范围有广义与狭义之分。广义上，学位论文的修改贯穿于写作过程的始终，包括写作过程中每一个环节的修改。而狭义上，学位论文修改则特指在完成初稿之后，对论文进行细致加工和完善。无论是广义还是狭义，学位论文的修改都不是可有可无的，而是必须认真完成的一项工作。修改学位论文的目的不仅在于确保其准确性和鲜明性，更是为了使研究成果以最佳效果呈现。就修改的范围而言，它涵盖了内容和形式两大层面。这两方面的精心打磨，共同构成了论文修改的核心目标，即提升论文的整体质量和阅读体验。

一、内容上的修改

（一）修改主题

在学位论文的修改过程中，主题的审视与修订是至关重要的一步。作者需要对论文的主题、大小分标题、关键词以及主要内容进行全面的审视。标题作为一篇论文的总名称应能展现出论文的中心内容和重要论点，使读者能从中了解到该文所要研究的核心内容和主要观点。[①]因此，在修改主题这一过程中，作者要关注标题是否准确反映了文章的核心内容和研究方向。如果标题过于宽泛或笼统，就需要进行适当的缩减和具体化，以确保能够精确概括论文的主题。同时，大小分标题的层次和格式也需要进行仔细推敲。这些分标题不仅应当与主标题相呼应，形成一个逻辑严密、结构严谨的体系，而且在表述上需要保持一致性。如果分标题之间存在逻辑混乱或表述不当的问题，就需要进行调整和修改。此外，作者还要特别注意论文的内容是否与主题紧密相关。如果论文内容与主题相去甚远，或者虽然相关但表述不准确，就需要对内容进行相应的修改和调整。无论如何，我们都要确保论文的每一个部分都紧密围绕主题展开，形成一个有机整体。

总之，在学位论文的修改过程中，主题的审视与修订是一项至关重要的工作。我们需要对论文的主题、大小分标题、关键词以及主要内容进行全面的审视和修订，以确保论文的逻辑性、严谨性和准确性。同时，我们还要特别注意标题的修订工作，以确保其能够准确传达论文的研究方向和核心观点。

（二）修改观点

观点是学位论文的灵魂，它体现了论文的价值，是修改时需要特别注意的问题。修改观点应从两方面进行。

1. 观点的订正

作者要以严谨的态度，细致地审视论文中的每一个观点，确保它们不仅在学术上是合理的，在表述上也是准确的。同时，还需要对全文进行系统的

---

① 翁爱湘，张明. 学位论文的修改 [J]. 杭州电子工业学院学报（高等教育研究版），2003（2）：76-79.

梳理，确保各个观点之间的逻辑性和连贯性。

在检查的过程中，如果发现某个观点存在问题，作者应立即采取行动，查阅相关的学术资料，了解该领域的最新研究成果和学术动态，以便为观点的修正提供有力的支撑。

总之，进行观点的订正是学位论文修改过程中不可或缺的一部分。通过仔细审视和反复推敲，我们可以确保论文中的每一个观点都具有充分的论据支撑，并且表述清晰、准确。

2.观点的深化

在修订观点时，作者需要关注自己的论点是否与别人雷同，是否缺乏新意。如果全篇或大多数观点都是别人已经阐述过的，没有自己的见解和新意，那么论文的学术价值就会大打折扣。因此，作者应该努力从新的角度提炼观点，形成自己的见解。

在深化观点的过程中，可以采用多种方法。例如，作者可以对已有研究进行批判性分析，找出其中的不足之处或未解决的问题，然后提出自己的解决方案或改进意见。也可以结合自己的实践经验或实验数据，提出新的观点或假设，并通过实证研究来验证其有效性。总之，无论采用哪种方法，都需要确保自己的观点具有创新性和独特性，能够为该领域的研究带来新的启示和贡献。

值得注意的是，在修订观点时，不能勉强凑合成文。如果发现自己的观点存在严重问题或无法形成完整的论述体系，我们应该果断地"报废"这些观点，并重新构思新的论点或调整研究方向。毕竟，一篇有价值的学位论文需要建立在坚实的学术基础和深入的研究之上，而不是简单地拼凑和模仿。

（三）修改材料

材料是文章的血肉。在论文初稿中，材料的罗列往往较为基础，缺乏深层次的逻辑组织和精准选择。因此，修改材料的过程便显得尤为重要。其实，修改材料就是通过对这些材料的"增、删、换、改"，使文章"骨肉"丰满、观点明确、论点和材料达到和谐统一。

1.增

"增"是为了使支持和说明观点的材料更充分，增加多种层次、多种属性的材料。如果材料单薄、不全、不足以充分支撑或证明观点时，论点立论就会不稳，则应当再次选材、增加内容进行多层次、多角度的论证，以弥补缺陷，使之丰润饱满。例如，对实验型论文，不能仅靠很少的几个实验数据便给出主观想象或希望得到的实验结论，这种做法是违背科学研究规律的。如果发现这种情况，则应及时增补实验内容，获取更多的实验数据，真正使论点站得住脚。

2. 删

"删"即净化和精练材料，突出重点。成功的论文不是材料的堆砌，而是通过对材料的精心筛选和提炼，使其成为支撑论点的有力工具。例如，若所用材料有相似的情况，应适当归类合并，去掉累赘。最后，综观全文，所用的材料应该是充分而必要的，且质量可靠、数量适中。

3. 换

"换"是为了提升材料的准确性和说服力。在初稿中，我们可能选择了一些材料，但在进一步的研究和思考后，发现这些材料并非最理想或最恰当的。因此，我们需要对材料进行适当的调换，选择更为准确、更具说服力的材料来支持论点。这样不仅可以增强文章的可信度和说服力，还可以使文章更加生动、有趣。

4. 改

"改"是为了优化材料的布局和表达。这包括两方面的改动：一是改动材料在全文中的位置，使各部分材料强有力地支持论点，增强论证的逻辑效果；二是改换新的材料，丢掉不甚典型、不甚新颖和说服力不强的材料，使文章内容精练、中心突出。

总之，修改材料是论文写作中不可或缺的一环。通过对材料的"增、删、换、改"，文章更加丰满、有力、准确和生动，从而更好地传达我们的研究成果和学术见解。

二、形式上的修改

学位论文形式上的修改，不仅是提升论文外在形象的关键步骤，更是确保论文整体质量和阅读流畅性的核心环节。因此，学位论文形式方面的修改主要从以下三个方面进行。

（一）修改结构

结构作为论文的骨架，是论文表现形式的重要因素。可以说，结构直接关系到论文整体大局和内容的表现效果。初稿写完后，对结构的细致检查与调整，是提升论文质量的关键步骤。首先，检查论文是否符合学位论文结构方面的要求，这包括检查论文是否按照引言、正文、结论等基本部分有序组织，以及各部分之间逻辑关系和衔接是否顺畅。其次，检查论文各部分的安排是否妥当，开头、结尾、段落、层次、过渡、主次、详略等各个环节是否合适。对主次内容的处理，要确保主要内容得到充分展开和论证，而次要内容则要起到补充和辅助的作用。检查过程中，若发现有不理想的地方，应及时进行修改。但这并不意味着需要对整篇论文进行大刀阔斧的改动，而是要根据具体情况作部分修改，很少全部打乱从头开始。例如，我们可以对某个段落进行重写或合并，使其更加精练和有力；我们也可以调整某些句子的顺序或表达方式，使内容更加流畅和易于理解。

总之，结构的修改要从大处着眼、抓住主要矛盾，使骨架搭配得坚实合理。[①] 以确保能够更鲜明、更准确地凸显论文主题，让论文在整体上焕发出更高的学术价值和阅读魅力。

（二）修改语言

语言是论文形式的核心要素，是论文形式的主要表现内容，是论文的精髓所在。语言的质量和精确性对论文信息的传递具有至关重要的作用。修改语言的本质是确保论文的观点能够以最准确、最鲜明、最简练且最生动的方式呈现。在撰写或修改学位论文时，语言应当严格遵循专门科学语体的规范，展现出高度的准确性、简练性和严密性。准确就是用语周密、恰当、有分寸；简练是指用经济的字句去表现丰富的内容，实现"文约而事丰"；严密是指语言要合乎规范、表述要符合实际、实事求是。诸如"首创""填补了空白""达到了国内外先进水平"等夸大其词的表述，在学位论文中一般不宜采用，以免给读者留下不严谨的印象。此外，还需注意论文中一般不建议使用第一和第二人称。第一人称往往给读者以"听演讲、受教育"的感觉，容易引起读者反感；第二人称则给读者以咄咄逼人的论战姿态，使人畏而远之。即使是批驳性论文也应以"商量"的口气，摆事实、讲道理，避免使用大话压人，与别人展开讨论时也要避免使用诽谤、攻击性的语言。

---

① 董华，等. 大学毕业论文写作指导［M］. 北京：中国社会科学出版社，2000：3.

（三）修改标点符号、图表、公式

标点符号是文章的构成要素之一，用得恰当，能够准确、生动地表达内容；反之，不当的使用不仅会影响内容的表达，甚至可能产生歧义，给读者带来困惑。因此，在修改论文时，我们需要仔细检查标点符号的用法是否正确。一方面，作者要确保每个标点符号都遵循了语法规则和写作习惯。逗号、分号、冒号、引号等各有其独特的用法和语境，作者要根据句子的结构和内容，选择最合适的标点符号。另一方面，作者要特别关注那些容易出错的标点符号。例如，破折号、省略号等，要确保这些标点符号的使用符合规范，并且不会给读者带来误解。此外，作者对论文中的图表、符号、公式也要进行仔细检查，它们的准确直接关系到论文的学术价值和可信度。因此，在修改过程中，作者要确保这些元素都合乎规范，并且没有错误和疏漏。

第三节　学位论文修改的方法

学位论文的修改，作为完成学术论文的最后一个关键环节，不仅关乎论文的学术价值，更是提升论文质量、确保研究成果严谨性的重要保障。我们必须认识到，任何一篇优秀的学术论文都不可能一蹴而就、一次定稿。即便是经验丰富的学者和研究员，在撰写与修改论文的过程中，也会不断地进行反思、调整和完善。修改论文很难有一个固定的模式。由于每个人的思维方式、写作习惯不同，修改的方法自然不同，但基于论文的特点和论文修改的一般经验，可以将学位论文修改的有效方法归纳为下列四种。

一、整体着眼、通篇考虑

在学位论文的修改过程中，整体着眼、通篇考虑是一种至关重要的方法。这种方法要求作者从论文的整体结构和逻辑出发，对论文的各个部分进行全面的审视和评估。

整体着眼意味着作者需要站在论文全局的高度，审视论文的整体结构和逻辑。展开来说，整体着眼包括以下几个方面：一是关注论文的整体框架和布局，确保各个章节和段落之间的逻辑联系和递进关系；二是审视论文的研究背景、目的和意义，确保这些内容能够为读者提供足够的背景信息和引导；三是关注论文的论点和论据，确保它们能够相互支撑、相互印证；四是审视论文的结论和启示，确保它们能够概括和总结论文的主要观点和结论，为读者提供有价值的启示和思考。

通篇考虑则要求作者在修改过程中对每个细节都进行严格把关。这包括对论文的引言、正文、结论等各个部分进行细致审视和评估。在引言部分，作者需要清晰地阐述论文的研究背景、目的、意义和研究方法等，便于读者了解和掌握背景信息。同时，作者需注意引言的表述是否准确与清晰，避免出现语法错误、文本错误和表述不清的情况。在正文部分，作者需要按照逻辑顺序，逐步展开论述，确保每一个章节、每一个段落都有明确的主题和观点，并且与论文的整体主题紧密相连。同时，作者需注意段落之间的过渡和衔接，确保它们能够自然流畅地连接起来。此外，作者还需注意语言表达的准确性和规范性，避免出现语法错误和标点符号错误等问题。在结论部分，作者需要对论文的主要观点和结论进行概括和总结。在这一过程中，作者需要确保结论的准确性和可靠性，并且能够清晰地传达给读者。此外，作者还需注意结论的启示和思考价值，为读者提供有价值的思考和启示。

通过这种方法，作者可以全面审视和评估论文的质量和水平，发现论文中存在的问题和不足，并进行有针对性的修改和完善，这不仅能够提高论文的质量和水平，还能够提升作者的学术素养和综合能力。

二、逐步推敲、精细雕琢

在完成初稿之后，逐步推敲、精细雕琢也是一种修改学位论文的好方法。这个过程要求我们深入细节，对论文的每一个字、每一句话、每一段落都进行仔细审查。这种修改方法需要我们在事先对全文进行通读的基础上，对文中的各个部分有清晰的认识和把握。首先，作者需要从最基本的文字表达入手，通过逐字逐句精读论文，纠正所有的语言错误，包括错别字、语法错误以及标点符号的不当使用，为论文奠定坚实的语言基础。其次，在句子和段落层面，作者需要检查句子之间、段落之间的衔接是否自然，是否存在表达模糊或逻辑混乱的情况。同时，作者需要仔细核对论文中的数据和实验结果，确保它们的真实性和准确性，以充分支撑论文的论点。此外，对论文中的观点和论据，作者也需要进行深入的推敲和反思，确保它们充分、合理且能够有效地支持论文的主题。最后，作者需要关注论文的整体呈现，包括语言表达的准确性和流畅性，以及格式的规范性和美观性。在语言表达方面，作者要力求简洁明了，避免冗长和复杂的句式。在格式方面，作者需要遵循学术界的规范和标准，确保论文的标题、摘要、关键词、正文、参考文献等各个部分都符合规范。同时，作者还需要注意排版和字体的选择，使论文整体呈现出一种专业、整洁、美观的视觉效果。

通过这种方法，我们能够使论文更加完善、更加精细。虽然这个过程可能会耗时费力，但它能够显著提高论文的质量和价值。

三、虚心求教、请人帮助

在学位论文的修改过程中，虚心求教、请人帮助是提高论文质量的一种有效方法。作者在完成初稿后，往往容易陷入自我陶醉和固执己见的陷阱中，难以发现论文中存在的问题和不足。此时，虚心地向他人请教，寻求他人帮助，是一个极为明智的举措。首先，作者需要明确向谁请教。同行专家或导师通常是具备丰富学术经验和深厚学术素养的学者，他们能够从专业的角度对论文进行全面的评估和指导。在选择请教对象时，应尽量选择与论文主题相关、研究领域相近的专家或导师，以确保他们能够提供有针对性的建议。其次，作者需要准备好论文的初稿和相关材料。在向他人请教之前，作者应先认真地对论文进行自检自查自改，确保论文的基本观点和论据已经明确，并且语言表达和格式规范也符合学术要求。同时，需要准备好相关材料，以便在请教时能够清晰地阐述论文的主要内容和问题。再次，请教时作者应保持谦虚和尊重的态度。向他人请教并不是一种软弱的表现，而是一种对知识的尊重和对学术的敬畏。作者应认真倾听他人的意见和建议，并虚心接受他们的批评和指正。同时，应积极思考、主动提问，以便更好地理解他人的观点和建议。此外，在请人帮助的过程中，作者还需要注意与他人的沟通和交流。在与他人交流时，应保持清晰的思路和准确的语言表达，以便让他人能够更好地理解我们的问题。对他人提出的问题和给出的建议，要积极回应，展现出专业素养和学术精神。最后，作者需要认真分析他人提出的意见和建议，并将其融入论文的修改中。在修改时，应遵循学术规范和要求，确保论文的质量和水平得到提升。同时，还应保持谦虚和包容的心态，不断吸收新的知识和观点，以便在未来的学术研究中取得更好的成果。

四、暂时搁置、日后再改

在学位论文的修改过程中，暂时搁置、日后再改是一种灵活的修改方法。通常来说，作者在完成初稿后可能会感到疲惫，思维枯滞；可能会存在急于求成的心理；可能会希望赶紧答辩；可能会满足于初稿的现有水平，看不出问题。[①] 基于这些因素，作者难以继续进行深入修改和完善。此时，将论文暂时搁置一段时间，让头脑得到充分的休息和放松，可能是一个更好的选择。首先，作者需要明确搁置的时间。过短的搁置时间可能不足以让大脑得到充分的休息和放松，而搁置的时间过长可能会导致作者忘记论文的主要内容和问题。因此，一般来说，建议将论文搁置几天或一周左右的时间。其次，在搁置期间，作者可以对论文进行初步的考量，回顾论文的主要内容和观点，思考其中存在的问题和不足。此外，还可以阅读一些与论文相关的书籍等，以便为后续的修改工作提供新的思路和灵感。最后，搁置期结束，在重新开始修改时，作者需要保持清醒的头脑和积极的心态。对论文进行整体的审视和评估，明确论文的主要问题和需要修改的地方，然后，按照之前的修改思路和方法进行逐步的修改和完善。在修改过程中，作者还需要注意保持耐心和细心，确保每一个细节都得到充分的考虑和处理。

综上，学位论文的修改是完善论文内容的必要环节。在修改过程中，我们可以运用多种方法来完善和优化论文，在选择修改方法时，我们应充分考虑论文的实际情况和自身需求，灵活地选择适合自己的方法。相信通过精心修改，我们可以使论文更加完善，更具学术价值。

第四节　学位论文的定稿

在学术研究的道路上，学位论文的撰写是每一位研究者必经的旅程，而学位论文的定稿，则是这一旅程的终点。定稿不仅意味着论文的完成，更是研究者学术成果的最终呈现。学位论文的定稿不仅是内容的完善，更是作者对

[①] 李良玉. 关于博士学位论文初稿的修改：以历史学为例［J］. 徐州师范大学学报（哲学社会科学版），2010，36（5）：120–125.

论文形式与格式的精心打磨。在定稿的过程中，研究者需要对论文的各个方面进行全面的审视和考量，确保论文在内容和形式上都达到最佳状态。因此，学位论文的定稿是一个综合性的过程，它体现在内容的定稿和形式的定稿两个方面。二者相互关联、相互影响，共同构成了学位论文定稿的完整体系。接下来，我们将详细论述这两方面的内容，以期为读者提供更深入的理解和指导。

一、学位论文内容的定稿

在学位论文内容的定稿阶段，我们需要对论文进行全面而细致的审查和修改，以确保其学术质量。以下是对学位论文内容定稿的一些思考和建议。

（一）核心论点与框架的确定

在学位论文内容的定稿阶段，要确保论文的核心论点清晰明确，并与研究目的紧密相关。明确论文的论点后，要围绕这个论点构建合理的论文框架，确保各部分内容逻辑严密、相互支撑。

（二）理论基础的夯实

在论文中，理论基础是支撑研究的重要基石。在定稿时，作者要对引用的理论进行深入分析，确保其适用性和准确性。同时，要对理论进行恰当的引用和解释，使其与论文的研究内容紧密相连，拓展论文的理论深度和广度。

（三）研究数据的整理与分析

研究数据是论文的实证基础。在定稿阶段，作者要对搜集到的数据进行细致的整理和分析，确保数据的准确性和可靠性。同时，要运用合适的数据分析工具和方法，对数据进行深入挖掘，揭示数据的深层含义，为论文的论点提供有力的数据支持。

（四）研究成果的提炼与阐述

在定稿过程中，作者要对研究成果进行系统的提炼和阐述。明确研究的主要发现和贡献，并将其与研究问题、研究目的紧密联系起来。同时，要关注研究成果的学术价值和实践意义，提出有针对性的建议或展望，为相关领域的发展提供参考和借鉴。

（五）论文语言的精练与规范

在定稿时，作者要特别关注论文的语言表达。使用准确、简洁、清晰的语言描述研究内容、方法、结果和结论。避免使用过于复杂或含混不清的词语和句子，确保读者能够轻松理解论文的主要内容。同时，也要注意论文的格式规范，包括字体、字号、行距、页边距等，使其符合学术出版的要求。在学位论文内容的定稿阶段，需要我们对论文进行全面而细致的审查和修改。确保论文的论点明确、框架合理、理论扎实、数据可靠、成果显著、语言规范。只有这样，我们才能写出一篇高质量的学位论文。

二、学位论文形式的定稿

在准备学位论文形式的定稿时，需严格遵循国家标准《学位论文编写规则》（GB/T 7713.2—2022），确保论文的各个部分——包括前置部分、主体部分和结尾部分——都符合学术规范和要求。这样的格式规范不仅有助于提升论文的学术性，还能确保论文的易读性和专业性，为论文的评审和答辩奠定坚实的基础。

（一）前置部分

前置部分主要包括封面、原创声明页、摘要和目录等。封面是学位论文的第一页，它交代了论文的基本信息，如论文的标题、作者、指导教师、学科（专业）学位授予单位、提交日期等信息，这些信息对论文的归档、检索和引言等都非常重要。原创声明页是确保论文原创性和学术诚信的重要部分。目录是论文的提纲，应详细列出论文的章节、小节标题和页码，方便读者快速定位所需内容。摘要是对论文主要内容的简短总结，应包含研究背景、目的、方法、结果和结论等。

（二）主体部分

主体部分是学位论文的核心，通常包括引言、文献综述、研究方法、研究设计、数据搜集与处理、结果分析与讨论等内容。引言部分应明确阐述研究的目的、意义和研究问题。文献综述部分应对已有研究进行梳理和评价，明确本研究的定位和贡献。研究方法部分应详细描述研究所采用的方法，确保研究的科学性和可靠性。研究设计和数据搜集与处理部分应说明具体设计、实施过程和数据处理过程等。结果分析与讨论部分应对研究结果进行深入分析和讨论，指出该研究方向存在的问题、分析产生问题的原因，并提出新的见解和相应的建议。

（三）参考文献

参考文献是学位论文不可或缺的部分，反映了作者对相关领域已有研究的了解和掌握程度。参考文献部分应准确、全面地列出论文中引用的所有文献，并按照学术规范进行排序和标注。这有助于读者查阅和核实相关文献，也是评估论文学术水平的重要依据。

（四）附录

附录部分主要收录一些不宜放在正文中但具有参考价值的内容，如调查问卷、访谈提纲等。这些内容可以为读者提供额外的信息和参考，有助于读者更深入地了解研究过程和结果。同时，附录也是展示作者严谨研究态度和科学精神的重要体现。

（五）结尾部分

结尾部分通常是为了使论文完整丰满，在文后配置的一些附件。主要包括以下四类：①阶段性成果；②所承担的相关相近的研究项目；③围绕此论文中心发表过的文章；④围绕此课题的有关调研和调研报告。[①] 这些信息的呈现不仅有助于读者更全面地了解作者的研究能力和学术水平，还能够为作者在未来的学术道路上积累声誉和影响力。此外，这在一定程度上也体现了作者对自身学术成长的认真总结和对学术贡献的自信展示。

三、学位论文写作九戒

在撰写学位论文的过程中，为了确保论文的学术价值、严谨性和创新性，我们必须警惕以下九种常见错误，这些错误往往为初学者所犯，我们应当在

---

① 王德胜. 浅谈学位论文的撰写 [J]. 学位与研究生教育，2005（11）：5-8.

论文写作之初就予以避免，确保论文的质量。

一戒缺失创新灵魂。学位论文的灵魂在于其创新性，这是衡量论文价值的重要标准。无论是在理论探索、方法创新还是实践应用上，我们都应当力求在前人研究的基础上，提出独到的见解和创新的观点。这种创新不仅是对学术领域的贡献，更是对自我研究能力的挑战和提升。

二戒偏离真实准确。学位论文的每一个数据和结论都应当建立在真实、准确的基础之上。任何捏造数据或事实的行为，都将严重损害论文的学术价值和作者的学术声誉。因此，我们必须确保数据的可靠来源、论证过程严谨，避免出现任何形式的学术不端行为。

三戒观点模糊，重点不明。在学位论文中，明确表达作者的观点和立场至关重要。我们应当清晰地阐述自己的研究问题、研究方法和研究结果。只有这样，读者才能准确地理解论文的主旨和贡献，从而给予论文充分的认可和评价。

四戒标题空泛冗长。标题是学位论文的"门面"，应当简洁、准确、醒目。过于空泛、冗长或陈旧的标题不仅无法吸引读者的注意力，还可能让人对论文的内容产生误解。因此，我们应当用简洁的语言准确传达论文的核心内容和研究价值，同时避免使用缩写、公式或标点符号等可能产生歧义的元素。

五戒结构混乱，逻辑不清。学位论文应具有清晰的结构和严密的逻辑。我们应当合理安排章节、段落和句子，确保论文内容之间的连贯性和逻辑性。避免出现结构混乱、逻辑不清的情况，让读者能够轻松地跟随作者的思路进行阅读和理解。这不仅有助于提升论文的可读性，还能增强读者对论文内容的信任度和认可度。

六戒文献引用不当。在学位论文中引用文献是不可避免的，但我们必须确保引用的文献与论文内容相关、准确、规范。避免出现漏引、错引或滥引的情况，同时要注意引用格式的规范性和一致性，这不仅是对前人研究成果的尊重，也是自己学术态度的端正。

七戒语言粗糙，表达不畅。学位论文的语言应当准确、精练、流畅。避免使用粗糙、含糊或口语化的表达，而应当使用规范的学术语言进行阐述。同时，我们也应当注意语言的通顺性和可读性，让读者能够轻松地理解论文的内容。这不仅有助于提升论文的学术价值，还能增强读者对作者的信任感和好感度。

八戒数据图表不规范。在学位论文中使用数据和图表是展示研究成果的重要手段。我们应当确保数据和图表的来源可靠、制作规范，并按照学术规范进行标注和引用，以便让读者能够清晰地了解研究成果的可靠性。

九戒格式排版不规范。学位论文的格式和排版也是评价其学术价值的重要方面。我们应当遵循学术规范进行格式排版，包括字体、字号、行距、页边距等方面的设置。同时，我们也应当注意论文的整洁性和美观性，避免出现格式混乱或排版不规范的情况。这不仅有助于提升论文的整体质量，还能给读者留下良好的印象和带来良好的体验。

思考与练习

论述

1. 论述学位论文修改的必要性，并举例说明学位论文的修改如何促进科研思维的提升和科研水平的提高。

2. 请详细阐述学位论文初稿完成后，一般应从哪几个方面着手修改，并举例说明如何具体进行修改。

3. 请详细论述整体着眼、通篇考虑；逐步推敲、精细雕琢；虚心求教、请人帮助；暂时搁置、日后再改这四个学位论文修改策略的重要性，并结合个人经验或案例分析其在实际操作中的应用。

实践操作

找出一篇自己以前写过的论文初稿，依据学位论文修改的范围和方法等知识，对这篇论文进行全面而细致的修改，以使其达到学位论文的定稿要求。

第八章　学位论文"后写作"——格式排版

◎ 章前导语

　　硕士论文作为研究生阶段的重要学术成果，不仅体现了学生的学术水平，也是评价其综合素质的重要依据。学位论文是学术研究的重要成果，其格式和排版直接影响论文的可读性和专业性，格式排版作为论文的外在表现形式，其重要性不容忽视。在撰写学位论文时，不仅要注重内容的严谨和创新，还要重视论文的外在形式。本章将聚焦学位论文"后写作"阶段，详细介绍学位论文的格式要求、目录制作技巧以及排版细节，帮助读者掌握如何制作出既美观又专业的学位论文。

　　学位论文的格式是学术规范的体现。从封面设计到正文排版，每一部分都应符合学术界的标准和要求。这不仅有助于提升论文的正式感，还能增强读者的阅读体验。目录的制作是学位论文的重要组成部分，一个清晰、准确的目录能够帮助读者快速了解论文的主要内容和结构，从而提高论文的可读性。论文的排版细节同样不容忽视，合理的段落间距、字体选择、图表插入等都会对论文的整体美观度产生影响。

◎ 学习目标

　　1. 认识到规范的格式排版对于提升学位论文的学术性和专业性的重要性。

　　2. 学习学位论文的标准封面设计、页眉页脚设置、页码编排等基本格式。

　　3. 掌握如何制作清晰、准确的论文目录，包括章节标题、小节标题的层次关系。

　　4. 学习如何进行合理的段落间距、行距、字体和字号的选择。掌握图表、公式、参考文献等元素的插入和排版技巧。

◎ 知识结构图

```
                                    ┌─────────────────────────┐
                              ┌────│ 格式排版对论文可读性的影响 │
                              │     └─────────────────────────┘
                              │     ┌─────────────────────────┐
          ┌─────────────┐    ├────│ 格式排版对论文权威性的影响 │
          │ 学位论文格式排 │───┤     └─────────────────────────┘
          │ 版的重要性     │    │  ┌───────────────────────────┐
          └─────────────┘    ├─│ 格式排版对论文传播和引用的影响 │
                              │   └───────────────────────────┘
                              │     ┌─────────────────────────┐
                              └────│ 格式排版对作者学术素养的体现 │
                                    └─────────────────────────┘

                                    ┌──────────────┐
                              ┌────│ 确定论文章节结构 │
                              │     └──────────────┘
                              │     ┌────────────┐
          ┌─────────────┐    ├────│ 提取标题样式 │
          │ 学位论文目录制作│───┤     └────────────┘
          └─────────────┘    │  ┌──────────────────┐
                              ├─│ 设置论文使用的标题样式 │
                              │   └──────────────────┘
 学位论文"后写作"             │     ┌──────────────┐
 ——格式排版                   └────│ 生成学位论文目录 │
                                    └──────────────┘

                                    ┌────────┐
                              ┌────│ 准备阶段 │
                              │     └────────┘
                              │     ┌──────────┐
                              ├────│ 设置基本格式 │
                              │     └──────────┘
          ┌─────────────┐    │  ┌──────────┐
          │ 学位论文的排版 │───┼─│ 设置页眉页脚 │
          └─────────────┘    │   └──────────┘
                              ├────│ 插入目录 │
                              │     └────────┘
                              ├────│ 编写正文 │
                              │     └────────┘
                              └────│ 检查与调整 │
                                    └──────────┘
```

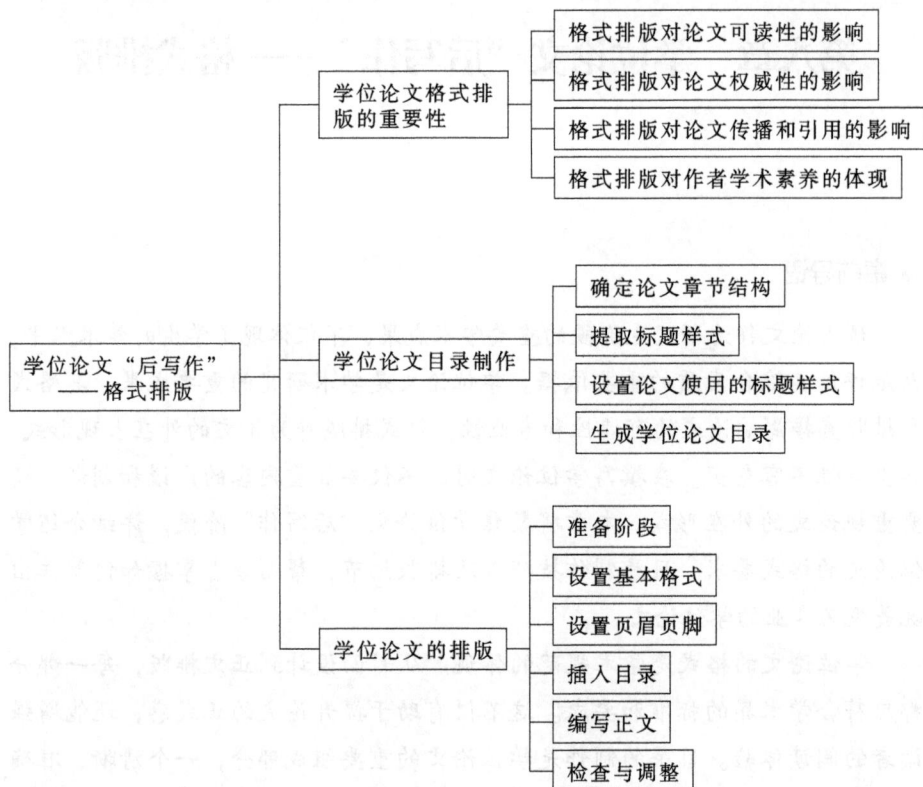

第一节 学位论文格式排版的重要性

　　学位论文的格式排版不容忽视，它不仅是学术规范的体现，更是学术成果展示的窗口。一篇规范、整洁、美观的学位论文不仅能够提升论文的学术价值和权威性，更能增强读者的阅读体验，使其在众多学术文献中脱颖而出。格式排版的规范性直接影响论文的可读性和易读性，合理的段落间距、清晰的目录结构、准确的图表标注等都是提升论文整体质量的关键。此外，学位论文的格式排版也是学术界对研究者严谨态度的一种检验，它不仅反映了作者对学术规范的尊重，也体现了其学术素养和专业水平。因此，掌握学位论文的格式排版不仅是完成学术任务的基本要求，更是提升学术研究影响力和传播力的重要手段。通过精心设计和排版，学位论文能够更好地传达作者的研究思想和成果，从而在学术界获得更广泛的认可和尊重。

一、格式排版对论文可读性的影响

（一）清晰的结构布局

学位论文通常包括封面、摘要、目录、正文、参考文献等部分，每个部分都有其特定的格式要求。合理的格式排版能够使论文结构清晰，清晰的结构布局能够使读者更容易理解论文的整体内容和逻辑。各个章节和子章节之间的逻辑关系明确，有助于读者跟随作者的思路进行阅读，从而更好地理解论文的研究问题、方法、结果和结论。例如，目录的排版应准确无误地反映论文的章节结构和页码，方便读者查找和阅读。

（二）统一的字体和字号

首先，统一的字体和字号能够增强论文的整体美感，使读者在阅读过程中保持视觉的舒适性和连贯性。如果字体和字号过于杂乱，会给读者带来阅读障碍，降低论文的可读性。其次，在论文审阅和评审过程中，统一的字体、字号能够为评审者提供一个清晰、整洁的阅读环境。评审者可以更加容易地关注论文的内容和结构，而不会被不同的字体字号干扰。再次，统一的字体、字号有助于提升论文的学术形象。一篇整洁、规范的论文能够给读者留下良好的印象，展现作者严谨的学术态度和扎实的学术基础，也有助于提升论文的学术价值和影响力。最后，便于打印和装订。在论文的打印和装订过程中，统一的字体、字号能够确保打印效果的一致性和美观度。不同的字体、字号可能会导致打印效果的不一致，而统一的字体、字号则能够避免这种情况的发生，使论文的打印和装订更加顺利。

（三）适当的行间距和段间距

学位论文中适当的行间距与段间距对提升论文的整体质量和阅读体验具有不可忽视的重要性。它们不仅能够提高可读性、便于编辑和修改、体现学术严谨性，还能够突出段落结构、提高阅读体验和便于查找和引用。因此，在撰写学位论文时，作者应该注重行间距与段间距的设置，确保它们符合学术论文排版规范的要求，以提升论文的整体质量和学术价值。

1. 适当的行间距的好处

（1）提高可读性。适当的行间距能够使文字之间保持适当的距离，避免文字过于拥挤或稀疏。这样，读者在阅读论文时能够更加轻松地辨认每个字符，缓解阅读疲劳，提高阅读效率。同时，适当的行间距还有助于保持文字的整齐性，使论文整体看起来更加美观。

（2）便于编辑和修改。在论文撰写过程中，作者需要不断地对论文进行修改和完善。适当的行间距能够为编辑和修改提供足够的空间，使作者在添加、删除或修改文字时更加方便快捷。这有助于提高论文的撰写效率，减少不必要的重复工作。

（3）体现学术严谨性。适当的行间距是学术论文排版规范的一部分。遵守这一规范能够体现作者的学术严谨性和专业素养。在学术研究中，严谨性和规范性是评价论文质量的重要指标之一。因此，适当的行间距有助于提升论文的学术价值和影响力。

2. 适当的段间距的好处

（1）突出段落结构。适当的段间距能够清晰地划分论文的各个段落，使读者能够轻松地识别出不同的段落和章节。这有助于读者更好地理解论文的结构和内容，把握作者的写作思路和逻辑。同时，适当的段间距还能使论文整体看起来更加有条理和层次感。

（2）提高阅读体验。适当的段间距能够给读者带来更加舒适的阅读体验。在阅读过程中，读者需要不断地调整阅读节奏和注意力，适当的段间距能够为读者提供足够的缓冲时间，使读者能够在阅读过程中保持稳定的注意力和良好的阅读节奏，这有助于缓解阅读疲劳，提高阅读效率。

（3）便于查找和引用。适当的段间距能使论文中的每个段落都成为一个独立的单元。这样，在查找和引用论文中的相关内容时，读者可以更加方便地定位到具体的段落和句子。这有助于提高论文的实用性和可操作性，使论文能够更好地服务于学术研究和实践应用。

3. 适当的行间距与段间距的综合作用

适当的行间距与段间距在学位论文中并非孤立存在，它们相互作用，共同提升论文的整体质量和阅读体验。适当的行间距能够确保文字之间的清晰度和整齐性，使读者能够更加方便地阅读和理解论文内容；而适当的段间距则能够突出段落结构，提高阅读体验，并便于查找和引用。这种综合作用使论文在视觉上更加美观和整洁，在内容上更加条理清晰和易于理解。

二、格式排版对论文权威性的影响

一个清晰、整洁、规范的格式排版不仅可以提升论文的可读性和美观度，还可以体现作者的学术素养和专业水平，增强读者对论文内容的信任和认可。同时，规范的格式排版还可以在降低查重率，便于引用和参考等方面发挥重要作用。因此，在撰写论文时，作者应该重视格式排版的规范性和美观性，以提高论文的权威性和影响力。

（一）符合学术规范

学位论文的格式排版需要遵循一定的学术规范，如《学位论文编写规则》（GB/T 7713.2—2022）等。符合规范的格式排版能够体现作者的学术素养和严谨态度，增强论文的权威性。同时，规范的格式排版也有利于论文的审核和评阅，避免因为格式问题而影响论文的评价。同时，论文的格式排版直接影响读者的阅读体验。一个清晰、整洁、规范的格式排版可以使读者在阅读过程中感到舒适，缓解视觉疲劳，通过恰当的格式排版，可以突出论文的重点内容。例如，使用加粗、斜体、下画线等方式强调关键词语，或者使用不同的标题格式来区分不同的章节和段落。这些排版技巧可以帮助读者快速定位论文的核心内容，提高阅读效率。例如，合理的字体大小、行间距、段间距等设置可以使论文内容层次分明，易于理解。

（二）体现学术价值

通过规范的格式排版，学位论文能够清晰地展示其研究背景、研究目的、研究方法、研究结果和结论等关键信息。这些信息是评价论文学术价值的重要依据，规范的格式排版能够使这些信息更加突出和易于理解。同时，论文的格式排版直接影响查重系统的检测结果，如果论文格式不规范或者不正确，将导致系统无法识别该部分内容，从而将其纳入查重范围，导致查重率升高。相反，如果论文格式规范、正确，查重系统可以准确识别并排除非正文内容，降低查重率。规范的格式排版还可以使论文更易于被引用和参考，在撰写论文时，作者需要引用大量相关文献来支持自己的观点和结论，如果论文格式规范、统一，读者可以轻松地找到所需的参考文献信息，便于进行后续的引用和参考工作。

三、格式排版对论文传播和引用的影响

（一）便于传播和交流

规范的格式排版能使学位论文更加易于传播和交流。无论是通过图书馆、档案馆等实体机构还是通过网络等虚拟平台，规范的格式排版都能使论文更加易于检索和获取。同时，规范的格式排版也有助于提高论文的引用率，扩大其学术影响力，便于读者快速检索和引用论文中的相关内容，这对论文的学术传播和影响力提升具有重要意义。

（二）减少误解和歧义

规范的格式排版能够减少读者对论文内容的误解和歧义。例如，通过规范的引用格式标注文献来源和作者信息，可以避免读者对论文引用内容的误解和混淆。同时，规范的格式排版也有助于提高论文的准确性和可信度，增强其在学术界的权威性，通过合理的章节划分和段落组织，作者能够清晰地展示研究问题的提出、研究方法的选择、实验数据的分析和结论的得出等研究过程，使读者更容易理解论文的逻辑链条。

四、格式排版对作者学术素养的体现

（一）严谨的学术态度

规范的格式排版能够体现作者严谨的学术态度和对学术规范的尊重。在撰写论文的过程中，作者需要认真学习和掌握相关的学术规范和要求，并将其贯彻到论文的格式排版中。这种严谨的学术态度不仅有助于提高论文的质量和价值，也能够为作者未来的学术发展奠定坚实的基础。

（二）良好的学术习惯

规范的格式排版还能够培养作者良好的学术习惯。在撰写论文的过程中，作者需要不断地调整和完善论文的格式排版，以使其更加符合学术规范和要

求。这种不断追求完美的学术习惯有助于作者在学术研究中保持高度的自律性和专注力，从而取得更加优秀的学术成果。

综上，学位论文格式排版的重要性不言而喻。它不仅影响论文的可读性和权威性，还关系到论文的传播和引用以及作者的学术素养。因此，广大研究生和导师应该充分认识到格式排版的重要性，并在论文撰写过程中严格遵循相关的学术规范和要求，以确保论文的质量和价值。同时，相关部门也应该加强对论文格式排版的指导和监督，为研究生提供更加全面和专业的学术支持。

第二节　学位论文目录制作

在深入探索学位论文"写作中"——撰写初稿这一章中，我们不仅深刻理解了目录作为学位论文重要组成部分的定义，还详细学习了目录的撰写方法。在此基础上，本节将聚焦于学位论文目录制作的实际操作层面，旨在通过具体的步骤指导和实践技巧，使学习者能够亲手打造出既符合学术要求又具备专业水准的目录。

一、确定论文章节结构

在学位论文写作中，章节结构的清晰划分对目录的制作是非常必要的。首先，明确研究问题和论文的主要目标；其次，根据研究方法和研究内容，规划论文的逻辑流程和主要部分；再次，细分每个部分的关键点和子主题；最后，根据这些信息制定一个清晰的大纲，这个大纲将作为目录的基础，指导整个论文的结构和组织。这个过程通常需要与导师进行讨论，以确保论文的章节结构合理且符合学术规范。

二、提取标题样式

在审视学校提供的学位论文 Word 模板时，我们需特别关注模板里面对正文标题的格式设定，例如，摘要、引言以及后续的章节标题，模板中都详细标注了这些标题所使用的字体特性，如字体类型、大小及样式，旨在提供一个标准化的排版范例。

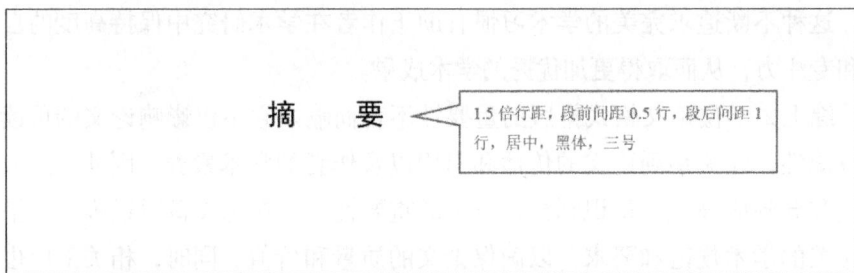

摘　要

1.5 倍行距，段前间距 0.5 行，段后间距 1 行，居中，黑体，三号

三、设置论文使用的标题样式

具体步骤如下。

1. 在学校提供的论文模板中选中一个正文标题（一级标题），如引言，进行新建样式。

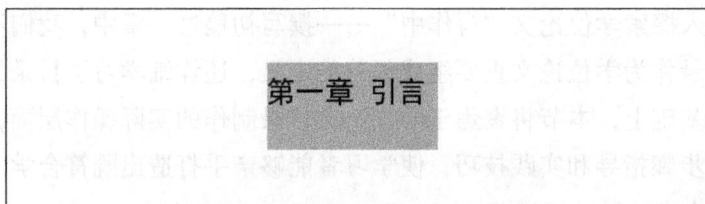

第一章 引言

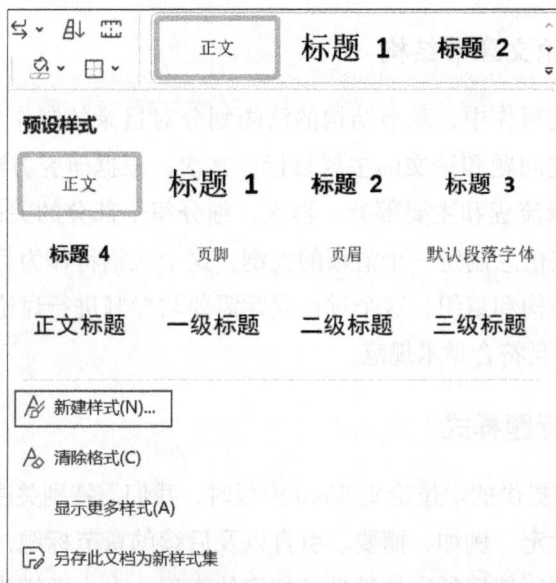

2. 将名称修改为正文标题，点击确定。

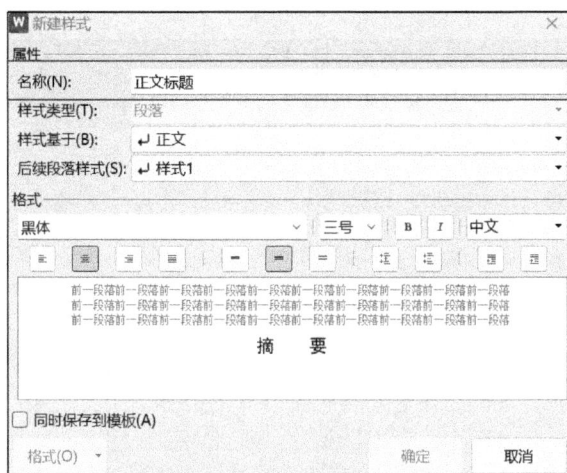

3. 二级标题、三级标题的设置方法同上：选中二、三级标题—新建样式—名称为二级标题、三级标题—确定。一般设置三个标题即可。

第一章 研究意义与目的

第一节 研究意义

一、理论意义

4. 点击"另存此文档为新样式集"选项。

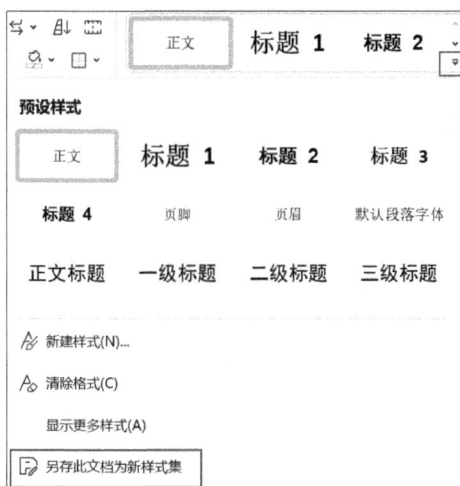

5. 文件存储位置默认，命名后点击保存。

6. 打开自己的学位论文，点击"自定义"选项，再点击"立即使用"即可。

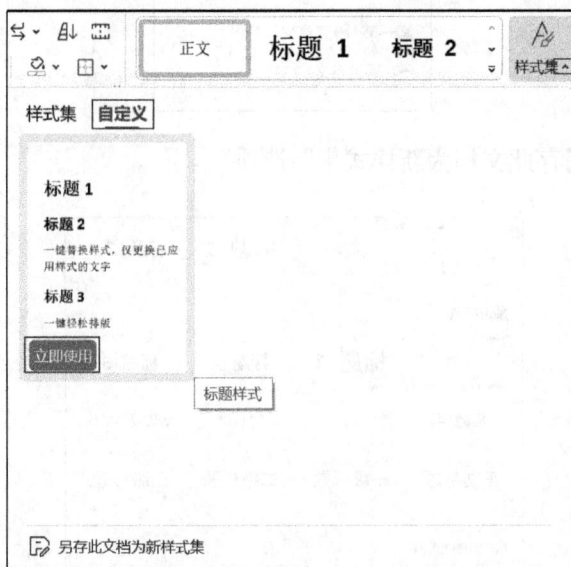

7. 在自己的毕业论文中，点击"正文"选项，你会发现设置好的标题样式就在里面。

8. 在自己的毕业论文选中摘要、引言等标题，可以按住 Ctrl 进行连选，选择正文标题样式，二级标题和三级标题的设置如下。

四、生成学位论文目录

以上步骤在自己的毕业论文中设置完成后，就可以进行生成目录了。具体步骤如下。

1. 点击"引用"—"目录"—"自定义目录"。

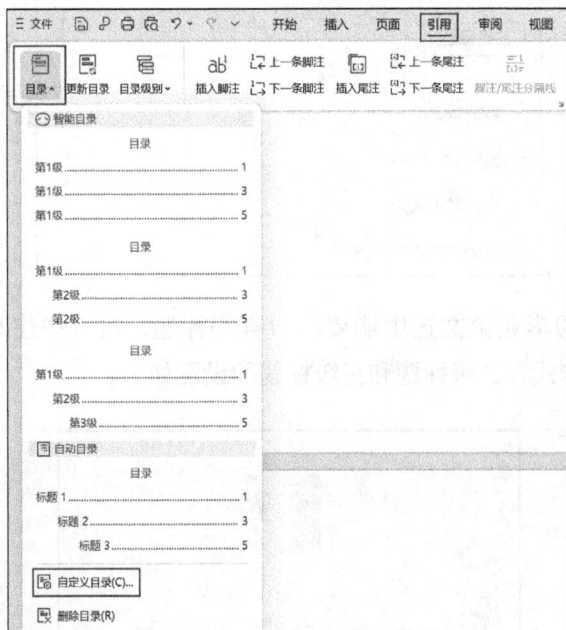

2. 点击"选项"。

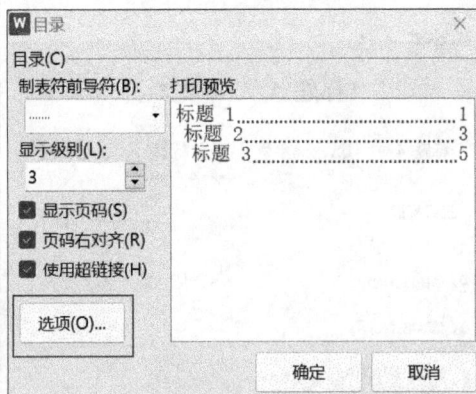

3. 删除原有的默认设置，删除 1，2，3。

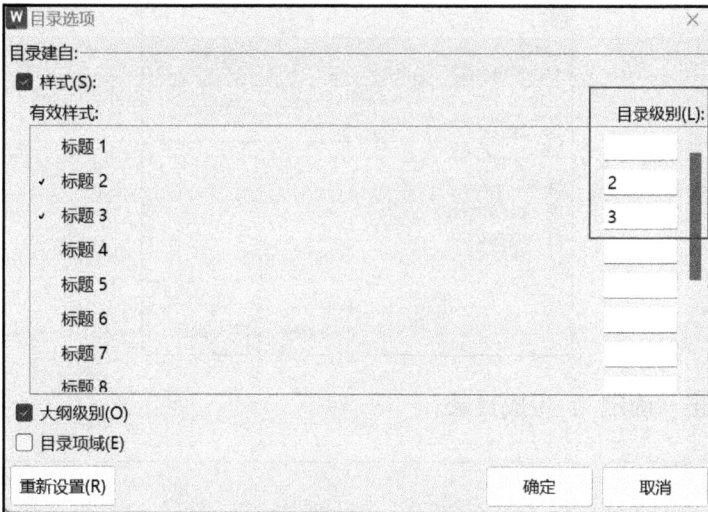

4. 将正文标题设置为 1，二级标题 2，三级标题为 3。

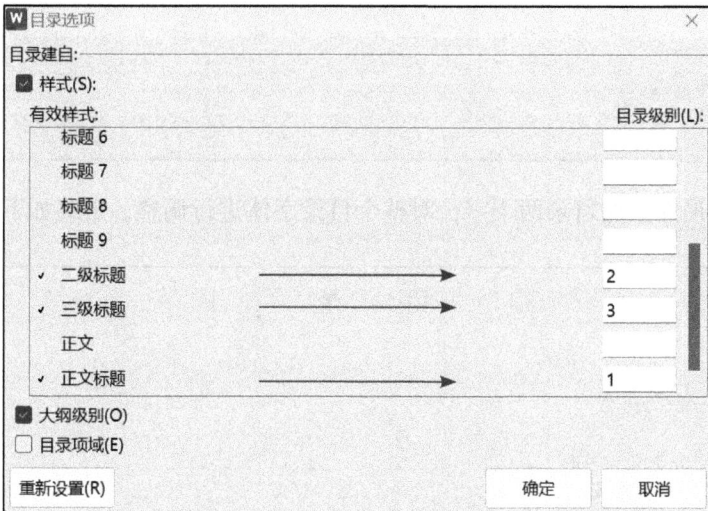

5.选择合适的制表符前导符。

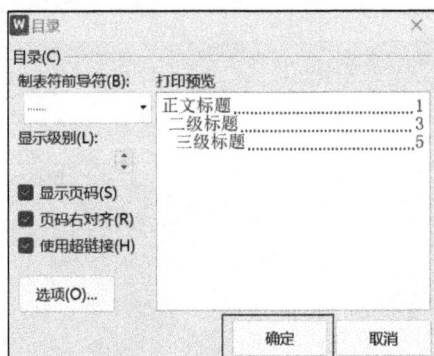

6.点击"确定"，生成目录。

7.在顶部添加目录两个字，对整个目录字体进行调整，最终如下。

第三节　学位论文的排版

一、准备阶段

确定论文格式要求：仔细阅读你所在学校或专业的论文格式要求，了解关于字体、字号、行距、页边距、页眉页脚等方面的具体要求。

选择排版工具：通常，Microsoft Word 是最常用的排版工具。（确保你的 Word 版本符合学校或专业的要求。）

二、设置基本格式

（一）页面设置

选择 A4 纸型，这是最常见的论文纸张大小；
设置合适的页边距，通常上下左右各为 2.5 厘米；
设置纸张方向为纵向。

（二）字体和字号

正文通常使用宋体或仿宋体，字号为小四号；
标题和副标题可以根据学校或专业的要求使用加粗、加大字号等方式进行区分。

（三）行距和段落

行距通常设置为 1.5 倍或 2 倍，以确保文字清晰易读；
段落之间可以空一行或采用首行缩进的方式，以便于读者区分不同的段落。

三、设置页眉页脚

页眉：从中文摘要开始，每页都应加页眉，页眉内容应与该部分的标题相同。页眉采用宋体 10.5 磅字体，左右对齐。

页脚：从第一章开始，每页都应加页码，页码采用阿拉伯数字连续编排，居中设置。

四、插入目录

在正文开始前插入目录，目录标题加粗并居中书写。

使用 Word 的自动目录功能生成目录，确保目录中的标题和页码与正文中的一致。

如有必要，可以在目录中添加插图和附表清单、缩略词表等内容。

五、编写正文

按照学校或专业的论文结构要求编写正文，包括引言、文献综述、研究方法、实验结果与讨论、结论等部分。

确保每个部分的标题和层级清晰，便于读者阅读和理解。

六、检查与调整

完成论文初稿后，仔细检查排版是否符合学校或专业的格式要求。如有不符合要求的地方，及时进行调整和修改。在提交论文前，建议再次进行全面检查，确保排版无误。

通过遵循以上步骤，你可以对硕士学位论文进行规范排版。记得在排版过程中保持耐心和细心，确保论文的呈现效果符合学校或专业的要求。

在硕士论文的格式排版中，除之前提到的整体结构和规范外，还有一些细节问题需要特别注意，这些细节能够进一步提升论文的专业性和可读性。以下是几个重要的细节点。

1. 页眉页脚：页眉页脚是论文格式排版中容易被忽视的部分。页眉通常包含论文标题、作者姓名、页码等信息，页脚则可能包含页码、学校名称、学院名称等。这些信息的排版应清晰、统一，并与论文整体风格相协调。

2. 标题和子标题：标题和子标题的字体、字号和排版方式应有所区别，以便读者能够快速识别和理解论文的结构。同时，标题和子标题的命名应准确、简洁，能够准确地反映论文的内容。

3. 图表和公式：图表和公式是学位论文中重要的表达工具。图表应清晰、规范，包含必要的图例和说明。公式的排版应整齐、准确，避免出现排版错误导致的阅读困难。

4.引用和参考文献：在论文中引用他人的观点、数据或结论时，应使用正确的引用格式，并在文末列出详细的参考文献。这不仅能够体现作者的学术诚信，也有助于读者查找和验证论文中的信息。

5.目录和页码：目录是论文的导航图，应包含论文的各级标题和对应的页码。页码应连续、准确，方便读者查找和阅读。

6.对齐和缩进：在排版过程中，应注意文本的对齐和缩进。段落之间应有适当的间距，以区分不同的内容。同时，文本的对齐方式（如左对齐、居中对齐等）应保持一致，避免给读者带来阅读上的不便。

7.字体和字号：论文的字体和字号应统一，避免出现字体混乱、字号不一的情况。一般来说，正文的字体和字号应遵循学术界的通用规范。

8.标点符号：标点符号是论文中不可或缺的组成部分，在排版过程中，应注意标点符号的正确使用，避免出现标点错误导致的语义混淆。

9.语言规范：论文的语言应规范、准确，避免出现错别字、语法错误等问题。这不仅能够提升论文的专业性，也有助于增强读者的阅读体验。

10.交叉引用和内部链接：在论文中引用其他章节或部分内容时，应使用交叉引用或内部链接的方式，以便读者能够快速定位到相关信息。这不仅能够提高论文的可读性，也有助于增强论文的逻辑性和连贯性。

总之，在学位论文的格式排版中，需要注意的细节问题很多。只有注重细节、精益求精，才能打造出一篇高质量的学位论文。

◀ 思考与练习 ▶

论述

论述学位论文"后写作"阶段格式排版的重要性。

拓展练习

自行下载一篇教育硕士专业学位论文，阅读并分析其论文格式排版，并提出相应的改进建议。

实践操作

请结合自己的学位论文，进行目录制作并结合学位论文的内容进行格式排版。

第九章 学位论文"后写作"——查重评审

◎ 章前导语

学位论文是研究生学术成果的重要体现，它全面展现了研究生在科研、创新、书面表达以及知识运用等方面的能力，是评估研究生学习和培养质量的关键指标。因此，对学位论文的评估也是衡量研究生培养质量的重要标准之一。教育硕士专业学位论文的撰写，从开题到最终的论文答辩，通常需要一年左右的时间。为了确保学位论文能够按时且高质量地完成，需要建立对论文进展情况的监督与评价机制。其中，前期评价主要通过开题报告的形式进行，中期评价则通过中期检查的方式实现，而后期评价则主要包括论文的预答辩、评审和正式的答辩。研究生了解学位论文评审的整个流程、具体内容和相关要求，对于提升他们学位论文的质量具有非常重要的意义。通过了解这些，研究生可以更加明确自己的研究方向和论文目标，更加有针对性地开展研究工作，从而提高学位论文的整体质量。

◎ 学习目标

1. 掌握论文查重的基本原理和操作流程，了解查重软件的工作原理。学习如何通过合理引用、改写和创新来降低论文的重复率，提高论文的原创性。

2. 认识到中期检查在学位论文撰写过程中的作用，掌握中期检查的具体流程和步骤，学习如何根据中期检查的标准和要求，调整和完善论文内容。

3. 掌握学位论文外审的基本流程，包括提交论文、评审标准、评审结果等。了解专家评审的机制和标准，学习如何准备和应对专家评审。

◎ 知识结构图

```
                                        ┌─ 论文查重的原理
                          ┌─ 学位论文的查重 ─┼─ 查重前要清楚的事
                          │                ├─ 关于"知网"查重问题
                          │                └─ 降重技巧
                          │
                          │                ┌─ 中期检查的必要性
学位论文"后写作"           │                ├─ 中期检查的内容
  ──查重评审 ──────────────┼─ 学位论文的中期检查 ─┤
                          │                ├─ 中期检查的程序
                          │                └─ 中期检查的要求
                          │
                          │                ┌─ 评审流程
                          │                ├─ 导师评阅
                          │                ├─ 评审要求
                          └─ 学位论文的评审 ─┼─ 评审结果
                                           ├─ 盲评
                                           └─ 学位论文评审的内容
```

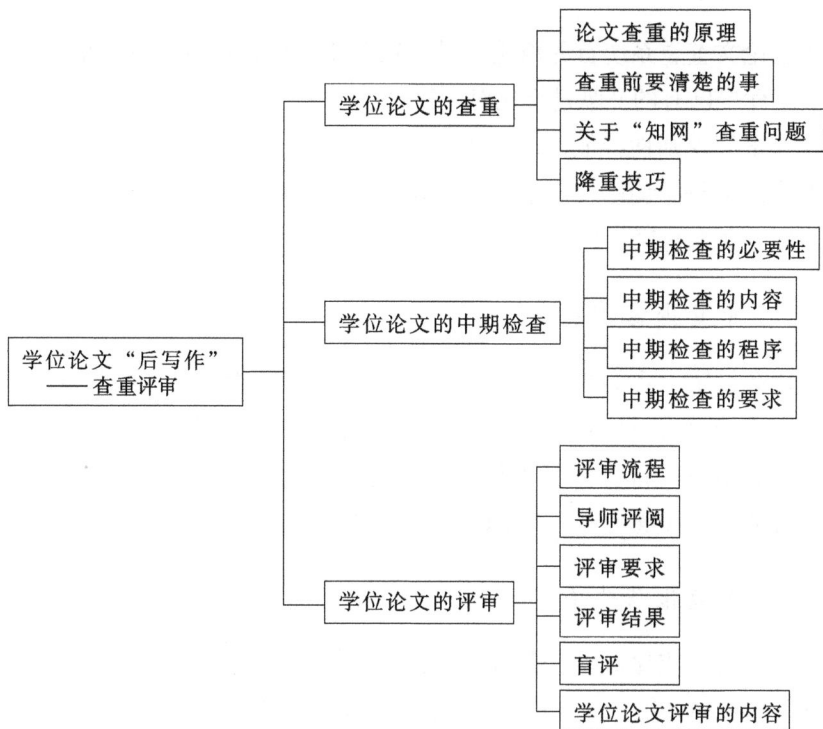

第一节　学位论文的查重

一、论文查重的原理

目前市场上论文查重检测系统种类较多，较为权威准确的是知网查重检测系统，也是目前绝大多数学校采用的系统。其基本原理是数字指纹的多阶快速检测方法，对指定的文档做数字指纹，与资源库中的相关文档进行指纹比对，然后系统会将匹配结果以报告的形式告知用户，报告的形式和类型用户可以自主选择。硕士论文查重原理是计算机算法和自然语言处理技术，通过比对和分析文本的内容和结构，判断是否存在相似部分并评估其相似度。其查重原理主要包括以下四点。

（一）文本比对技术

硕士论文查重系统首先将论文进行数字化处理，然后将待查重的论文文本与数据库中已有的文献进行比对。比对过程中，系统主要关注文本的字符、词语、句子等规则性特征，以及文本的语义信息。基于规则的比对是通过比较文本中的字符、词语、句子等序列来判断相似度；而基于语义的比对则更侧重于理解文本的深层含义，判断其是否表达相同或类似的概念。

（二）重复内容识别

系统会设定一定的阈值，如连续出现 13 个字符类似就判断为重复部分。论文查重系统会先对内容进行分层处理，按照篇章、段落、句子等层级分别创建指纹，对每一部分内容单独计算其重复率等各项指标。对重复的内容，系统会自动计算其重复率，并在查重报告单中标注出来。

（三）查重报告生成

查重系统完成比对后，会自动计算总重复率、引用率、总字数等查重指标。这些指标会详细标注在论文查重报告单中，供用户参考。

（四）模糊检测

当系统发现论文中的一句话有抄袭嫌疑时，会自动对这句话的前后进行模糊识别，以发现可能的抄袭行为。论文查重系统具有准确性，通过先进的算法和技术，能够准确地识别出论文中的重复内容，减少误判和漏检的情况。

需要注意的是，查重系统仅仅是辅助工具，最终的判断还需要结合人工审核和评估，以确保结果的准确性和公正性。同时，不同的查重系统可能采用不同的算法和技术，因此在选择查重系统时需要根据实际情况选择。

二、查重前要清楚的事

在提交硕士论文进行查重之前，进行充分的准备工作是至关重要的。这不仅有助于确保论文能够顺利通过查重系统的检测，还能避免因查重问题导致的额外麻烦和时间延误。以下是一些关键的准备工作，它们可以帮助你更好地准备你的论文。

（一）了解本校使用的论文检测系统

为了确保你的硕士论文在提交查重时能够顺利通过，首先需要详细了解并掌握你所在学校使用的论文检测系统。虽然高校普遍采用知网 5.1 论文检测系统，但不同的学校可能会选择不同的检测工具或平台。因此，你需要具体了解你所在院校的具体要求和使用的检测系统。这不仅包括系统的基本操作和使用方法，还应包括检测系统的检测范围、检测标准，以及可能的检测结果反馈机制。此外，了解检测系统的特点和限制，可以帮助你更有效地准备论文，避免因不符合检测标准而影响论文的通过率。通过这些详尽的了解和准备，你可以更有针对性地调整你的论文内容和格式，从而提高论文的查重通过率，确保你的学术成果得到公正和客观的评价。

（二）了解本校要求的重复率标准

在提交硕士论文进行查重之前，了解并掌握你所在学校及专业的具体重复率要求是至关重要的。不同的学校和专业可能会有不同的重复率标准，这些标准直接影响你的论文能否被认定为合格。例如，一些学校可能对重复率的要求较为严格，而另一些学校则可能相对宽松。因此，你需要通过学校的官方网站、研究生院或教务处等渠道获取准确的重复率标准信息。同时，了解这些标准是如何计算的，包括哪些内容会被计入重复率，以及如何处理引用和参考文献等细节问题。只有当你清楚地知道这些要求，才能更有针对性地调整你的论文内容，确保其原创性和独特性，从而避免因重复率过高而影响论文的通过率。此外，了解这些标准还可以帮助你在撰写论文时更加注重原创性和创新性，从而提升论文的学术价值和影响力。

（三）数据库是不定时更新的

在进行硕士论文查重的过程中，了解并掌握论文检测数据库的更新机制是非常重要的。这是因为数据库的不定时更新可能会引入新的文献和资料，从而影响你的论文重复率。如果你已经自行检测并感觉重复率达标，那么及时提交论文进行学校检测是十分必要的，这样可以避免因数据库更新而产生新的重复文字，导致你的论文重复率升高。此外，在使用查重系统之前，熟悉系统的操作方法和使用规则，了解系统的查重原理和特点也是非常关键的。这不仅可以帮助你更有效地利用查重系统，还可以让你对查重结果有更准确的预期和理解。通过这些细致的准备和了解，你可以更好地控制论文的查重过程，确保你的学术成果在提交时能够达到学校的要求，从而顺利通过查重。

（四）论文文件准备

1. 文件名命名

使用"姓名_题目"的方式命名文件，例如"张三_硕士学位论文"。确保文件名中不包含学校信息。

2. 文件格式

根据学校要求，准备正确的文件格式，如 PDF 或 Word。注意 PDF 和 Word 在计算字符时存在差异，确保提交格式与学校要求一致。

3. 文件大小

文档大小不超过 10M，避免文件过大导致无法上传。如果照片较多，请适当删除或压缩后再上传。

（五）论文内容准备

1. 内容完整性

确保论文文件不缺失、格式正确、字迹清晰。学校要求检测的部分（如目录、摘要、正文、参考文献等）要完整提交。

2. 引用规范

引用和参考文献要正确使用，确保每一处引用都标注清楚，避免被系统误判为剽窃。

3. 结构和逻辑

合理安排论文的结构，确保论文的逻辑性和条理性。在使用查重系统之前，可以先自行检查论文的连贯性和逻辑关系。

（六）了解学校和导师要求

在提交硕士论文进行查重之前，深入理解并严格遵守学校和导师对查重的具体要求和标准是至关重要的。这不仅涉及论文的重复率标准，还可能包括论文的结构、引用格式、内容的原创性等方面。提前与导师沟通，了解他们对论文查重的具体看法和期望，可以帮助你更好地调整论文内容，确保其符合学术规范和导师的学术要求。同时，熟悉学校的相关政策和规定，例如查重的流程、时间节点，以及如何处理查重结果等，都是必不可少的步骤。通过这些细致的准备，你可以确保你的论文在提交查重时不仅技术上达标，而且在学术和道德层面也符合高标准，从而提高论文的通过率，并为你的学术生涯打下坚实的基础。

（七）合理安排查重时间

在准备提交硕士论文进行查重的过程中，合理安排查重时间是确保整个流程顺利进行的关键。首先，你需要根据学校或指导老师的具体规定和要求，提前规划好查重的时间节点。这包括了解查重系统开放的时间、查重的截止日期以及可能的高峰期等信息。其次，避免在最后关头匆忙提交论文，这样不仅可能因为时间紧迫而忽视了对论文的细致检查，还可能导致查重系统因高峰时段的拥堵而影响查重结果的及时反馈。合理安排时间，提前进行论文的自查和修改，留出足够的时间进行查重和根据查重结果进行必要的调整，是确保论文质量的重要策略。同时，也要注意避免查重时间过于提前，因为查重系统可能会在提交论文后更新数据库，导致查重结果的不准确。通过这样的合理安排，你可以更加从容地应对查重过程，确保你的论文在提交时能够达到最佳状态，从而顺利通过查重。

（八）提前规划论文写作计划

在撰写硕士论文的过程中，提前规划并合理安排写作计划是非常重要的一步。这不仅涉及论文的整体结构和内容的组织，也包括预留足够的时间来进行查重和修改。你需要从论文的选题、资料搜集、初稿撰写、修改完善等各个环节细致规划，确保每个阶段都有明确的时间节点和目标。通过这样的方式，你可以避免在论文写作的最后阶段才开始关注查重问题，从而减少因时间紧迫而产生的不必要的压力和焦虑。同时，合理的时间安排也有助于你在写作过程中及时发现并解决可能出现的问题，提高论文的质量和原创性。此外，提前规划论文写作计划还可以让你有更多的时间来准备答辩材料和进行预答辩，确保你的学术成果在最终提交时既符合学术规范，也达到导师和评审委员会的期望。通过这样的系统规划和准备，你的论文不仅能够顺利通过查重，还能在学术界获得认可和尊重。

（九）注意查重系统的提示

在进行硕士论文查重的过程中，密切关注查重系统提供的提示信息是至关重要的一环。查重系统通常会在检测完成后，提供详细的报告，指出论文中可能存在的重复内容或引用不当的地方。这些提示信息不仅能够帮助你识别论文中的问题区域，还能够指导你如何进行有效的修改和调整。因此，你需要仔细阅读这些提示，理解其背后的原因和逻辑，然后根据这些反馈对论文进行相应的调整。这可能包括重新组织论文的结构、改进引用格式、增加原创性内容或重新表述某些观点。通过这样的细致调整，你可以显著提高论文的原创性和学术价值，减少重复率，确保论文符合学术规范和查重标准。同时，及时响应查重系统的提示，也显示了你对待学术研究的认真态度和专业精神，有助于提升你的论文在评审过程中的印象分。

三、关于"知网"查重问题

中国知网查重是维护学术诚信、提高研究原创性、规范学术行为、辅助学术评价的重要工具，它通过智能检测技术帮助防止抄袭和剽窃，确保研究成果的真实性和可靠性，同时为个人和机构提供了一种自我检测和修正的手段，促进了学术领域的健康发展和学术规范的建立。

（一）正确认识知网查重

认识知网查重，我们不仅要了解它作为中国领先的学术不端检测工具的角色，还要明白它的深层含义和使用背景。知网查重检测系统通过比对大量文献资源来识别论文中的重复或抄袭内容，其核心目标是促进学术原创性和诚信，提供给作者自查的机会，确保研究成果的独立性和创新性。此外，知网查重也积极参与科研诚信教育和高校学风建设，通过举办讲座等活动，提高个人对学术诚信的认识和重视。同时，知网查重服务的开放，也是为了满足广大个人用户学术规范自检与查新等实际需求，避免黑市与高价问题的出现。此外，知网查重还严格遵守相关法律规定与用户协议，保障用户信息和论文内容的安全，个人送检的论文仅保存在专用服务器上 30 天后自动删除且不可恢复。这些措施都是为了确保知网查重服务的权威性、安全性和有效性，帮助维护学术界的健康发展和学术规范的建立。

（二）正确使用知网个人查重服务

1. 注册 / 登录账号

首先，访问中国知网官网（https：//cx.cnki.net），在首页处，点击"个人查重"。同时，需要在中国知网的个人查重服务官方网站注册账号或使用已有账号登录。

2. 上传论文

登录后，点击"上传待检测文件"，提交拟检测的论文文档。需要了解的是，系统不会收录作者提交检测的文件，并且订单支付完成后，系统将为你保留检测报告 30 天。

3. 填写必要信息

按照系统提示填写论文的相关信息，如标题、作者等。需要注意的是，带 "*" 的项目为必填项。

4. 选择文献类型

根据作者的论文类型选择合适的检测类型，例如学位论文（研究生）。

5. 支付费用

根据提交的信息和文献，系统会显示检测费用。目前知网个人查重服务的单价为 1.5 元 / 千字符。

6. 获取查重报告

支付完成后，系统会进行查重。查重完成后，你可以下载查重报告，包括全文报告和对照报告。

7. 注意事项

要确保论文格式正确，避免使用网络上的抄袭论文或模板，正确标注引用出处，并选择合适的查重模式。

四、降重技巧

（一）关键词替换法

通过巧妙地将文章中的核心术语替换为具有相同或相似含义的词语，不仅能够调整和优化文章内容，降低与原文的相似度，还能保持文章的原始风格和韵味。这种策略有助于丰富文章的表达方式，增加语言的多样性，同时也能够提高文章的独创性和创新性。在进行词语替换时，需要注意选择那些能够准确传达原文意思和情感的词语，避免改变文章的原意或引入歧义。

（二）段落结构调整法

重新组织文章的结构，通过调整句子和段落的顺序，可以有效地进行内容的改写，同时确保文章的逻辑流畅和意思清晰。这种方法要求作者在调整时细心维护论文的内在逻辑和叙述的连贯性。

使用删节技巧，对文章进行精简，将冗长的句式简化为简洁的短句，对段落进行编辑，仅保留关键信息。这样处理不仅缩减了文章的篇幅，也有助于减少内容上的重复性。

使用合并法，对文章的小节或小段进行重新排序和整合，可以使论文结构更加集中紧凑，同时增强文章整体的连贯性。这种策略有助于提升文章的表达效率，确保每个部分都紧密围绕中心论点展开。

（三）增加新的内容

为了有效降低学位论文的重复率并增强其独创性，可采取以下综合策略：首先，通过引入新的视角、数据和图表来丰富论文内容，这不仅能稀释文字的重复性，还能提升论文的学术深度和原创度。其次，深入理解并运用知网等查重系统的检测逻辑，避免连续多字或关键词的重复，以减少被标记的风险。这种细致的逐句修改不仅有助于作者全面掌握论文内容，为答辩做好充分准备，还能确保论文的原意得到准确传达，同时避免抄袭的嫌疑。虽然这种方法可能耗时耗力，但它对于提升论文质量和答辩表现有着不可估量的价值。

第二节　学位论文的中期检查

学位论文中期检查，即在论文撰写的中期阶段，对研究生进行的研究工作及其成果的一次全面审核。研究生需通过书面或口头形式，向学科或专业审查小组详细报告其论文的前期进展、阶段性成果，并接受审查小组基于其论文进展情况和开题计划给出的反馈和建议。检查的核心在于识别当前工作存在的问题，提出针对性的改进意见，并根据实践反馈，适当调整开题时的计划。

一、中期检查的必要性

随着大量研究工作的深入开展，学位论文撰写进入了关键的过渡阶段。此时，中期检查显得尤为必要。

（一）促进论文前期工作的有序进行

研究生在论文写作阶段往往拥有较大的时间自主权，容易出现前松后紧的现象。中期检查作为一个重要的时间节点，能有效提醒和督促研究生按照既定计划进行论文撰写，确保论文进度和质量。发现并纠正论文前期工作的不足。尽管研究生在开题时已经制订了详细的研究计划，但研究过程中难免会遇到预料之外的新问题、新挑战。中期检查为研究生提供了一个重新审视和评估前期工作的机会，以便及时发现问题、分析原因并调整研究计划。

（二）为后期工作提供指导和支持

中期检查小组通常由本学科的专家组成，他们对学科领域的现状和发展趋势有深入的了解。通过中期检查，研究生可以获得来自专家的宝贵意见和建议，为后期工作的顺利开展提供有力支持。同时，这也是一个学习和交流的机会，有助于研究生端正科研态度和改进科研方法。

二、中期检查的内容

学位论文中期检查的内容主要包括以下几个方面。

（一）论文进展情况

1. 文献搜集：检查研究生是否搜集了足够数量和质量的参考文献，以支持其研究背景和论点。

2. 调研材料的搜集与整理：检查研究生是否按照工作计划完成了相关的调研材料搜集，并对这些材料进行了有效的整理和分析。

3. 数据分析：评估研究生是否对数据进行了充分的分析和解释，以支持其研究结论。

（二）论文纲要

检查论文的基本框架和结构是否合理，是否符合学术规范。

1. 实验报告：对实验型论文，需要审核实验报告，确认实验过程的严谨性和实验结果的可靠性。

2. 研究方法：评估研究生采用的研究方法是否恰当，能否有效地解决研究问题。

3. 研究路线：检查研究路径是否清晰，是否按照预期的研究路线进行。

4. 研究的创新性：考察研究生是否明确了学位论文中的创新点，以及这些创新点是否有充分的理论和实践依据。评估研究生已完成的阶段性成果是否体现了创新，即是否前人未专门研究过，或虽有研究但研究生有独特见解。

（三）阶段性成果展示

研究生需要在中期检查时展示在导师指导下取得的阶段性成果，形式可以包括学术论文、科研报告、申报专利、产品开发、实验结果等。

阶段性成果展示主要目的在于进行问题识别与解决，即找出论文工作中存在的问题，如指导情况、实验条件、研究的广度和深度等，特别是出现的疑难点和可能需要调整的计划。分析存在的问题，提出解决方案或改进措施，确保论文能按期完成。

（四）学生状态与纪律

检查学生的思想状况，确保其对研究工作的积极性和投入度。

（五）考勤与纪律

检查学生的出勤情况，对不符合规定的学生给予告诫，并帮助其及时采取补救措施。

以上各方面内容都需要在中期检查时详细评估，以确保学位论文的研究工作能够顺利进行，并在规定的时间内完成高质量的论文。同时，中期检查也是导师和学生之间进行沟通和交流的重要机会，以便学生及时调整研究方向和计划，确保研究的顺利进行。

三、中期检查的程序

（一）设定中期检查时间

硕士学位论文的中期检查时间通常设定在开题后的半年左右，但具体时间可能因各学校或学院的要求而有所不同，因此应视具体情况而定。

（二）组建中期检查考核小组

为确保中期检查的公正性和专业性，需成立由导师、学科专家和同行组成的考核小组。该小组一般由 4~5 名成员组成，负责实施学位论文的中期考核工作。

（三）填写中期检查情况表

研究生和导师需按照学校或学院的要求，共同填写论文中期检查情况表。研究生需详细汇报论文的撰写情况，包括已完成的研究内容、阶段性成果、遇到的问题及解决方案等；导师则需根据研究生的汇报内容，写出相应的评语和指导意见。

（四）召开中期检查报告会

中期检查报告会的形式与学位论文答辩会相似，但目的和重点有所不同。在报告会上，研究生需向考核小组汇报前期论文工作的成果和不足，并接受小组成员的质疑、补充和建议。这一环节旨在让考核小组全面了解研究生的研究进展，评估其论文的完成情况，并提出针对性的改进意见。通过中期检查报告会，研究生可以进一步明确研究方向，完善研究计划，确保学位论文顺利完成。

四、中期检查的要求

学位论文的中期检查是确保论文质量、调整研究方向的重要环节，需要导师、研究生和管理部门等多方的参与。以下是针对中期检查的具体要求。

（一）对指导教师的要求

1.认真听取：指导教师应认真听取研究生关于论文工作的详细汇报，全面了解研究生的研究进展和成果。

2. 指出不足：在听取汇报后，导师应客观指出研究生在论文工作中存在的不足和问题，并给出具体的改进建议。

3. 审查提纲：导师需审查研究生的汇报提纲，确保其内容完整、逻辑清晰，能够准确反映研究生的研究内容和成果。

4. 组织会议：导师应组织相关专家和同行召开学位论文中期检查报告会，让研究生有机会接受同行的建议和批评。

5. 调整计划：基于中期检查的反馈，导师应帮助研究生修改论文工作实施计划，进一步调整论文工作的内容、步骤，明确重点和难点。

（二）对学生的要求

1. 明确检查目的和要求

（1）目的：了解检查的主要目的，包括评估研究进展、发现问题、确保研究质量等。

（2）要求：清楚了解学校或学院对中期检查的具体要求，如检查时间、地点、汇报形式等。

2. 整理研究内容和成果

（1）已完成的研究内容：整理已经完成的实验数据、理论推导、案例分析等，确保内容完整、准确。

（2）阶段性成果：总结已取得的阶段性成果，并强调这些成果对论文整体的贡献。

3. 准备汇报材料

（1）PPT 制作：根据论文中期检查报告的内容要求，制作 PPT。PPT 应包含论文题目、研究背景、研究内容、研究方法、阶段性成果、下一步工作计划等关键信息。PPT 的讲解时间通常为 8 ~ 10 分钟（根据学校或学院要求而定）。

（2）中期报告：硕士中期报告不少于 1500 字，详细阐述研究内容、方法、成果等。报告需经导师审核修改，并在中期检查情况表中签署中期考核评语。

4. 准备答辩内容

（1）预期问题和解决方案：预测检查小组可能提出的问题，并准备相应的解决方案。

（2）下一步工作计划：明确下一步研究方向、方法和计划，并阐述其合理性和可行性。

5. 遵守学术规范和注意事项

（1）避免抄袭和剽窃：确保论文内容的原创性，引用他人成果时须注明出处。

（2）保持积极向上的态度：认真听取导师和检查小组的意见和建议，并积极改进。

（3）注意个人形象和时间安排：穿着得体，按时参加检查，确保研究进度符合论文要求。

6. 其他准备事项

（1）提前了解检查小组：了解检查小组的成员背景和专业领域，以便更好地准备答辩内容。

（2）准备备用材料：如有需要，准备备用材料，如补充数据、图表等，以备不时之需。

准备中期检查是一个全面的过程，需要学生在明确检查目的和要求的基础上，整理研究内容和成果、准备汇报材料和答辩内容、遵守学术规范和注意事项等。通过充分准备，学生可以更好地展示自己的研究成果和进展，为论文的顺利完成打下坚实的基础。通过中期检查，研究生和导师可以共同发现问题、解决问题，确保论文工作的顺利进行，为高质量完成学位论文奠定坚实的基础。同时，管理部门也应加强对中期检查的监督和指导，确保检查的公正性和有效性。

第三节　学位论文的评审

专家评审是硕士学位申请流程中的关键环节，它主要包括导师评阅、盲评和答辩评审等步骤。这些评审过程往往相互关联、交叉进行，旨在从专业的角度审核论文是否达到相应学位的要求、是否具备答辩的资格以及是否达到毕业标准。

一、评审流程

（一）论文提交

学生按照学校或学院的要求，在规定时间内将论文提交至指定的网络平台或系统。

（二）论文分配

学校或学院根据论文的研究领域和评审要求，将论文分配给相应的评审专家。评审专家通常是具有相关学科背景和丰富评审经验的教师或学者。

（三）评审过程

评审专家在线下载论文，并在规定的时间内完成评审工作。评审过程包括仔细阅读论文、评估论文的创新性、学术价值、研究方法、实验数据等方面，并给出具体的评审意见、评分以及是否建议送审等。

（四）评审结果反馈

评审完成后，学校或学院将评审结果反馈给学生和导师。评审结果通常包括评审意见和评分等。

二、导师评阅

导师作为学位论文的指导者，对论文的撰写内容和水平有深入的了解。在评阅过程中，导师会从学术性和规范性两个方面给出对论文的客观评价，指出论文的亮点和不足。对于是否同意论文进入盲评和参加答辩，导师需要给出明确的意见。经导师同意的论文，可进入盲评环节。硕士论文专家评审是学位申请过程中至关重要的环节，其评审结果直接影响学生成功获得硕士学位。

三、评审要求

评审专家应严格按照评审标准和要求进行评审，确保评审结果的公正、客观和准确；评审专家应在规定的时间内完成评审工作，并及时给出评审意见和评分；评审专家应遵守学术道德和评审纪律，不得泄露论文内容和评审结果。

四、评审结果

评审结果通常分为"优秀""合格""不合格"三个等级。具体评分标准可能因学校或学院而异，但一般来说，"优秀"的论文在创新性、学术价值、研究方法等方面表现出色，评分通常在 90 分及以上；"合格"的论文在各方面达到基本要求，评分在 70～89 分；"不合格"的论文在创新性、学术价值或研究方法等方面存在明显不足，需要进行全面修改后再次提交。

五、盲评

盲评是同行专家匿名评审的简称，旨在通过校外同行专家的专业意见来评估论文的学术质量。在盲评过程中，论文的作者、指导教师等相关信息会被隐匿，只保留论文的主体部分供专家评审。硕士论文的盲评专家一般为两位，当两位专家的意见不一致时，可再送审第三位专家，最终根据多数意见确定评审结论。通过盲评的论文，可进入答辩环节。硕士论文盲评是硕士学位申请过程中的一个重要环节，其目的在于确保论文评审的公正性和客观性。

（一）盲评的定义与意义

1. 定义：硕士论文盲评是指在评审论文成果时，不透露作者身份的一种评审方式。评审人员只知道论文的内容，并不知道论文作者是谁。

2. 意义：盲评有助于减少评审者的身份偏见，确保评审过程的客观性和公正性。它使评审人员能够专注于论文本身的质量和价值，而不受作者身份、背景或其他非学术因素的影响。

（二）盲评的流程

1. 准备与组织：学校或学院会制订毕业论文评审工作安排表，规定各评委名单，并由教务处统一负责组织和安排。

2. 论文提交：学生需要在规定时间内提交毕业论文、论文审定表、个人简历等材料。

3. 盲评委员会：由学校专业领域的知名专家组成盲评委员会，负责评审各位学生的毕业论文。

（三）盲评过程

盲评过程是匿名的，采用双向选择方式，既有学生选老师、老师选专家的环节。盲评过程必须严格保密，评审人员不知道论文作者的身份。盲评通常涉及论文初审和单独机构复审两个环节。

盲评结束后，学校或学院会审查评审表格和提交材料编成的档案，并及时反馈给学生。

（四）盲评的注意事项

1. 论文质量

盲评要求论文具有较高的学术水平和创新性。因此，学生在撰写论文时应注重论文的选题、研究方法、数据分析等方面，确保论文的质量。

2. 论文格式

学生需要按照学校或学院的要求，正确规范地排版和格式化论文，包括字体、字号、行距、页边距等排版格式，以及封面、目录、参考文献等内容的完整性和规范性。

3. 学术诚信

学生在撰写论文时应遵循学术诚信原则，不得抄袭、剽窃他人成果。同时，在引用他人观点和数据时，应注明出处并遵循学术规范。

（五）盲评结果

盲评结果通常分为"通过"和"不通过"两种情况。如果论文通过盲评，学生将有机会进入下一阶段的答辩环节；如果论文未通过盲评，学生需要根据评审意见进行修改和完善后再次提交盲评。需要注意的是，不同学校或学院对盲评结果的具体要求可能有所不同，因此学生需要仔细阅读相关规定并按照要求执行。

六、学位论文评审的内容

（一）论文选题

主要评估论文选题是否属于学科前沿，研究工作是否具有理论意义或实用价值。对学术学位论文，应强调其选题的科学意义；对专业学位论文，则更应关注其对实际问题的解决价值。

（二）文献综述

评估是否全面掌握了本学科领域相关的研究工作的最新动态和进展。量的方面要求围绕论文主题，基本覆盖相关学科领域的主要文献；质的方面要求涉及相关学科领域具有代表性的论文和著作。通过文献综述，要能够看出作者对研究方向发展的趋势、规律和待解决问题有系统、全面的了解。

（三）研究工作创新及其价值

这是评价学位论文的核心内容。对硕士学位论文，要求其研究工作应具有一定的创新性。评价时不仅要列举、归纳、总结论文的主要工作与创新点，还要指出其价值。评价应基于科学标准，而非简单地照抄作者对自己的论文所做的归纳、总结。

（四）论文写作

主要审查论文写作的文字表述与规范。包括层次是否清楚、条理是否分明、图表和公式是否符合要求、论证推理是否严谨、文字是否流畅及著录是否规范等。这些方面都是评估论文质量的重要标准。

（五）评语结论

评语结论应清晰、准确地反映论文的整体质量。内容应包括但不限于：论文是否达到硕士学位的学术水平、论文的主要创新点及其价值、存在的问题及其改进建议等。评语结论应基于评审的实际情况，客观、公正地给出。

七、评议书

（一）两份评议书均同意答辩或修改后答辩

当返回的两份评议书均表示论文可以申请答辩，或仅需对论文内容及文字进行适当修改后即可申请答辩时，硕士研究生应按照评议要求进行相应的修改。修改完成后，经导师审核并签署意见，学生即可参加论文答辩。

（二）一份评议书不同意答辩但研究生及其导师同意修改

如有一份评议书认为论文存在较大问题且不同意答辩，但研究生及其导师均接受这一评审意见并同意进行修改，那么研究生需要在半年内按照评审意见修改论文，并延期组织答辩。

（三）一份评议书不同意答辩但研究生及其导师提出申诉

若研究生及其导师对一份评议书中不同意答辩的意见持有异议，他们可提出申诉理由。在此情况下，学校将再聘请一位专家进行盲评，以决定是否需要进一步修改论文或组织答辩。

（四）两份评议书均不同意答辩

如果两份评议书均表示不同意答辩，则申请人的本次学位申请将视为无效。这意味着研究生需要重新审视论文内容，进行深入修改和完善，并在准备充分后再次提交申请。这种表述方式保持了原意，同时对评审结论及处理办法进行了清晰、准确的阐述。

八、影响评审结论的一些常见问题

论文评审人员从论文的学术水平，以及从论文反映出的作者研究能力来判断学位论文是否符合研究生学位的要求。了解评审人在评审过程中的关注点，对照这些关注点进行自我检测，可以避免学位论文出现类似的问题。主要集中在论文的创新性、写作表述以及论据的充分性等方面。

（一）学位论文的创新性不足

研究工作不充实，作者可能试图将自己的工作与他人的工作混淆，以掩盖创新性的不足。作者可能确实有自己的创新点，但由于写作技巧或表述方式的问题，未能清晰地展现出来。在摘要和结论中，作者仅描述了进行的研究工作，而未强调研究的新发现或解决的问题。例如，仅仅提到"进行了一次全市范围的教学问卷调查"是不够的，评审人员更关心的是调查中的新发现和对问题的解决方案。

（二）创新点论证、论据不充分

一些学位论文提出的创新点，如"××问题的理论研究框架"，可能缺乏充分的论据支持。仅仅提出一个框架是不够的，必须清楚地说明这个框架是如何基于新的发现或理论构建的。创新点应该具有具体的、可感知的新知识内涵，而不能过于笼统或抽象。例如，"基础教育管理体制问题"，本身并不足以构成创新点，除非作者能够提出新的见解或解决方案。

（三）混淆研究内容与创新

一篇学位论文可能包含多个研究内容，但通常只有部分内容能够体现出创新性。作者需要明确区分哪些内容是创新性的，哪些是对现有研究的扩展或补充。在撰写论文时，作者应突出创新点，并围绕这些创新点展开深入的讨论和分析。同时，也要避免将非创新性的内容误认为是创新点，以免误导评审人。

◀ 思考与练习 ▶

论述

1. 论述学位论文查重的原理及查重前需明确的事项。

2. 论述中期检查的必要性及相关程序、要求。

实践操作

将论文放入中国知网中进行查重和降重处理。

第十章 学位论文"后写作"——答辩

◎ **章前导语**

《学位法》明确规定，研究生在完成学位论文后，须经过答辩委员会的严格审查，以确定其是否满足授予硕士学位的学术要求和标准。答辩的核心目的在于评估学位论文是否达到了相应学位所应具备的基本学术质量和水平。这一环节是确保学位论文质量的关键步骤。因此，研究生应深入了解答辩的相关规定和流程，全身心投入答辩的准备工作，以饱满的热情和最佳的状态参与答辩，充分展现自己的学术能力和水平。

毕业论文答辩，即在答辩委员会主任的主持下，学生须亲临答辩会场，针对答辩委员会成员围绕论文内容提出的学术问题，进行口头回答与辩论。这一环节不仅是评价毕业论文质量的关键步骤，更是全面评估学生知识深度、学术素养和综合能力的重要教学环节。因此，毕业论文答辩在学生的学术生涯中占有举足轻重的地位，每位学生都应予以高度重视和充分准备。

本章带领学生从不同角度去了解学位论文答辩的意义，并且以不同的方式来为学位论文答辩做准备。

◎ **学习目标**

1. 理解学位论文答辩的重要性，认识到它在学术评价和个人发展中的作用。

2. 掌握答辩前的准备工作，尤其是论文修改、答辩材料的准备和答辩技巧的练习。

3. 熟悉答辩过程中的常见方式和策略，提高答辩时的表达能力和应变能力。

◎ 知识结构图

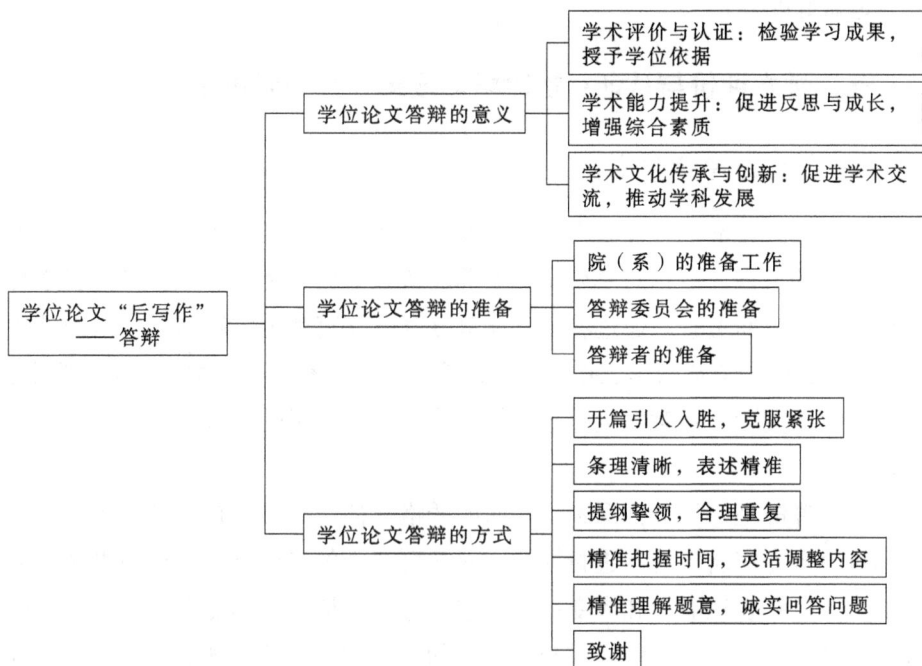

第一节 学位论文答辩的意义

《学位法》规定，研究生的学位论文最后要经答辩委员会的审查，以决定是否授予硕士学位。答辩最主要的目的就是审查学位论文是否达到了相应学位的基本要求和学术水平，它是为保证学位论文质量而设置的一个最关键的评审环节。因此，研究生应充分了解答辩规定和答辩过程，满腔热情地投入论文答辩的准备工作中，以最佳的心境和状态参与答辩，充分展示自己的才能和水平。

教育硕士专业学位论文答辩的目的可从两个角度来论述。校方组织学位论文答辩的目的，简单地说，是为了进一步审查论文，即进一步考查和验证学位论文作者对所著论文论述的论题的认识程度和当场论证论题的能力；进一步考查论文作者对专业知识掌握的深度和广度；审查论文是否是自己独立完成等情况。对答辩者（学位论文作者）来说，答辩的目的是通过答辩获得学位。教育硕士要顺利通过论文答辩，就必须了解学位论文答辩的目的，有针对性地做好准备。

一、学术评价与认证：检验学习成果，授予学位依据

（一）全面评估学术能力

学位论文答辩是教育硕士完成学业、申请学位的必经程序，它不仅是对论文内容的审查，更是对学生学术素养、研究能力、逻辑思维、口头表达及应变能力的全面考查。通过答辩，评审专家能够直观地了解到学生是否具备独立从事科学研究或教学工作的能力，是否达到了教育硕士学位的学术要求。这一过程，实际上是对学生整个研究生阶段学习成果的一次集中展示和综合评价。

论文答辩是一种更为深刻、全面的严格考核，其目的是通过让研究生口述和对答辩专家所提问题进行回答，对教育硕士的专业素质、学识水平、工作能力、口头表达能力和应变能力等进行综合考核，看其能否运用所学的现代教育基本理论和学科教学或教育管理的基本理论、基本观点，结合所学对基础教育改革、教学和教育管理中的问题进行分析研究进而提出解决的策略或方法。

（二）确保学位授予质量

学位论文答辩作为学位授予的最后一道关卡，其严格性和规范性直接关系到学位授予的质量。通过答辩，可以筛选出真正符合学术标准、具备发展潜力的人才，确保教育硕士学位的含金量和权威性。同时，答辩过程中的反馈与建议，也为后续教育硕士培养方案的优化提供了重要参考，促进了教育硕士教育的持续改进和水平提升。

二、学术能力提升：促进反思与成长，增强综合素质

（一）深化专业知识与技能

准备答辩的过程，是学生对自身研究领域进行再认识、再梳理的过程。为了应对答辩中可能遇到的各种问题，学生需要反复研读文献、深入分析数

据、完善论文结构，这一过程不仅加深了对专业知识的理解，也锻炼了资料搜集、数据处理、逻辑论证等科研基本技能。此外，答辩前的模拟演练，还能帮助学生提升口头表达能力和现场应变能力，为未来的学术交流和职业发展打下坚实基础。

答辩委员会的专家们在答辩会上提出的问题，一般会是论文中涉及的基本的问题，是论文作者应具备的基础知识，也可能是论文中没有阐述周全、论述清楚、分析详尽的问题，也就是论文的不足之处。通过提问和指点，教育硕士可以了解自己论文中存在的问题，作为今后研究问题时的参考。对自己还没有搞清楚的问题，还可以直接请教。总之答辩会上提出的问题，无论作者能否当场作出正确、系统的回答，都是对作者一次很好的帮助和指导，拓展其对研究问题的认识深度和广度。同时，在答辩中答辩专家就论文中的某些问题，阐述自己的观点或者提供有价值的信息，也会开阔答辩者的视野，为其进一步研究拓展空间、打下基础。此外，教育硕士在答辩前，就要积极准备，对自己所写的论文内容作进一步的推敲，仔细审查文章对基本观点的论证是否充分，有无疑点、谬误、片面或模糊不清的地方。如果发现问题，就要继续搜集与此有关的各种资料，做好弥补和解释的准备。这种准备的过程本身也是积累知识、增长知识的过程。

（二）培养批判性思维与创新能力

答辩环节中，学生需要面对评审专家的质疑与提问，这要求他们不仅要熟悉自己的研究成果，还要具备批判性思维，能够理性分析并回应不同观点。在回答问题的过程中，学生往往需要即兴发挥，提出新的见解或解决方案，这一过程极大地激发了创新思维和解决问题的能力。因此，学位论文答辩是促进学生从被动接受知识向主动探索创新转变的重要途径。

（三）增强自我反思与持续改进意识

答辩结束后，学生通常会收到评审专家的反馈意见，这些意见往往一针见血，指出了论文及研究中的不足之处。对学生而言，这些反馈不仅是学术上的指导，更是对其学术态度和科研精神的鞭策。通过认真反思评审意见，学生可以明确自己的改进方向，制订后续学习计划，从而不断提升自己的学术水平和研究能力。

三、学术文化传承与创新：促进学术交流，推动学科发展

（一）促进学术交流与合作

学位论文答辩为师生之间、学生之间以及学者之间提供了宝贵的交流平台。在答辩过程中，学生不仅要向评审专家展示自己的研究成果，还要听取并吸收他们的意见和建议。这种双向或多向的交流，不仅有助于拓宽学生的学术视野，还能促进不同学术思想之间的碰撞与融合，为新的研究思路和方法的产生创造条件。同时，答辩的公开性也吸引了其他学者和同行的关注，进一步扩大了学术交流的范围和影响力。

（二）传承学术文化精神

学位论文答辩作为学术活动的重要组成部分，承载着传承学术文化精神的重要使命。在答辩过程中，学生不仅学习了专业知识、掌握了科研方法，更重要的是感受到了学术的严谨性、创新性和崇高性。这种学术文化精神的熏陶，将激励学生始终保持对学术的敬畏之心和追求真理的热情，为未来的学术生涯奠定坚实的思想基础。

（三）推动学科发展与创新

教育硕士学位论文的选题往往紧贴教育实践需求，关注教育改革与发展中的热点、难点问题。通过答辩，这些研究成果得以在更广泛的范围内传播和讨论，为教育实践提供了理论支撑和策略建议。同时，答辩过程中提出的新观点、新方法、新发现，也为学科研究提供了新的视角和思路，推动了学科理论体系的丰富和完善，促进了教育学科的持续创新和发展。

第二节　学位论文答辩的准备

为了确保学位论文答辩工作的顺利进行，研究生培养院（系）、答辩委员会及答辩者三方在答辩会前都应做好充分的准备工作。具体来说，研究生培养院（系）需要提前规划答辩流程，安排合适的时间和地点，确保答辩委员会

成员的组成符合规定，并及时通知相关各方。答辩委员会需要对论文进行仔细审阅，准备有针对性的问题和建议，确保答辩的学术质量和公正性。学位论文作者则需要对论文内容进行深入的复习，准备答辩演讲稿，并对可能提出的问题进行预演，以增强答辩时的自信和提升应变能力。此外，三方还应协调一致，确保答辩过程中的沟通顺畅，避免因信息不对称或误解而影响答辩效果。这些细致的准备，可以大大提高答辩的效率和质量，使学位论文的学术价值得到充分展示和认可。

一、院（系）的准备工作

研究生培养院（系）在学位论文答辩前的准备工作至关重要，他们需要严格审核并确定参加答辩学生的资格，确保每位学生都符合学位授予的相关标准和要求。同时，院（系）还需精心组织并选拔合适的答辩委员会成员，这些成员应具备丰富的学术背景和专业的评审能力，以保证答辩的公正性和权威性。此外，院（系）还需妥善布置答辩会场，包括安排合适的场地、准备必要的设备和材料，确保答辩流程的顺利进行。这不仅涉及答辩当天的现场布置，还包括提前与学生和答辩委员会成员沟通，确保他们对答辩流程和要求有清晰的认识。通过这些细致周到的准备工作，院（系）能够为答辩的顺利进行提供坚实的保障，以此为学生展示学术成果创造良好的环境。

二、答辩委员会的准备

在答辩会举行之前，答辩委员会的成员需要认真研读答辩者的学位论文。他们的主要任务有两个：一是根据评价标准和要求，对论文进行初步的评价和打分，以形成对论文质量和水平的客观判断；二是结合论文的具体内容和申请人的学术背景，预先准备答辩会上可能会提出的问题，以确保答辩过程的深入和有效。

三、答辩者的准备

答辩前的准备，对答辩者（学位论文作者）来说至关重要。这不仅关系到论文的最终呈现效果，也直接影响到答辩的成败。为了顺利通过答辩，学位论文作者在提交论文后，还需从以下几个方面进行积极准备。

（一）深入了解答辩的目的、流程与要求

答辩者需要详细了解答辩的目的、流程以及具体要求。这包括熟悉答辩的相关规定、答辩场地和设备的使用等。若有机会，聆听他人的论文答辩也是一种很好的学习方式，有助于提前了解答辩的实际情况。

（二）全面熟悉自己的论文

答辩者需要对自己的论文有深入了解，特别是论文的主体部分和结论部分。需要仔细检查论文中是否存在自相矛盾或模糊不清的地方，并准备好相应的补充、修正和解释。这样，在答辩时就能做到心中有数，从容应对。

（三）精心准备论文报告提纲

论文报告提纲是答辩者向评委展示论文内容和研究成果的重要工具。

1. 提纲的内容

（1）选题背景和意义

即论文的研究依据和出发点，说明为何选择该题目进行研究。

（2）研究问题的历史与现状

主要指出当前领域存在的问题和研究的空白，以表明论文研究的必要性和针对性。这部分内容应简明扼要，不要占用过多的时间。

（3）论据材料

包括理论材料和应用材料。对于已经通过实验验证或具有实际应用效果的材料，答辩者需要详细说明其来源、可靠性和说服力。对理论性材料，应注明其出处并证明其正确性。

（4）论证过程

清晰地阐述论文的论证逻辑和关键步骤，让评委确信论文经过了严密的论证过程。

（5）主要论点

明确列出论文的主要论点和结论，确保在宣读时条理清晰、层次分明。

（6）结论介绍

结论部分应客观、准确地反映研究成果，避免自我评价或夸大其词。慎用诸如"重要贡献""填补空白"等过于夸张的描述。

（7）主要参考文献

论文报告提纲与论文写作提纲的主要区别在于，前者并非用于撰写书稿的详细指南，而是作为演讲的框架。论文报告提纲是为了在答辩会上有效传达研究内容和成果而设计的，因此需要以演讲语体进行编写，以便更好地吸引听众的注意力并与他们进行交流。

2.注意事项

随着多媒体技术在毕业论文答辩中的广泛应用，论文报告提纲通常以幻灯片的形式呈现，供与会者观看。在编写这种提纲时，需要注意以下几点。

（1）精练性

由于幻灯片的空间有限，因此总字数应控制在一定范围内，避免内容过于冗长。每张幻灯片应聚焦于一个核心点，确保信息的准确性和清晰度。

（2）清晰简洁

幻灯片的设计应简洁明了，避免过多的文字堆砌和复杂的图表。通过清晰的标题、简洁的句子和直观的图表，帮助听众快速理解研究内容和成果。

（3）层次结构

虽然链接可以丰富幻灯片的展示形式，但过多的链接层数会导致与会者迷失方向。因此，在设计幻灯片时，应合理控制链接的数量和层级，确保信息的连贯性和易于理解。

（4）标题式提纲

为了便于观众理解和记忆，论文报告提纲通常采用标题式提纲的格式。每张幻灯片都应以一个明确的标题开头，概括该幻灯片的核心内容。同时，标题之间应保持逻辑性和连贯性，以便观众能够跟随作者的思路进行理解。

（四）答题准备

在答辩前，深入准备可能面临的各类问题至关重要。这些准备应当详尽且全面，可以试着从评委的角度来预设问题。尽管某些问题与提纲内容可能相似，但应更为详尽。一般来说，准备应包括以下几个方面。

1.选题动机

解释为何选择这个题目，以及该选题在学术上的价值、理论意义及其实际应用。

2. 论文要点

概述论文的基本思想、核心观点和核心内容。

3. 研究背景

梳理研究问题的已有成果和前人的工作，分析他们的主要成果和观点，指出当前存在的争议，并阐述自己的立场和论证方法。

4. 证据支持

明确论文观点的依据，包括理论、实验数据或其他实证材料。

5. 研究成果

阐述论文的主要成果，说明解决了哪些问题，并强调其创新性和理论、应用价值。同时，说明采用的研究方法、实验设计和数据获取方式。

6. 文献资料

列出论文写作中参考的重要文献，包括版本、出处和主要参考文献的作者情况。

7. 相关知识

准备与论文研究密切相关的问题，并确保对这些问题的了解和掌握。

8. 不足与展望

分析论文中可能存在的难点和未解决的问题，并探讨未来的改进方向和研究计划。

（五）答辩 PPT 的准备

1. 注意幻灯片的色彩

在学位论文答辩中，幻灯片的色彩对传达信息和吸引与会者注意力起着至关重要的作用。首先，色彩能够增强视觉吸引力，帮助突出关键点和重要信息，使专家老师们更容易跟随学生的思路。其次，合理的色彩搭配可以增强幻灯片的可读性和清晰度，避免因色彩对比度不足或过于花哨的背景而导致信息传递不清。最后，色彩还具有情感表达的功能，能够激发听众的情绪反应，使学生的演讲更加生动和有说服力。因此，在选择幻灯片色彩时，应考虑到色彩的视觉冲击力和信息传递的准确性。

那么，在准备答辩 PPT 时，首先，要确保整个演示文稿的色彩方案协调一致，避免使用过多的颜色导致视觉上的混乱。其次，选择高对比度的色彩组合，确保文字内容易于阅读，背景色不会干扰文字信息的传递。再次，考虑到不同文化背景下色彩可能具有不同的含义，应选择适合听众群体的色彩。还可以利用色彩来区分不同部分的内容，使整个演讲的结构更加清晰。最后，可以进行实际测试，比如在不同的显示设备上查看幻灯片效果，或向他人展示并征求意见，以确保色彩选择在实际使用中达到预期效果。通过这些细致的考虑和调整，可以确保答辩PPT在视觉上既专业又有效，详见图10-1。

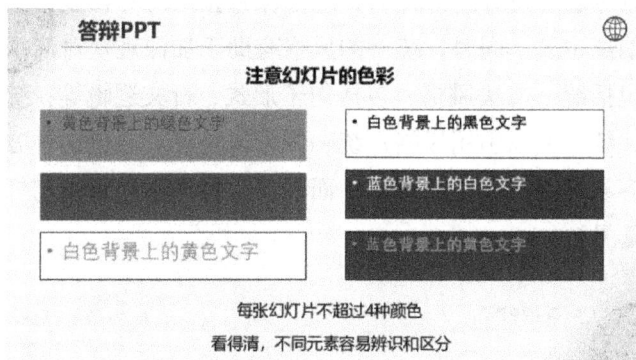

图10-1 注意幻灯片的色彩

2. 少即是多

"少即是多"，在答辩PPT准备中强调了简洁性的重要性。这一原则鼓励学生去除多余的信息和装饰，专注于传达最核心的观点。在幻灯片设计中，这意味着使用最少的文字和图像来清晰地表达每个要点。通过减少文字量和简化视觉元素，观众可以更快地消化和理解信息，从而更有效地跟随学生的论述。遵循"少即是多"原则应做到主题数量少、单一意义法则；幻灯片数量少；每一页内容少。具体请见图10-2。

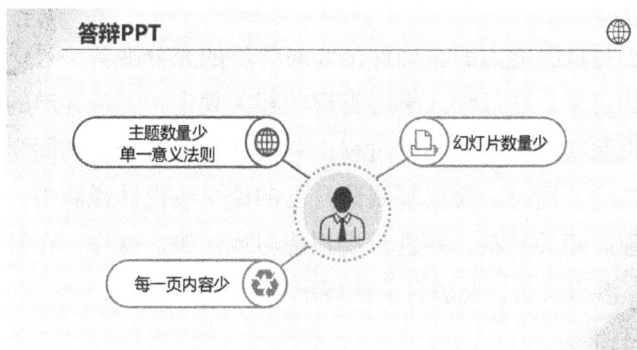

图10-2 少即是多

此外，"少即是多"还有助于避免观众的认知过载，让他们能够集中注意力于演讲者强调的关键概念和数据上。这种方法不仅提升了答辩的清晰度，也增强了观众的参与度和记忆点，使答辩过程更加高效和有影响力。

3. 突出主题、统一风格

在学位论文答辩PPT的准备中，"突出主题、统一风格"是确保演示效果的关键。这意味着在设计幻灯片时，应确保每张幻灯片都紧密围绕中心论点展开，避免偏离主题。同时，统一的风格有助于加深观众对演示内容的理解和记忆。这包括统一文法风格，包括句子形式、行文逻辑等；统一字体；统一表格风格；统一文献引用风格；统一图形风格等。通过这种方式，专家老师们可以更容易地跟随学生的思路，而不会被风格不一致的幻灯片分散注意力。具体请见图10-3。

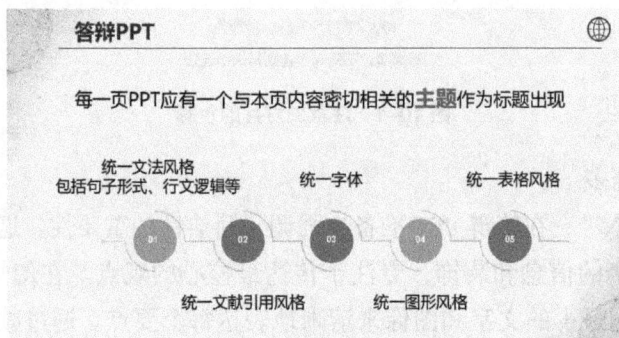

图10-3 突出主题、统一风格

（六）心理调适

1. 增强自信

自信源于对自我能力的正确评估和对答辩的充分准备。要避免盲目的自负和不必要的自卑。通过深入学习答辩的相关规定，了解答辩的具体流程和要求，参与观摩其他同学的答辩过程，并向老师和有经验的同学请教，吸取他们的经验教训。同时，要反复阅读自己的论文或设计说明书，精心准备答辩报告，整理好相关材料，并进行模拟练习或试讲。这样，在答辩时就能做到心中有数、游刃有余，充满自信地展示自己的研究成果。

2. 清晰目标

对毕业论文答辩的目的和意义要有清晰的认识。把它视为对自己多年学习成果的一次全面总结和检验,是顺利完成学业或取得某一学位的最后一关。应抱以积极的态度,珍视并珍惜这一具有重大人生意义的时刻。

3. 要警惕并纠正可能出现的错误心态

避免过度紧张和畏惧,不要因为担心老师提出难题或答辩结果不佳而感到迷茫和恐惧。也不要轻视答辩的重要性,认为论文已经完成就万事大吉。此外,还要消除对答辩的抵触情绪,不要将其视为多余的障碍或院(系)设下的"关卡"。只有端正态度,认真对待答辩,才能充分发挥自己的实力,取得良好的成绩。

第三节 学位论文答辩的方式

在学位论文答辩过程中,答辩委员会成员往往会针对论文的各个方面提出问题,以评估答辩者对研究领域的深入理解程度和科研工作的掌握程度。尽管答辩委员会成员在答辩前已经详细阅读了论文,但他们仍会通过提问来进一步探讨论文的目的、意义、理论基础、研究方法、结果以及创新点等核心内容。

为了确保答辩的顺利进行,并充分展示个人的学术水平和科研能力,答辩者除了需要在答辩前做好充分准备、熟悉答辩流程,还需了解和掌握答辩的要点和技巧。这些要点和技巧包括清晰、准确地回答委员会成员的问题,条理清晰地阐述自己的观点,以及用恰当的语言和方式展示研究成果。以下为几点建议。

一、开篇引人入胜,克服紧张

在学位论文答辩会上,除了维持仪容仪表的得体,开篇的吸引力尤为关键。答辩伊始,应迅速抓住听众的注意力,讲述论文各部分时,应迅速切入要点,并控制好语速。适当运用表情和手势等非言语元素,有助于激发听众的兴趣,但需避免夸张。同时,应注意减少不必要的口头语,如"啊""这个"等。为了缓解因紧张导致的声音过小、含混不清或不敢与专家对视的情况,除充分准备外,答辩时可选择将视线集中在台下听众的额头部位,这既能避免直接对视造成的紧张,又能传递出自信。

二、条理清晰，表述精准

在答辩前，答辩者应梳理出清晰的思路，确保回答问题时具有针对性，突出重点且简练得体。审题时，应迅速明确问题的核心、论述的方面、潜在的难点以及自己的回答策略，做到心中有数。语言应简练、准确，避免使用"大概""可能""也许"等模糊词语，以及重复的口头禅，以免分散听众的注意力。同时，注意用语的礼貌性和准确性，但不必过分谦卑，以免给人缺乏信心的印象。相反，应以自信、流畅、肯定的语气回答问题。

三、提纲挈领，合理重复

在详细论述某个问题之前，应先概述其主要纲目，再逐一展开。这种做法有助于增强条理性，强化记忆，使观点和材料有机结合，从而提高答辩效果。此外，为了增强听觉效果，适当重复有关内容是答辩中的有效策略。例如，在答辩结束时对全文进行总结，扼要复述主要论点和结论，有助于加深听众对论文的理解。需要注意的是，结尾陈述不宜过长，以免显得啰唆。

四、精准把握时间，灵活调整内容

在学位论文答辩中，如何在有限的时间内充分阐述内容并确保听众完全理解，是答辩成功的关键。首先，答辩者应在正式答辩前多次试讲，并熟练掌握使用的各种设备，以确保答辩过程流畅，避免因设备操作不当而浪费时间。其次，答辩过程中，答辩者需灵活调整语速和叙述的详略，确保在限定时间内覆盖所有重要内容，避免遗漏关键信息。

五、精准理解题意，诚实回答问题

在答辩过程中，准确理解专家的问题至关重要。首先，要确保充分领会专家的提问意图，然后针对问题的核心，有针对性地给予回答，避免偏离主题或答非所问。其次，在回答时，应保持谦逊的态度，对不确定或没有把握的问题，可以诚实地表达疑虑，并说明理由。

对专家在未完全理解论文内容的情况下提出的问题，应耐心、认真地回答，并适当解释相关背景或概念。对赞扬，应保持谦逊；对批评，若批评正确，应虚心接受；若存在不同意见，应以平和的态度阐述自己的观点，并以请教的口吻与专家进行交流。在答辩中，若遇到原则性问题或学术争议，答辩者应摆事实、讲道理，以科学的态度捍卫自己的研究成果。学术讨论需要在民主、自由的气氛中进行，答辩者应保持虚心学习的态度，即使面对尖锐或讽刺的问题，也不应反唇相讥。对于无法回答或理解不够清楚的问题，答辩者应如实向专家说明情况，或表达自己对问题的理解。千万不要不懂装懂或随意应付，这不仅会影响答辩的效果，还可能损害个人的学术声誉。总之，在答辩中，准确理解题意、诚实回答问题，以及保持谦逊、开放的态度，都是确保答辩成功的关键因素。

六、致谢

在答辩结束之际，我们必须表达诚挚的感谢，这不仅是对答辩委员会成员的辛勤工作和宝贵意见的尊重，也是对所有在论文写作和研究过程中提供帮助和支持的个人和机构的感激。完成论文答辩后，作者应以开放和谦虚的态度虚心接受答辩委员会的评审，认真聆听并深入分析答辩老师提出的每一条建议和意见。这一过程不仅是对论文写作过程中经验教训的总结，更是对个人在科学研究方法、批判性思维和学术表达能力上的收获与成长的反思。通过这种深入的自我反思和学习，作者可以进一步提升自己的研究能力和学术素养，为未来的学术发展和职业生涯奠定坚实的基础。同时，这种积极的态度和努力也有助于建立良好的学术声誉和人际关系，为今后的学术交流和合作打下良好的基础。

◈ 思考与练习 ◈

论述

1. 论述学位论文"后写作"阶段答辩的重要性。

2. 阐释应为学位论文答辩做哪些准备。

实践操作

结合自己的学位论文选题，准备学位论文答辩汇报 PPT 及文稿。

参考文献

［1］刘晓华，王晓安．教育硕士专业学位论文写作指南［M］．北京：高等教育出版社，2017．

［2］蔡铁权，楼世洲，谢小芸．教育硕士专业学位论文写作指导［M］．杭州：浙江大学出版社，2005．

［3］周文辉，赵军．专业学位论文写作指南［M］．北京：中国科学技术出版社，2019．

［4］李正元．学术论文写作概论［M］．武汉：中国地质大学出版社，2010．

［5］周淑敏，周靖．学术论文写作［M］．北京：清华大学出版社，2016．

［6］王雨磊．学术论文写作与发表指引［M］．北京：中国人民大学出版社，2017．

［7］刘泰洪．文献检索与综述实训教程［M］．北京：中国人民大学出版社，2018．

［8］王蜀磊．毕业论文写作［M］．上海：立信会计出版社，2007．

［9］包朗，法美英．大学生毕业论文写作教程［M］．南京：东南大学出版社，2016．

［10］龚向和，张颂昀．论硕士、博士学位授予的学术标准［J］．学位与研究生教育，2019（3）：56-64．

［11］苏兆斌．我国学位制度的历史与现状研究［D］．长春：东北师范大学，2013．

［12］时花玲．教育硕士专业学位研究生教学质量保证体系研究［D］．上海：华东师范大学，2008．

［13］余云珠．教育硕士专业学位培养的历史、现状与问题研究［D］．福州：福建师范大学，2007．

［14］邬志辉，董燕燕．教育硕士专业学位的历史渊源与目的定位［J］．北京科技大学学报（社会科学版），2001（1）：88-89，93.

［15］邬志辉，戴继天，唐德先．关于教育硕士专业学位几个理论问题的认识［J］．学位与研究生教育，2001（1）：22-25.

［16］席晓云．高校学位授予制度研究［D］．南宁：广西大学，2023.

［17］《中华人民共和国学位法》审议通过学位条例实施以来首次全面修订保障学位工作高质量发展［J］．江苏高职教育，2024，24（2）：109.

［18］李芷薇．基于项目化学习的《乡土中国》整本书阅读教学研究［D］．上海：华东师范大学，2024.

［19］陈清瑶．统编版与人教版高中语文教材文言文注释对比研究［D］．上海：华东师范大学，2024.